STUDIENKURS POLITIKWISSENSCHAFT

Lehrbuchreihe für Studierende der Politikwissenschaft an Universitäten und Fachhochschulen

Martin Schwarz | Karl-Heinz Breier
Peter Nitschke

Grundbegriffe der Politik

33 zentrale Politikbegriffe zum Einstieg

2., aktualisierte und erweiterte Auflage

Die Deutsche Nationalbibliothek verzeichnet diese Publikation in der Deutschen Nationalbibliografie; detaillierte bibliografische Daten sind im Internet über http://dnb.d-nb.de abrufbar.

ISBN 978-3-8487-4197-7 (Print)
ISBN 978-3-8452-8834-5 (ePDF)

2. Auflage 2017

Vorwort

Aufgrund langjähriger Erfahrung in der Vermittlung der grundlegenden Themen und Fragestellungen in der Politikwissenschaft haben sich insbesondere bei den Einführungsveranstaltungen für Studierende im ersten Semester die Darstellung und Verarbeitung der zentralen Begrifflichkeiten als das große hermeneutische Problem ergeben. Politik kann nur wirklich begriffen werden, wenn die Grundbegriffe klar und verständlich angezeigt sind. Dies gilt sowohl für die theoretische, mehr noch aber für die praktische Perspektive. Da die bisher auf dem Markt befindlichen Lehrbücher hier nicht wirklich zielführend für die Vermittlung sind, weil sie meist nur ganz bestimmte staatszentrierte Schlüsselbegriffe anzeigen und oft sehr spezifisch aus ganz unterschiedlichen theoretischen wie methodologischen Richtungen heraus geschrieben worden sind, haben sich die drei Verfasser im nunmehr vorliegenden Werk auf ein konzeptionelles Leitbild geeinigt. Dieses folgt einem einheitlichen Präsentationsschema, welches insbesondere den immanenten Sachzusammenhängen zwischen den einzelnen Grundbegriffen der Politik verpflichtet ist.

Martin Schwarz, Karl-Heinz Breier, Peter Nitschke Vechta, im August 2015.

Vorwort zur Zweiten Auflage

Aufgrund des sehr erfreulichen Zuspruchs, den die *Grundbegriffe der Politik* unter Studierenden und in der Fachwelt der Politikwissenschaft gefunden haben, ist der Verlag an uns herangetreten, eine zweite Auflage auf den Markt zu bringen. Diese erfolgt nun in der vorliegenden Fassung, bei der in den einzelnen Beiträgen verschiedentlich sprachliche Korrekturen vorgenommen worden sind und vor allem Modifikationen, was die Anzeige aktueller Fachliteratur betrifft. Darüber hinaus ist das Spektrum der Grundbegriffe von 30 auf 33 Begriffe erweitert worden. Die drei hinzugefügten Begriffe (Bürger, Political Correctness und Sicherheit) erweitern und vertiefen das systematische Verstehen auch unter Aktualitätsaspekten.

Martin Schwarz, Karl-Heinz Breier, Peter Nitschke Vechta, im Juli 2017.

Inhaltsverzeichnis

Einleitung zu den Grundbegriffen der Politik

I. *Grundbegriffe* sind so etwas wie die Richtschnur des Denkens, in und mit der sich eine Wissenschaft selbst darstellt und vermitteln lässt. Begrifflichkeiten, die auf das Grundlegende einer wissenschaftlichen Disziplin abzielen, präsentieren nicht nur die zentralen Sachverhalte und die ihr immanent zugrundeliegenden Fragen, sondern auch das methodische Denken, also die Art und Weise, *wie* darüber reflektiert und diskutiert wird. Grundbegriffe werden demnach geprägt von der wissenschaftlichen Terminologie, der Bezeichnung der Fachausdrücke sowie von ihrer operativen Verwendung her, also der Frage, wo und in welchem Zusammenhang sie eingesetzt werden können. Das gilt wie für alle Wissenschaften, so auch für die Politikwissenschaft. Jedoch hat die wissenschaftliche Auseinandersetzung mit der Politik das schwerwiegende Manko, dass sich das Verständnis von und über *Politik* nicht gleichsam von selbst ergibt, sondern in einem mehrdimensionalen Deutungsraum von Zeichen, Faktoren und Interpretationsmustern eingelagert ist. Politik und politische Sachfragen unterliegen immer der Deutung und der Interpretation, weswegen sich die politische Realität mit einer etwa monokausalen Faktorenanalyse nur schwer abbilden lässt. Politik ist das Strittige, das noch nicht Entschiedene, das angesichts ständig wechselnder Situationen entschieden werden muss. Insofern ist die jeder Politik zugrundeliegende normative Fundierung selbst Teil der Politik, die angesichts der vielfältigen und oft konträren Deutungen politischer Realität auf multidimensionale Erklärungen, Verstehensmuster und Interpretationen verweist.

Politik unterliegt der Mehrdeutigkeit, sie ist auch von der Art und Weise, Politik überhaupt wahrzunehmen, abhängig. Allzu oft kommt es auf die jeweilige Perspektive und Betrachtungsweise an, und es sind die jeweils verwandten Begrifflichkeiten, die den terminologischen Zugang zur Sache anzeigen. Politik vollzieht sich im Medium der Sprache, und die jeweiligen Interpretationsvarianten, die in einer Gesamtschau z.T. dysfunktional oder gar paradox wirken können, eröffnen den Verstehenshorizont auf politische Phänomene. Deshalb sind Grundbegriffe für die Politik so wichtig, vermitteln diese doch so etwas wie den Basiskode des Verstehens, worum es in der Politik überhaupt geht oder gehen soll. Dieser Basiskode ist umso stringenter und nachhaltiger, wie er über Zeiten und Räume hinweg bestimmten normativen und analytischen Diskursen verpflichtet ist. Zwar sind diese Diskurse selbst alles andere als einheitlich oder linear verlaufend, dennoch vermitteln sie in ihren oft über Jahrhunderte gewachsenen Betrachtungsformen anschauliches Argumentationsmaterial, worum es in der Politik geht. Nicht zufällig adressieren die meisten der hier präsentierten Grundbegriffe ihren analytischen Ausgangspunkt sowohl terminologisch wie inhaltlich in der europäischen Antike.

II. Dieser Sachverhalt zeigt sich auch an der Genese des Faches, das – nicht nur in Deutschland, sondern weltweit – stets aus Argumentationslinien zusammengesetzt war, die heutzutage in ganz verschiedenen Fächern beheimatet sind.[1] Begründungen von und für die *Politik* finden sich u.a. in der Geschichtswissenschaft, der Staatsrechtslehre, der Verfassungsgeschichte, der Philosophie, aber auch der Theologie, modern in der Soziologie, den Sozialwissenschaften im Allgemeinen, der Ökonomie im Besonderen und neueren Datums auch in den Kulturwissenschaften. Das hat zu einer Reihe von Überschneidungen in den Interpretamenten geführt, nicht selten jedoch auch zu massiven Absetzbewegungen in der Zuordnung und Spezifikation der *politischen* Grundbegriffe. Die Frage *Was ist Politik?* ist daher nicht zufällig davon abhängig, mit welchen zentralen Begriffen und Kategorien man sich das Politische erschließt.[2] Darüber hinaus ist eine kontextgebundene Verwendung von Begriffen immer auch von der Intention des Interpreten und seines geistigen Umfeldes abhängig.[3] Angesichts dieser begriffsgeschichtlichen Eigenart, die sich bis in die durch den Bachelor geprägten Curricula an den Universitäten niederschlägt, scheint es sinnvoll, an eine Tradition anzuknüpfen, die im Grunde bis in die Zeit der Policey- und Kameralwissenschaften, also bis in das 18. Jahrhundert, zurückreicht und im *Conversations-Lexicon* (1796–1808) von Löbel und Franke eines der ersten Beispiele findet.[4] Anders als das ältere, 1704 erstmals erschienene, *Reale Staats-, Zeitungs- und Conversations-Lexicon*, und ganz ähnlich wie das *Termineologietechnische Wörterbuch* von 1799, steht dieses als Enzyklopädie in der Tradition des französischen Philosophen und Literaten Denis Diderot,[5] womit sich ein tiefgreifender Wandel in der Wahrnehmung von politischen Schlüsselbegriffen abzuzeichnen beginnt. Während die wesentlichen Termini im europäischen Kulturkreis und in dessen außereuropäischer Einflusszone seit der griechischen und römischen Antike in ihrer formalen Konstanz Bestand haben und zugleich als Indikatoren wie Faktoren politischer Entwicklung gelten, kommt es am Übergang vom Absolutismus zur Aufklärung zu einer überaus bemerkenswerten inhaltlichen Erweite-

1 Vgl. hier grundsätzlich Wilhelm *Bleek* (2001): Geschichte der Politikwissenschaft in Deutschland. München.

2 Vgl. hier u.a. Paul *Kevenhörster* (2003): Politikwissenschaft. Bd. 1 – Entscheidungen und Strukturen der Politik. 2. Aufl. Opladen. Thomas *Meyer* (2006): Was ist Politik? Wiesbaden. Anton *Pelinka* / Johannes *Varwick* (2010): Grundzüge der Politikwissenschaft. 2., bearb. u. ergänzte Aufl. Wien/Köln/Weimar. Peter *Nitschke* (2012): Einführung in die Politikwissenschaft. Darmstadt.

3 Vgl. Reinhart *Koselleck* (2006): Begriffsgeschichten. Studien zur Semantik und Pragmatik der politischen und sozialen Sprache. Frankfurt a. M.

4 Renatus Gotthelf *Löbel* / Christian Wilhelm *Franke* (1796–1808): Conversations-Lexicon oder kurzgefasstes Handwörterbuch für die in der gesellschaftlichen Unterhaltung aus den Wissenschaften und Künsten vorkommenden Gegenstände mit beständiger Rücksicht auf die Ereignisse der älteren und neueren Zeit. 6 Bde. Amsterdam.

5 Vgl. Johannes *Hübner* (1724): Reales Staats-, Zeitungs- und Conversations-Lexicon. 6. Aufl. Leipzig. Friederich August *Schröder* (1799): Termineologietechnisches Wörterbuch zur Erklärung der in Reden und Schriften häufig vorhandenen fremden Wörter und Redensarten. 2. Aufl. Erfurt.

rung, aber bisweilen auch Verengung und Verschiebung der Kernbedeutung eben jener Schlüsselbegriffe.

Mit dem Aufstieg des Bürgertums und eines damit verbundenen Verlusts der Deutungshoheit der absolutistischen Kanzleisprache überlagert ein zunehmend ideologisch aufgeladener Sprachgebrauch die Fachsprachen. Das wiederum führt in der sich ab der zweiten Hälfte des 18. Jahrhunderts herausformenden politischen Öffentlichkeit zu der Forderung nach einer streng rationalen Sprache. Das aufklärerische Ziel ist es, eine ideologisch motivierte Konfusion in der politischen Terminologie zu überwinden. Wie sehr hierbei historische Erfahrungen und prägnante Umbrüche zu Beginn der Moderne Einfluss auf das politische Vokabular haben, demonstrieren beispielhaft das *Staats-Lexikon* (1834–43),[6] das *Politische Taschenwörterbuch* von 1849,[7] das *Deutsche Staats-Wörterbuch* (1857–70) und das *Staatslexikon* (1889–97).[8] Die lexikalische Gestaltung der Inhalte wird zunehmend zugunsten einer durchaus *politisch* zu nennenden inhaltlichen Kommentierung aufgegeben, die ihrerseits über die Bestimmung und Auswahl der Schlagwörter die politischen Debatten dieser Zeit widerspiegelt und auch zu prägen versucht. Während der Bedeutungswandel sprachlicher Symbole in Bezug auf nachweisbare Tatsachen und eindeutige Kontexte in der Alltagssprache als unproblematisch gilt, da die jeweiligen Bezüge kodifiziert und überprüfbar bleiben, ändert sich das mit dem zunehmenden Abstraktionsgrad politischen Handelns vor allem in Bezug auf die damit verbundenen Werthaltungen und die sich hieran anschließenden Einstellungen und Meinungen. Wenn etwa Karl Rohe im Hinblick auf den spezifischen Kode der politischen Kultur eines Landes von Wahrnehmungsmustern und Beurteilungsmaßstäben spricht, die über politische Objektivierungen der individuellen Orientierung dienen, spiegelt sich in den Grundbegriffen der Politik exemplarisch deren sprachlicher Kern wider, der im beständigen Ringen um Deutungsmuster und Grundverständnisse selbst zu einer politischen Angelegenheit wird.[9]

Der Fokus liegt also auf der Kennzeichnung und Präzisierung von Ideen und Werten, Interessen und Zielen, die hierfür aus der komplexen, der unmittelbaren Erfahrungswelt der Bürger entrückten Wirklichkeit herausgeschnitten und zu Symbolen verdichtet werden.[10] Insofern zeigt sich das nun in zunehmen-

6 Karl v. *Rotteck* / Carl Theodor *Welcker* (1834–43): Das Staats-Lexikon. Enzyklopädie der sämmtlichen Staatswissenschaften für alle Stände. 15 Bde. Hamburg.

7 C. F. L. *Hoffmann* (1849): Vollständiges politisches Taschenwörterbuch. Leipzig.

8 Vgl. hier Johann Caspar *Bluntschli* / Karl *Brater* (1857–70): Deutsches Staats-Wörterbuch. 11 Bde. Stuttgart. Karl *Bruder* (1889–97): Staatslexikon. (Hrsg. v. d. Görres-Gesellschaft). 5 Bde. Freiburg i. Br.

9 Vgl. Karl *Rohe* (1994): Politische Kultur. Zum Verständnis eines theoretischen Konzepts. In: Politische Kultur in Ost- und Westdeutschland. Hrsg. v. O. Niedermeyer u. K. v. Beyme. Berlin, S. 1-21.

10 Vgl. Wolfgang *Bergsdorf* (1983): Herrschaft und Sprache. Studie zur politischen Terminologie der Bundesrepublik Deutschland. Pfullingen, S. 25, 27, 28 u. 46.

dem Maße auch in Publikationen wie etwa den 1906 erstmals erschienenen *Grundbegriffen der Politik* von Friedrich Stampfer, die der sozialdemokratischen Arbeiterbewegung „Orientierung“ geben sollten, wobei die avisierte Orientierung in der 2. Auflage von 1931 dem „Glauben an eine proletarische Diktatur“ eine Absage erteilte und stattdessen einem Bekenntnis zu den „verbündeten Staaten von Europa“ wich.[11] Demgegenüber wandte sich Ludwig Bergsträsser mit seinen essayistisch abgefassten *Grundbegriffen der auswärtigen Politik* (1918) an ein eher akademisches Publikum.[12]

Dass politische Begriffe geistig verknüpft werden und in ihrem jeweiligen Deutungszusammenhang als „geistiges Konzept der Orientierung“ fungieren,[13] zeigt beispielhaft Max H. Boehm, für den der Erste Weltkrieg einen Weltumsturz markiert, der „alle politischen Anschauungen und Grundbegriffe erschüttert“ habe.[14] Von daher erscheint sein *Kleines politisches Wörterbuch* nicht zufällig zu Beginn der Weimarer Republik. Versteht sich das *ABC der Politik* von 1930 im Vergleich dazu als liberaler Gegenpol,[15] so offenbart sich in dem 1940 von Wilhelm Rehm vorgelegten *Kleinen Wörterbuch der Politik* in exemplarischer Zuspitzung die Sprachmacht des Dritten Reiches. Der totalitäre Anspruch der Naziherrschaft bemächtigt sich der öffentlichen Sprache, um die nationalsozialistische Ideologie zu verbreiten und um gerade die geschichtlich gewachsenen Grundbegriffe ihrer politischen Widerstandskraft zu berauben.[16] Angesichts der Zäsur des Ersten Weltkrieges wird die Auseinandersetzung um die Grundbegriffe somit zum Seismographen für den Zeitgeist, da hier die politischen Begriffsdeutungen eminent wirklichkeitsmächtig werden, indem sie dem politischen Handeln den Weg weisen. Umso interessanter ist denn auch der sprachliche Neuanfang nach 1945, der bei Friedrich Schramm beinahe schon politikdidaktisch konnotiert ist,[17] während Walter Theimer das „politische Bild der Welt einzufangen“ verspricht.[18]

Ging es in der Zeit der politischen Selbsterziehung der noch jungen Bundesrepublik wesentlich um die Befreiung von der Sprache des Nationalsozialismus

11 Friedrich *Stampfer* (1954): Grundbegriffe der Politik. 3. Aufl. Hannover, S. 5 u. 6.

12 Ludwig *Bergsträsser* (1918): Grundbegriffe der auswärtigen Politik – eine Anleitung für den Zeitungsleser. (Sonderdruck in der Reihe Wegweiser für das werktätige Volk, Bd. 7). 3. Aufl. Berlin.

13 Ernst W. *Orth* (1978): Theoretische Bedingungen und methodische Reichweite der Begriffsgeschichte. In: Historische Semantik und Begriffsgeschichte. Hrsg. v. R. Koselleck. Stuttgart, S. 141.

14 Max Hildebert *Boehm* (1919): Kleines politisches Wörterbuch. Leipzig, S. 3.

15 W. *Kraus* / B. *Neumann* (1930): ABC der Politik. Schlagwörterbuch der hauptsächlichen Begriffe des politischen und parlamentarischen Lebens. Liegnitz.

16 Wilhelm *Rehm* (1940): Kleines Politisches Wörterbuch. München.

17 Friedrich *Schramm* (1969): Staatsbürgerlexikon. 6. Aufl. Bonn. Die Auflagen 1-5 waren noch unter dem Titel *Der Staatsbürger fragt* erschienen.

18 Walter *Theimer* (1981): Lexikon der Politik. Politische Grundbegriffe und Grundgedanken. 9. Aufl. München, S. 5.

mit all ihren in den politischen Begriffen eingelagerten Denkgewohnheiten,[19] so verändern die mit der 1968er-Bewegung assoziierten Umbrüche auch die Landschaft der politischen Grundbegriffe: Die Gesellschaftskritik am Bonner Provisorium, an den tradierten Werten und Normen und am Wirtschaftssystem mündet in eine Deutung der Grundbegriffe ein, die auf der Basis eines theoretischen Pluralismus der „Vermittlung politischen Bewußtseins" dienen soll.[20]

Die nahezu zeitgleich erscheinenden Ansätze in Hanno Drechslers *Gesellschaft und Staat* von 1970 und in Wolfgang Jungs *Grundbegriffe der Politik* von 1979 lesen sich wie ein Gegenentwurf, wobei letzterer offensichtlich unter dem Eindruck der 1972 von Otto Brunner begonnenen und 1997 abgeschlossenen *Geschichtlichen Grundbegriffe* steht.[21] In eine ähnliche Richtung zielen das erstmals 1977 erschienene *Handwörterbuch Internationale Politik*, das *Handwörterbuch zur Politischen Kultur* von 1981 und nicht zuletzt auch das *Handwörterbuch des politischen Systems der Bundesrepublik Deutschland* von 1992.[22] Während diese Arbeiten zum Teil zahlreiche Neuauflagen und Aktualisierungen erfahren, stehen sie zugleich symptomatisch für die Ausdifferenzierung der Politikwissenschaft als Fachdisziplin, die mit dem Ende des Ost-West-Konfliktes und der Wiedervereinigung Deutschlands eine zusätzliche Schubkraft entwickelte, wie die signifikante Zunahme der entsprechenden Publikationen seit Ende der 1980er Jahre zeigt. Henning Frank spricht denn auch von einem deutlich erhöhten Erklärungsbedarf, den er in dem „ständigen Wandel, dem gerade politische Begriffe in unserer schnelllebigen Zeit unterworfen sind, und der Wortschöpfungskunst vieler Politiker im In- und Ausland" begründet sieht.[23] Als neuere Arbeiten, exemplarisch seien

19 Vgl. Dolf *Sternberger* (1989): Aus dem Wörterbuch des Unmenschen. 2. Aufl. Frankfurt a. M.

20 Axel *Görlitz* (1972): Handlexikon zur Politikwissenschaft. München, S. 6.

21 Vgl. Hanno *Drechsler* u.a. (Hrsg. / 2003): Gesellschaft und Staat. Lexikon der Politik. 10. Aufl. München. Wolfgang *Jung* (1991): Grundbegriffe der Politik, Gesellschaft, Wirtschaft. 5. Aufl., Frankfurt a. M. Als weitere Beispiele seien hier genannt Karl *Rohe* (1978): Politik. Begriffe und Wirklichkeiten. 2. Aufl. Stuttgart u.a. Otto *Brunner* / Werner *Conze* / Reinhart *Koselleck* (Hrsg. / 1972–97): Geschichtliche Grundbegriffe. Historisches Lexikon zur politisch-sozialen Sprache in Deutschland. 9 Bde. Stuttgart.

22 Wichard *Woyke* (Hrsg. / 2011): Handwörterbuch Internationale Politik. 12., überarb. u. aktualisierte Aufl. Opladen. Martin *Greiffenhagen* / Sylvia *Greiffenhagen* / Rainer *Prätorius* (Hrsg. / 2002): Handwörterbuch zur Politischen Kultur der Bundesrepublik Deutschland. Ein Lehr- und Nachschlagewerk. 2., völlig überarb. u. aktualisierte Aufl. Wiesbaden. Wichard *Woyke* / Uwe *Andersen* (Hrsg. / 2013): Handwörterbuch des politischen Systems der Bundesrepublik Deutschland. 7., vollst. aktualisierte Aufl. Wiesbaden.

23 Henning *Frank* (Hrsg. / 1970): Wörterbuch der Politik. München, S. 7.

hier Dieter Nohlen,[24] Everhard Holtmann,[25] Manfred G. Schmidt,[26] Klaus Schubert und Martina Klein,[27] Gerlinde Sommer und Raban Graf von Westphalen,[28] Carsten Lenz und Nicole Ruchlak[29] sowie Siegfried Landshut genannt,[30] wenden sich in der Folge an „Schüler, Studenten der Politik-, Rechts-, Wirtschafts- oder Sozialwissenschaften, Beschäftigte des öffentlichen Dienstes und der Verbände und an alle anderen Personen- und Berufskreise, die kompakte und qualifizierte Informationen zum Thema benötigen",[31] gleichermaßen und damit an ein ebenso breites wie undifferenziertes Publikum. Die Spannbreite zwischen Laienstatus und interessiertem Publikum einerseits und dem fachwissenschaftlichen Vermittlungszirkel andererseits ist das große Problem für die Politikwissenschaft: *Ihre* Grundbegriffe, die dem politischen Denken Orientierung geben mögen, sollten sich an mitdenkende Bürgerinnen und Bürger wenden und daher über die Fachwelt hinaus allgemein verständlich sein. Das ist im Hinblick auf die Dynamik politischer Prozesse in der Gegenwart durchaus schwierig, und insofern ist die Vermittlung von Grundbegriffen der Politik hermeneutisch anspruchsvoll.

Einerseits lebt das politisch interessierte Publikum in Folge der Umbrüche der 1990er Jahre und der Globalisierung im Allgemeinen in einer Periode kognitiver Wahrnehmungsformen, die sich schnell und z.T. massiv verändern können. Andererseits wird gleichzeitig die Welt der Politik nicht wirklich jeden Tag neu erfunden, wie die Nachhaltigkeit der Grundbegriffe, in denen gerade politische Grunderfahrungen auf den Begriff gebracht werden sollen, eindrucksvoll demonstriert. Ebenso jedoch tendiert das politisch interessierte Publikum immer stärker zu den sich im rasanten Maße multiplizierenden und nur noch bedingt akademischen Standards genügenden Inhalten des Internets, wozu auch die sich wandelnden Anforderungen in Schule, Studium und Beruf sowie die damit einhergehenden veränderten Nutzungsgewohnheiten beitragen. Dazu gehört auch, dass Politik nicht immer in ihrer tatsächlichen Bedeutung für das Leben jedes Einzelnen wahrgenommen wird. Manch einer meint gar, dass Politik ihn rein gar nichts anginge, obwohl doch alle Bürger unter den Gesetzen leben, die die mit der Gesetzgebung betrauten Amtsinhaber be-

24 Vgl. Dieter *Nohlen* (Hrsg. / 1983–85): Piepers Lexikon der Politik. 7 Bde. München. Dieter *Nohlen* (Hrsg. / 2002): Kleines Lexikon der Politik. 2. Aufl. München. Dieter *Nohlen* / Rainer-Olaf *Schultze* (Hrsg. / 1995–2000): Lexikon der Politikwissenschaft. Theorien, Methoden, Begriffe. 8 Bde. München. Dieter *Nohlen* / Rainer-Olaf *Schultze* (Hrsg. / 2005): Lexikon der Politikwissenschaft. 2 Bde. 3. Aufl. München.

25 Everhard *Holtmann* (Hrsg. / 2000): Politiklexikon. 3. Aufl. München.

26 Manfred G. *Schmidt* (2004): Wörterbuch zur Politik. 3., überarb. u. aktualisierte Aufl. Stuttgart.

27 Klaus *Schubert* / Martina *Klein* (2006): Das Politiklexikon. 4. Aufl. Bonn.

28 Gerlinde *Sommer* / Raban Graf v. *Westphalen* (Hrsg. / 1999): Staatsbürgerlexikon. Staat, Politik, Recht und Verwaltung in Deutschland und der Europäischen Union. München.

29 Carsten *Lenz* / Nicole *Ruchlak* (2001): Kleines Politik-Lexikon. München.

30 Siegfried *Landshut* (2004): Politik – Grundbegriffe und Analysen. 2 Bde. Berlin.

31 Christian *Rittershofer* (2007): Lexikon Politik, Staat, Gesellschaft. München, S. 5.

schlossen haben. Daraus ergeben sich zwei systematische Herausforderungen für das Verständnis von politischen Grundbegriffen:

Zum einen wird eine rein lexikalische Reduzierung auf Dauer durch die Online-Medien konterkariert. Gerade das Bachelor-Studium zwingt die Studierenden zur Ökonomisierung ihrer Lernzeiten, sie brauchen schnelle und greifbare Ergebnisse im Sinne von fundierten Lernhilfen, die sich in den Prüfungen – und idealer Weise auch im späteren Berufsleben – adäquat abrufen lassen. Den Trend setzen hier angelsächsische Autoren, deren Einführungsliteratur von deutschen Verlagen mit Blick auf den Markt übersetzt wird. Inwieweit dabei allerdings auch kulturellen Eigenarten und Besonderheiten Rechnung getragen wird, ist eine ganz andere Frage.[32]

Zum anderen haben sich seit Beginn der 1990er Jahre aufgrund erheblicher Umwälzungen auf der regionalen, nationalen und internationalen Ebene bei den Grundbegriffen der Politik die Gewichtungen verschoben. Im Ergebnis werden feststehende Termini wie Staat, Volk oder Nation allein schon deshalb hinterfragt, weil sich in einer globalisierten und entgrenzten Welt Policy-Felder ausdifferenzieren und die staatlichen Handlungs- und Kernkompetenzen von neuen politischen Akteuren relativiert werden. Die hier angelegte Zerfaserung des Politikbegriffs und damit auch der Politikwissenschaft als Fachdisziplin spiegelt sich in der Herausforderung wider, dass sich Grundbegriffe immer weniger als lexikalisch auflistbare Definitionen mit zwingend eindeutigem Gehalt erschließen und vermitteln lassen. Vielmehr werden sie allererst verstehbar, wenn sie in ihrem jeweiligen Kontext betrachtet werden und aus diesem heraus in ihren unterschiedlichen Bedeutungsdimensionen erkennbar und sinnvoll erschlossen werden.[33]

III. Vor diesem Befund reagiert das vorliegende Konzept auf die Besonderheiten und Notwendigkeiten, die sich aus den BA/MA-Strukturen für das Fach *Politikwissenschaft* ergeben. Da das Fach auch grundlegende Anteile im Bereich der Sozialwissenschaften und der Kulturwissenschaften hat und damit in die Entwicklung von neuen Querschnittsdisziplinen involviert ist, sollen deren Aspekte bei der Ausarbeitung der Teilkapitel durchaus Berücksichtigung finden, wie auch die Auswahl der Begriffe zeigt, die naturgemäß keinen Anspruch auf Vollständigkeit erheben kann und will. Schließlich kennt die politische Sprache zahlreiche Leitbegriffe, Schlüssel- oder Schlagwörter. „Neue Begriffe sind [im Lauf der Zeit] hinzugetreten, alte haben sich gewandelt oder sind abgestorben."[34] Die den Dimensionen des Politikbegriffes inhärente Viel-

32 Vgl. z.B. Ben *Dupré* (2010): 50 Political Ideas you really need to know. Oxford. Die deutsche Übersetzung hierzu erschien unter dem Titel *50 Schlüsselideen Politik* (Berlin 2013).

33 Vgl. Dieter *Fuchs* / Edeltraut *Roller* (Hrsg. / 2010): Lexikon Politik – Hundert Grundbegriffe. Stuttgart 2010, S. 10. Gerhard Göhler (Hrsg. / 2004): Politische Theorie. 22 umkämpfte Begriffe zur Einführung. Wiesbaden.

34 *Brunner* / *Conze* / *Koselleck* (s. Anm. 21): Bd.1, S. XIII.

falt mahnt allerdings zur Reduzierung, um innerhalb der Möglichkeiten und differenten Erscheinungsformen von Politik das jeweils Grundsätzliche nicht aus den Augen zu verlieren. Von den ursprünglich über 100 Grundbegriffen der Politik, die für das vorliegende Konzept von den Verfassern in den Blick genommen wurden, sind nach eingehender Erörterung in der konkreten Auswahl 30 zentrale Begriffe übrig geblieben. Nach Einschätzung der Verfasser lassen sich bei den hier präsentierten Grundbegriffen sehr weitreichende Parameter von Politik, sowohl hinsichtlich der historischen Perspektive wie auch in Bezug auf die aktuelle Dimension, darstellen. Die *Grundbegriffe* sind nicht als lexikalische Erläuterung zu verstehen, sondern folgen dem hermeneutischen Anspruch, die Dinge dieser Welt der Politik in ihrer grundsätzlichen Charakteristik zu erklären. Alle Artikel sind hierfür nach einem Dreierschritt in der Präsentation und Interpretation aufgebaut. Sie liefern:

a) eine Definition für den Begriff,

b) eine historische Herleitung (als ideenhistorische Synopse) und

c) die Funktion und Verwendung in der aktuellen politischen Konstellation.

Darüber hinaus:

d) ein kurzes Verzeichnis mit weiterführender Literatur.

Die Sprache ist hierbei darauf ausgerichtet, dass sie (bei aller Notwendigkeit von Fachterminologie) gerade für die Einstiegssemester in das Studium der Politikwissenschaft bzw. der Sozialwissenschaften verständlich bleibt. Die Begriffe werden zudem in ihrer Relation zueinander angezeigt und durch den Querverweis auf das jeweilige affine Schlagwort (z.B. *Republik* im Demokratiekapitel) verwiesen. So ergibt sich bei der Lektüre der einzelnen Grundbegriffe ein relationales Gesamtgefüge von begrifflichen Zugängen, Zusammenhängen und Überlappungen, mit dem sich Politik besser verstehen und auch nachvollziehen lässt. Allerdings bleibt hierbei der Grundgedanke zielleitend, dass das Prinzipielle bei einem Begriff anzuzeigen ist, nicht die möglichen Verästelungen und Untergliederungen. Auch wenn unter (b) eine Herleitung im Kontext der Politischen Ideengeschichte skizziert wird, ist die Darstellungsweise weder der Politischen Theorie oder Philosophie, noch dem klassischen Ansatz der Staatslehre verpflichtet. Konzeptionell geht es vor allem um (c), den Gebrauch des Begriffes in seiner aktuellen Bedeutung für die Diagnose politischer Phänomene und Erscheinungsformen. Die Grundbegriffe wirken auch ganz unterschiedlich, d. h. sie haben hermeneutisch eine durchaus differente Funktion für das Verstehen von Politik: Manche Begriffe sind nur kognitiv, d. h. sie beschreiben analytisch Sachverhalte konzeptionell (z.B. *Utopie*), andere Begriffe hingegen sind empirisch in Zeit und Raum aufgetreten und ebenfalls in der Gegenwart aktualisierbar (wie etwa *Revolution*). Andere Begriffe wiederum sind hochgradig ideologisierbar (klassisch hier die *Gerechtigkeit*) oder zielen unmittelbar auf eine bestimmte Herrschaftsform (wie die *Demokratie*). Manche Begriffe intendieren auf das Gute im Leben der Menschen (wie z.B. *Interesse*), andere haben eine zutiefst zerstörerische Funktion (z.B. *Terror*). Überhaupt fällt bei allen Grundbegriffen auf, dass heftig um sie gestritten wird – und dies nicht erst in der Gegenwart. *Grundbegriffe der Politik* sind insofern heuristisch betrachtet stets strittige Begriffe, ja bisweilen Kampfbegriffe: Sie bündeln Ordnungsvorstellungen und dienen der Einordnung, Zuordnung und Positionierung von Politik.

Als solche sind sie nie eindeutig, sondern sie werden im diskursiven Zusammenhang gerade in ihrer Mehrdeutigkeit in Anspruch genommen und verbleiben in einem Pro und Kontra. Und dies liegt auch in der Sachlogik von Politik, denn Politik kann immer unterschiedliche Wege einschlagen. In der verbindlichen Gestaltung menschlichen Zusammenlebens gibt es nicht nur einen Lösungsweg, einen Ansatz oder auch nur ein Ziel. Dann würde sich Politik auf eine bloße Technik reduzieren. Gerade die Vielfalt möglichen Handelns fordert uns als politische Wesen heraus, zum Bedenken, Bereden und Entscheiden für Alternativen. Dabei können Grundbegriffe als Kompass und orientierende Richtschnur dienen.

Bürger

I. Definition: Bürgerin oder Bürger zu sein, betrifft das Menschsein in seinem Insgesamt. Auch wenn oft von der *Bürgerrolle* gesprochen wird, der soziologische Rollenbegriff, der ausweist, welche wechselnden Rollen Menschen in unterschiedlichen Handlungsgeflechten jeweils einnehmen, reicht nicht an die existenzielle Dimension heran, die mit einer *Bürgerexistenz* verbunden ist. Während Rolleninhaber oftmals ihre Rolle wechseln und mal die eine und mal die andere Rolle einnehmen, umfasst Bürgerin und Bürger zu sein das gesamte menschliche Selbstverständnis. Entweder lebt man als Bürgerin und Bürger unter Mitbürgerinnen und Mitbürgern oder aber man hat keinen Bürgerstatus inne und ist vom Bürgerdasein ausgeschlossen.

Während Menschen mit ihrer physischen Geburt in die Menschenwelt eintreten, hängt ihre Bürgerexistenz von der politischen Ordnung ab, der sie zugehören. Leben Menschen in einem → *Rechtsstaat* und unter einer Verfassung, die ihnen ein Leben als Bürgerin und Bürger gewährleisten, oder aber sind sie einer angemaßten → *Herrschaft* von Willkürhandlungen, Repressalien und → *Terror* ausgesetzt? Auf die politische Ordnung kommt es an. Bürgerin und Bürger kann nur sein, wer unter dem Schutz einer → *Sicherheit* bietenden Bürgerordnung steht, einer Verfassung, die → *Frieden* und Bürgerrechte garantiert. Neben diesen Schutzrechten vor angemaßter Herrschaft sind es die politischen Teilhaberechte, die Bürgerrechte in ihrer wesentlichen Qualität auszeichnen. Insofern schützen Bürgerrechte eine Lebensweise der → *Freiheit* ebenso wie sie einer Lebensweise der Freiheit Entfaltungsmöglichkeiten bieten. Die konkrete Ausgestaltung der Freiheitsordnung ist in die Hände der Bürgerinnen und Bürgern gelegt, und zwar von ihnen selbst.

Bürgerinnen und Bürger vertrauen sich selbst ihre politische Ordnung an, und insofern regieren sie sich selbst. Sei es, dass sie in einer direkten → *Demokratie* selbst die Entscheidungen treffen oder dass sie in einer repräsentativ verfassten → *Republik* ausgewählten Amtsinhabern die → *Regierung* auf Zeit anvertrauen, Bürgerinnen und Bürger unterstehen keinen Obertanen. Als Freie und in ihrer Freiheit Gleiche unterstehen sie nur ihrer gemeinsamen politischen Ordnung.

II. Geschichte des Begriffs: Im dritten Buch seiner *Politik* erörtert Aristoteles die wechselseitige Verwiesenheit von Bürgerstatus und politischer Ordnung sinngemäß: Bürger ist derjenige, der am Regieren und Regiert-werden in einer Polis teilhat. Somit sind es nicht der geographische Ort und nicht die lokale Gemeinsamkeit, die den Polisbewohner zum Bürger erheben. Vielmehr sind es die Beschäftigung mit den öffentlichen Angelegenheiten und die Zugehörigkeit zu den politischen Institutionen, die aus bloßen Stadtbewohnern Bürger machen. Das heißt, mit der institutionellen Erfindung der griechischen Polis geht nicht nur die Entdeckung von → *Politik* und politischer → *Öffentlichkeit* einher, sondern indem Menschen sich als gleichberechtigte politische Wesen wahrnehmen, verwandeln sie sich von Gattungswesen der Menschengattung und von Stammesangehörigen einer Ethnie in Bürger einer Rechtsgemeinschaft. Aus freien Stücken haben sie einen Raum der Freiheit gegründet und sich somit institutionell zu einem Bürgerbund zusammengeschlossen. Neben allen Existenzbereichen, die durch bloße Herrschaftsbeziehungen geprägt sind, zeichnet sich die Bürgerexistenz dadurch aus, dass sich Menschen in ihrer Freiheitsbegabung würdigen. Sie nehmen sich als politisch Freie wahr und sie sind sogar stolz darauf, dass sie als in ihrer Freiheit Gleiche ihre gemeinsamen Angelegenheiten auf gleicher Augenhöhe beraten, besprechen und entscheiden.

Die Athener lernten, sich als Bürger zu entdecken. Sei es, dass sie als Handelnde die Bühne des Politischen betraten oder dass sie als kommentierende Zuschauer und urteilende Öffentlichkeit die Debatten und Wortgefechte kritisch begleiteten und verfolgten, in diesem Mikrokosmos bürgerschaftlicher Selbsterfahrung wird unser europäisches Politikverständnis als Paradigma und als zivilisatorische Errungenschaft erkennbar.

Zwar war der Bürgerstatus *in statu nascendi* nur einem kleinen Kreis privilegierter Männer der griechischen Adelsschicht vorbehalten, aber dieses Vorrecht, Bürger zu sein, verliert im Verlauf der europäischen Geschichte Zug um Zug seinen privilegierenden Charakter. Das Vorrecht entwickelt sich zum Recht – zu einem allgemeinen Recht, das in der Ausformulierung moderner Bürgerrechte seinen institutionellen Niederschlag findet.

In der römischen Antike galten zunächst nur die Bürger Roms als die Freien, die Bürger der Republik. Alle anderen Menschen, die nicht an der *res publica* teilhatten, waren Nichtbürger. In dem bedeutsamen und auch in späteren Zeiten oft zitierten Satz *Civis romanus sum* (Ich bin römischer Bürger) drückt sich in verdichteter Form der gesamte römische Bürgerstolz aus. Selbst John F. Kennedy, der als amerikanischer Präsident im Jahr 1963 den Westteil der geteilten Hauptstadt Berlin besucht, bezieht sich auf diese Worte: „Vor zweitausend Jahren war der stolzeste Satz ‚Ich bin ein Bürger Roms'. Heute, in der Welt der Freiheit, ist der stolzeste Satz ‚Ich bin ein Berliner'. Alle freien Menschen, wo immer sie leben mögen, sind Bürger Berlins, und deshalb bin ich als freier Mensch stolz darauf, sagen zu können ‚Ich bin ein Berliner'!" In rhetorisch meisterhafter Sprache beschwört Kennedy die Bürgerfreundschaft, ja die sich darin ausdrückende Eintracht einer die → *Menschenrechte* achtenden, weltumspannenden Bürgerschaft. Selbst und gerade in schwierigsten Zeiten – so der amerikanische Präsident – sollten sich freie Menschen auf ihre Bürgerexistenz besinnen und daraus Kraft und Zuversicht schöpfen. Auch an dieser sprachmächtig aufgeladenen Redeweise ist ablesbar, dass die lateinischen Begriffe *civis* – Bürger – und *civitas* – Bürgerschaft – ihre vielfältigen Spuren in englischen Wörtern wie *civic*, *citizen* und *citizenship* ebenso hinterlassen haben wie in den französischen Termini *civil*, *civique* und *citoyen*. Selbst im deutschen *zivil*, *Zivilität* und *Zivilisation* sind die bürgerschaftlichen Wortursprünge deutlich erkennbar.

Während sich in England und auch in Frankreich unter dem Einfluss der lateinischen Sprache jeweils zwei Bürgerbegriffe ausprägten – *citizen* und *burgess* sowie *citoyen* und *bourgeois* –, verfügt die deutsche Sprache nur über das eine Wort. Sosehr *Bürger* zwar etymologisch auf den Begriff *Burg* verweist, sosehr ist damit aber auch der *burger*, der Bewohner einer Stadt gemeint. Einerseits verstanden sich die Bürger der mittelalterlichen Städte durchaus politisch, indem sie frei von den Herrschaftsverhältnissen der ländlichen Umgebung sich selbst regierten, andererseits jedoch besaßen auch Handwerker und Kaufleute den Bürgerstatus. So verschmolz mit der Zeit der Rechtsbegriff des Bürgers mit dem bürgerlichen Standesbegriff der Ständegesellschaft.

Im Bürgerhumanismus der Renaissance erlebt der antike Bürgerbegriff seine Wiedergeburt. Neben der frühneuzeitlich ins Zentrum rückenden Freiheit des Individuums erfahren Bürger ihre Freiheit in der Teilhabe an den öffentlichen Angelegenheiten. Insbesondere in Machiavellis *Discorsi* wird Politik als originäre Bürgerpolitik thematisiert. Während er in seinem *Principe* Politik aus der Herrscherperspektive in den Blick nimmt, sind Machiavellis *Discorsi* aus der Bürgerperspektive geschrieben. Die Gründung und Erhaltung – → *Reform* – von Republiken stehen im Fokus, und Ausgangspunkt seiner analytischen Betrachtungen sind die Bürger, ihre Tugenden, ihre Qualitäten oder auch ihre Verfallsgeneigtheit sowie die damit verbundene Anfälligkeit für → *Korruption*. Anknüpfend an das antike Grundthema, wonach die Bürger selbst und nicht etwa ein leviathanischer Kommandostaat oder die Ingenieurskunst eines omnipotenten Gesellschaftsingenieurs für die Qualität der politischen Ordnung verantwortlich sind, entfaltet Machiavelli das Spannungsverhältnis zwischen Kommerz und Politik, zwischen privater und öffentlich-politischer Lebensführung. Die Bürgerschaft selbst trägt für ihr Gemeinwesen Verantwortung. Von daher ist die Frage, welche Gewohnheiten die Bürger entwickeln, ob sie etwa über Bürgersinn verfügen und in welchen Institutionen sie sich zu Bürgern geradezu erziehen, von entscheidender Bedeutung für das *bonum commune*, eben für das → *Gemeinwohl*.

Auf die Spitze getrieben wird die Frage nach den Bürgertugenden von Jean-Jacques Rousseau, dessen radikaler Bürgerbegriff terminologisch die Französische Revolution befeuert. Allein als *citoyen* ist der Mensch voll und ganz bei sich selbst. Sobald er sich als Bürger aufgibt, ist er *hors de lui*, außer sich, von seinem Wesen als politischer Mensch, der sein Leben selbst in die Hand nimmt, entfremdet. Politische → *Repräsentation*, in der Bürger ihre politische Stimme Repräsentanten übertragen, ist für Rousseau damit politischer Selbstverrat. Das politische Selbst begibt sich seiner → *Macht,* es gibt sich auf, indem es seine Stimme abgibt.

Sosehr auch Karl Marx in seiner Entfremdungstheorie an Rousseau anknüpft und der Herrschaft von Menschen über Menschen seinen revolutionären Kampf ansagt, unter Bürger versteht er den *bourgeois*, jenen Privat-, Wirtschafts- und letztlich Kapitalbürger, der in der Klassengesellschaft alle ökonomischen und in abgeleiteter Form auch alle politischen Fäden in der Hand hält. Alles Politische ist für Marx ohnehin nur abkünftiger Natur, da die gesamte Lebenswelt den ökonomischen Gesetzmäßigkeiten und damit Imperativen unterliegt. Solange die Gesetze des Kapitalismus die Welt dominieren und – erst recht im Zeitalter der → *Globalisierung* – sich als → *Ideologie* in den Köpfen der Menschen stetig reproduzieren, ist es für Marx nichts anderes als eine bürgerliche Illusion, ein bedeutsamer *somebody* zu sein. Im mittlerweile globalisierten Spiel der Marktkräfte ist aus seiner Sicht ein jeder ein *nobody.* Die politische Kategorie des Bürgers ist für Marx vollkommen obsolet. Denn wenn der → *Staat* lediglich als Herrschaftsinstrument der herrschenden Klasse fungiert und er infolge einer → *Revolution* im klassenlosen Endzustand der Geschichte ohnehin funktionslos wird und, wie Marx sagt, „abstirbt", so ist jedweder Bürger, der nach der gesamten Auffassung alteuropäischen Denkens den Dreh- und Angelpunkt der *Politeia* bildet, mindestens ebenso tot.

III. Aktuelle Dimension: Solange jedoch die Geschichte der Politik noch nicht an ihr Ende gelangt ist oder sie sich als → *Utopie* entpuppt und solange Bürgerinnen und Bürger ganz bewusst ihre Bürgerexistenz leben und aktiv ihre Lebenswelt gestalten, ist es bedeutsam, welche Auffassung von „Bürgergesellschaft" (Ralf Dahrendorf) oder auch „Zivilgesellschaft" (Jürgen Habermas) dem bürgerschaftlichen Engagement zugrunde liegt.

Wenn Dahrendorf von Bürgergesellschaft spricht, so verortet er diese, in Anlehnung an die klassisch liberale Zweiteilung, zwischen dem Staat und dem Bereich des Privaten. Zwischen den Polen eines bürokratisch organisierten Staatsapparates und einer individualisierten Privatsphäre, die zur Atomisierung neigt, siedelt sich die Bürgergesellschaft an, innerhalb der sich Bürgerinnen und Bürger in vielfältigen Aktivitäten und Organisationsformen freiwillig zusammenschließen. Für Dahrendorf sind kleinere und mittlere Unternehmen ebenso Bestandteile der Bürgergesellschaft wie Stiftungen, Vereine und Verbände. Die Spannweite bürgerschaftlicher Teilhabe reicht vom Gründer eines Start-up-Unternehmens bis zur Aktivistin von *Attac.* All die Wahl- und im Grunde Lebenschancen, die eine intakte Bürgergesellschaft den Menschen bereithält – und sozialliberal gedacht auch anbieten und ermöglichen soll –, nennt Dahrendorf *Optionen.* Diesen Angeboten und bestenfalls Anrechten an Selbstverwirklichungschancen stehen die *Ligaturen* gegenüber. Sie umschreiben die tiefen Bindungen, die den Wahlchancen Bedeutung verleihen und die als sinnstiftende und -verbürgende Verbindlichkeiten die Bürger qua → *Kultur* miteinander verbinden. Als tiefe kulturelle Bindungen bilden die Ligaturen somit den Kitt der Gesellschaft, damit sich diese nicht atomisiert und infolge von Bindungslosigkeit auflöst und gar in Anomie versinkt. In der Konsequenz würde dieser gesellschaftliche Verfallsprozess auch die politische Ordnung zerstören, die – originär liberal gedacht – der Garant der privaten Freiheit ist.

Im Gegensatz zu Dahrendorf, der in seiner Konzeption der Bürgergesellschaft auch wirtschaftlichen Motiven und dem ökonomischen → *Interesse* Raum gibt, hat Jürgen Habermas ausdrücklich nicht-ökonomische Zusammenschlüsse und Assoziationen vor Augen, wenn er von Zivilgesellschaft spricht. Dass Habermas die Ökonomie aus dem Bereich der Zivilgesellschaft ausschließt, ist nur konsequent. Denn die von Habermas begrifflich entfaltete Öffentlichkeit sowie die Zivilgesellschaft als deren soziale Grundlage ordnet er beide der *Lebenswelt* zu, die er in seiner *Theorie des kommunikativen Handelns* dem *System* gegenüberstellt. Die moderne Welt ist nach Habermas von zwei unterschiedlichen sozialen Wirklichkeiten und deren paradigmatischen Ausdeutungen geprägt. So beschreibt und erklärt die Systemtheorie, eben mit der Kategorie des Systems, das menschliche Miteinander als funktionale Austauschprozesse. Dabei werden im Subsystem *Wirtschaft* Verhaltensweisen über das Medium *Geld* gesteuert, und im Subsystem *Verwaltung* vollzieht sich die funktionale Steuerung über das Medium *Macht.*

Im Unterschied zur *Systemtheorie* begreift die *Handlungstheorie* das menschliche Miteinander als Sinn vermittelten Handlungszusammenhang, der in seiner konkreten Bedeutung jeweils interpretiert werden muss. In der *Lebenswelt* obliegt es den Menschen, über sprachliche Verständigungsleistungen ihr Miteinander auszuhandeln und sich darüber zu koordinieren. In diesem kommunikativen Handeln, das auf Verständigung angelegt ist, zeigt sich der Lebenszusammenhang allererst als ein gemeinsam geteilter. In dem Maße, in dem Menschen sich in kommunikativer Praxis über ihr Zusammenleben verständigen und auch vergewissern, wird der jeweilige Lebenszusammenhang zur gemeinsamen Wirklichkeit. Die Wissenssoziologen Peter Berger und Thomas Luckmann sprechen daher auch von der *gesellschaftlichen Konstruktion der Wirklichkeit.*

Im Zentrum aller zivilgesellschaftlichen Selbstverständigung steht für Habermas daher die → *Öffentlichkeit*, wobei er unterschiedliche, jeweils autonome Teilöffentlichkeiten im Blick hat. In ihnen können sich Bürgerinnen und Bürger ganz in kantischer Tradition wechselseitig aufklären und dabei ihre praktische Vernunft ausbilden und zum Ausdruck bringen. So sind Bürgerinnen und Bürger nicht nur Adressaten und Objekte der politischen Ordnung, sondern als Autoren und Urheber der politischen Aushandlungsprozesse ringen sie den Systemen Bürokratie und Ökonomie gleichsam Gestaltungsmacht ab. Gegenüber den systemfunktionalen Imperativen des Staats- und Wirtschaftssystems artikuliert eine buntscheckige und quirlige Zivilgesellschaft die Stimmen und Ansprüche der Lebenswelt.

Wesentlich radikaler, ja radikaldemokratischer argumentiert etwa Benjamin Barber in seinem Werk *Strong Democracy*. Fest in angelsächsischer Tradition verwurzelt liegt es ihm fern, den Staat über eine Bürger- oder Zivilgesellschaft – sozusagen im Nachhinein – zu republikanisieren. Sein Verständnis von politischer Ordnung setzt im Kern bei den Bürgerinnen und Bürgern an. Eine politische Ämterordnung muss nicht erst zivilisiert werden, indem Legitimität einfordernde Diskurse gleichsam von außen an *den Staat* herangetragen werden. Dieser Etatismus ist typisch deutsch. Vom angelsächsischen Gründungsdenken ausgehend trägt jede freiheitliche Ämterordnung ihr zivilisierendes und eben Bürgermaß bereits in sich. Alle öffentlichen und politischen Amtsinhaber – von der Vereinsvorsitzenden bis zum Staatsoberhaupt – sind qua Amtsbefugnis und innewohnendem Amtsanspruch auf den Grundgehalt der gemeinsamen Bürgerordnung verpflichtet. Als oftmals gewählte und die öffentlichen Ämter stets auf Zeit bekleidende Bürgerinnen und Bürger unterstehen sie wie alle Bürger den geltenden Gesetzen, auch wenn ihnen als herausgehobenen Bürgern politische Ämter anvertraut sind. Gerade diese amtsführenden Personen, die weithin sichtbar in der Öffentlichkeit in Erscheinung treten und die die Standards der politischen Ordnung bestenfalls vorleben und verkörpern, sind in einer intakten Republik sogar noch mehr an den Geist der Verfassung gebunden. Sie sind ja nicht irgendwer.

In diesem Politikverständnis, das von einem republikorientierten Bürgerbegriff inspiriert und lebendig erhalten wird, bedeutet *civil society* die politisch verfasste oder sich verfassende Gesamtheit der Bürger. Begriffe wie Bürgersinn, Bürgerqualitäten, Bürgerfreundschaft, Bürgerengagement und Bürgerbildung erschließen sich vor diesem Hintergrund unmittelbar. Und auch Barack Obamas mahnende Worte in seiner Abschiedsrede als US-Präsident werden vollends verständlich, wenn er seine Mitbürgerinnen und Mitbürger als *guardians of democracy* anspricht. Denn in der Tat oder besser durch die Tat ist das wichtigste Amt in einer freiheitlichen Ämterordnung das des *citizen*.

IV. Weiterführende Literatur:

Breier, Karl-Heinz (2003): Leitbilder der Freiheit. Politische Bildung als Bürgerbildung. Schwalbach.

Gantschow, Alexander (2005): Benjamin Barber interkulturell gelesen. Nordhausen.

Meyer-Heidemann, Christian (2014): Selbstbildung und Bürgeridentität. Politische Bildung vor dem Hintergrund der politischen Theorie von Charles Taylor. Bad Schwalbach.

Sagou, Yves-Marius (2009): Die Erziehung zum Bürger bei Aristoteles und Kant. Würzburg.

Sternberger, Dolf (1995): „Ich wünschte ein Bürger zu sein". Neun Versuche über den Staat. Frankfurt a. M.

Karl-Heinz Breier

Demokratie

I. Definition: „Für ein Wort wie ‚Demokratie' gibt es nicht nur keine allgemein anerkannte Definition, sondern ein derartiger Versuch stößt auch allseits auf Widerstand", schreibt George Orwell in *Politics and the English Language* (1957). Denn, so Orwell weiter, die „Verfechter jedes beliebigen Regimes behaupten, es sei eine Demokratie, und befürchten, sie müssten auf den Gebrauch des Wortes verzichten, wenn es auf irgendeine Bedeutung festgelegt würde." Daher sei an dieser Stelle allein auf den ursprünglichen Bedeutungskern verwiesen.

Der Begriff *Demokratie* stammt aus dem Griechischen und er setzt sich aus den Wörtern *demos*, das Volk, und *kratein*, herrschen, zusammen. So bedeutet Demokratie also → *Herrschaft* des Volkes.

II. Geschichte des Begriffs: Jacob Burckhardt hat eine große Parallele zwischen dem antiken Athen und dem Florenz der Renaissance gezogen. „Eine Stadt will und kann am stärksten, was ein ganzes Volk will und gerne möchte." Sofern das antike Athen als Geburtsstätte der Demokratie bezeichnet wird, geht diese Entdeckung der Demokratie mit der Entdeckung der → *Politik* und mit der Entdeckung des Handeln-könnens von Menschen einher. Demokratie heißt wörtlich Herrschaft des Volkes, und diese Herrschaft ist durchaus im dreifachen Sinne zu verstehen: als *government of the people, by the people and for the people.* In diesen Worten bringt Abraham Lincoln in seiner berühmten *Gettysburg Address* (1863) das demokratische Selbstverständnis der Vereinigten Staaten von Amerika in aller Prägnanz zum Ausdruck, und er beendet seine Rede mit den beschwörenden Worten, dass sein Land „eine Wiedergeburt der → *Freiheit* erleben soll – und auf dass die → *Regierung* des Volkes, durch das Volk und für das Volk nicht von der Erde verschwinden möge."

Demokratie bedeutet: Eine Gemeinde, eine Stadt, ein Volk, ein → *Staat*, kurzum eine Bürgerschaft regiert sich selbst. Wichtig ist dabei, dass in einer Demokratie alle die gleichen politischen Rechte besitzen, dass sich jeder an den politischen Angelegenheiten beteiligen kann und dass die politische Gemeinschaft als Gesamtheit für ihr gemeinsames politisches Handeln die Verantwortung übernimmt und auch die Konsequenzen ihres Handelns (er)trägt.

Die Entdeckung der Demokratie hat die Menschen Griechenlands mit Stolz erfüllt. Denn sie entdeckten nicht nur ihre eigene Handlungsmacht als einzelne → *Bürger*, sondern sie entdeckten sich gleichsam in ihrer kollektiven Verfügungsmacht über ihr gemeinsames politisches → *Interesse.* „Die Stadt ist frei, das Volk herrscht.", schrieb der griechische Tragödiendichter Euripides im 5. Jahrhundert v. Chr., und seit dieser Zeit ist der Begriff *demokratia* verbürgt. Als Sterbliche – so die Selbstinterpretation der antiken Griechen –

reichten sie zwar nicht an die Handlungsmacht der unsterblichen Götter heran, aber gleichwohl waren sie schon anspruchsvoll. Sie hatten den Anspruch, das in die eigenen Hände zu nehmen, was in politischer Hinsicht freien Menschen möglich ist, nämlich die gemeinsamen Angelegenheiten auch gemeinsam zu gestalten. Freiheit wird damit nicht als Recht gegen die Regierung verstanden, sondern als Recht auf Regierung. Freiheit wird entdeckt als Möglichkeit politisch zu handeln, und damit ist die Teilhabe an der Regierung verbunden. Die Frage ist nur: Wie?

Demokratie bedeutet genau genommen die im Volk versammelte → *Macht*. Sie ist gemeinsame Macht, ungeteilte Macht, ja – und da wird es problematisch – Allmacht. Von daher mag sich jeder politisch interessierte Mensch fragen, auf welche Art und Weise man mit der Allmacht des Volkes umgehen kann. Und noch grundsätzlicher gefragt: Ist diese Fülle an Handlungsmacht ein Segen oder ein Fluch? Von der Beantwortung dieser Frage, die ihrerseits auf anthropologische Grundfragen nach der Natur des Menschen verweist, hängen alle weiteren politischen Ordnungsfragen ab. Versucht eine politische Ordnung die Macht des Volkes entweder zu stärken oder zu schwächen, zu bündeln oder zu teilen, zu konzentrieren oder zu entflechten? Wie geht man mit der größtmöglichen politischen Macht, mit der Macht Aller um?

Bleibt die im Volk versammelte Macht direkt beim Volk, so nennt man diese Form der Volksherrschaft direkte Demokratie. In der ihr eigenen Radikalität ist allein die direkte Demokratie die wahre Demokratie. Nur sie garantiert die Teilhabe und Teilnahme aller, und allein in der direkten Demokratie kommt das Prinzip der Volkssouveränität voll zur Entfaltung. Es ist der Gedanke von herrschaftsloser Herrschaft, von der Identität von Regierenden und Regierten, der der direkten Demokratie als Ideal vorschwebt und der die Bürgerschaft als eine unteilbare Handlungseinheit begreift. Sosehr dieses Ideal von allen konkreten Verwirklichungsbedingungen auch absieht, allein in überschaubaren politischen Gemeinschaften, in denen die Menschen in Face-to-face-Beziehungen leben, lässt sich direkte Demokratie praktizieren.

Im neuzeitlichen politischen Denken, in dem weniger von der konkreten politischen Gestaltungmacht als vielmehr von der Legitimation der politischen Ordnung her gedacht wird, stellt die direkte Demokratie den Idealfall von politischer Autonomie dar. Wenn sich das gesamte Kollektiv, der gesamte politische Körper, seine Gesetze selbst gibt, so handelt es sich um eine Herrschaftsordnung, in der die politische Gemeinschaft sich als Einheit begreift, die sich dem Imperativ aller unterstellt. Allein die selbst gegebenen Gesetze verpflichten schließlich alle Gesetzgeber dazu, den eigenen Gesetzen auch zu gehorchen. Die Legitimität und der Gehorsamsanspruch der gesamten politischen Ordnung erwachsen aus dieser radikaldemokratischen Konsequenz des unmittelbaren politischen Einverständnisses. Gleichwohl – so konstatiert selbst Jean-Jacques Rousseau, der neuzeitliche Ahnherr direkter Demokratie, –

müsste die vollkommen demokratische Staatsform einem Regiment von Göttern gleichen.

In der Lehre von den Staatsformen zählt die Demokratie sowohl bei Platon als auch bei Aristoteles zu den Verfalls- bzw. Entartungsformen politischer Herrschaft. Bei Platon ist die von ihm karikierte Volksherrschaft eine Verfallsform, in der alle vermeintlich alles können und in der jenseits von Geeignetheit, Bestheit und Exzellenz die Beliebigkeit, das Mittelmaß und die Inkompetenz das Sagen haben. Die Demokratie bildet in Platons idealtypischer Rangfolge von der expertokratischen Bestenherrschaft, die sich von der Idee der Gerechtigkeit leiten lässt, hin zur *Tyrannis*, in der die Ungerechtigkeiten angemaßter Herrschaft dominieren, die vorletzte Ordnungsform. So herrscht in der gleichheitsversessenen Demokratie die Ordnungslosigkeit, in der das anything goes den Ton angibt. Alle Hierarchie ist eingeebnet.

Die politisch Ehrgeizigen streben nicht wie in der Aristokratie nach vernunftorientierter Exzellenz, nicht wie in der Timokratie nach Ehre und gesellschaftlicher Anerkennung und auch nicht wie in der Oligarchie nach Reichtum. Vielmehr ist der demokratische Politikertypus angesichts der Beliebigkeit der wechselnden Moden orientierungslos und fällt von einem Extrem ins andere. Die Demokratie ist für Platon daher die „Trödelbude der Verfassungen". Nicht Weisheit, Ruhm oder Geld ebnen den Zugang zur Macht, sondern – auf die Spitze getrieben – der Losentscheid. Er ist das einzige Kriterium, das konsequente Egalitaristen akzeptieren können. Auf dieser vorletzten Stufe des Verfassungsverfalls von der Aristokratie hin zur Tyrannis rufen die Demokraten, die der demokratischen Maßstabslosigkeit überdrüssig sind, nach der starken Hand. So folgen sie in ihrer Verführbarkeit den Lockrufen von Demagogen und öffnen damit der Tyrannei Tür und Tor.

Auch bei Aristoteles zählt die Demokratie zu den politischen Entartungsformen. Er bemängelt, dass sie als pure Mehrheitsherrschaft weder an eine Verfassung gebunden ist noch das gesamte Wohl der Polis im Auge hat. Vielmehr sind die Parteigänger der Mehrheit immer in der Lage, ungefiltert und ungebremst ihre jeweiligen Mehrheitsinteressen durchzusetzen. Kein Gesetzgeber hindert sie daran, und keine Verfassung schränkt sie ein. Die Mehrheit selbst ist das Gesetz. Diese Gefahr, wonach eine Demokratie als ungezügelte Mehrheitsherrschaft die Interessen der jeweiligen Minderheit missachtet und als Mehrheitsherrschaft dem Einzelnen keinen Minderheitenschutz zugesteht, sieht auch Alexis de Tocqueville, wenn er in seinem Werk *Über die Demokratie in Amerika* (1835/40) vor einer möglichen „Tyrannei der Mehrheit" warnt.

Allerdings versteht Tocqueville unter Demokratie keine Staatsform, sondern Demokratie ist für ihn ein „Epochenbegriff". Unter Demokratie fasst er die *égalité des conditions*, die Gleichheit der Bedingungen, die die Menschen nach der Französischen → *Revolution* als formal Freie und Gleiche nebeneinander stellt. Für Tocqueville ist entscheidend, wie die formal freien Menschen mit ihrer neu gewonnenen Gleichheit, den neuen demokratischen Gesellschaftsbedingungen, umgehen. Leben die von den Fesseln der Ständegesellschaft befreiten Menschen als Bürger oder als Untertanen, sprich organisieren sie ihr Zusammenleben in einer → *Republik* oder lassen die zwar demokratisch gleichen, aber freiheitsunerfahrenen Menschen sich von einer Verwaltungsdespotie entmündigen? Damit träte das Gegenteil von dem ein, was mit dem demokratischen Prinzip der Teilhabe und Teilnahme an den öffentlichen Angelegenheiten gemeint ist.

Wird hingegen die vom Volk ausgehende Macht ausgewählten Personen anvertraut, so handelt es sich um eine indirekte Form der Demokratie. Sie heißt repräsentative Demokratie oder vielfach auch Republik, weil im Unterschied zur plebiszitären Variante die Repräsentanten mit den unterschiedlichsten Amtsgeschäften betraut werden. Von daher ist jede repräsentativ verfasste Demokratie eine Ämterordnung, eben ein Verfassungsstaat. Denn die Ordnung der Ämter sowie die Kompetenzen, die den öffentlichen Ämtern zugewiesen werden, sind in der Verfassung festgelegt. In diesem Sinne formuliert es Aristoteles sehr präzise, dessen Lehre von der gemischten Verfassung bis heute Maßstäbe gesetzt hat: „Eine Polis ist die Ordnung der Ämter hinsichtlich der unterschiedlichen Kompetenzen." In der Perspektive einer gemischten Verfassung soll jedoch die von Aristoteles favorisierte Politie sowohl demokratische als auch oligarchische Strukturen enthalten, da darüber ein politisch kanalisierter Interessenausgleich ebenso zu erreichen ist wie eine breite Zustimmung zur Verfassung, die nicht einseitig die vielen Armen (demokratisch) oder die wenigen Reichen (oligarchisch) privilegiert.

Die im aristotelischen Denken entwickelten Prinzipien einer gemischten Verfassung, in der monarchische, aristokratische und demokratische Grundsätze zur Geltung kommen sollen, sind geradezu paradigmatisch in der präsidentiellen Demokratie der USA verankert: Der für vier Amtsjahre gewählte Präsident verkörpert das monarchische Prinzip, der Senat mit der sechsjährigen Amtsdauer der jeweils zwei Senatoren pro Bundesstaat weist aristokratische Merkmale auf, und in der Institution des Repräsentantenhauses ist mit der kurzen Amtszeit von zwei Jahren ein eher basis- und bürgernaher, sprich demokratischer Grundzug sichtbar.

III. Aktuelle Dimension: Die repräsentativen Demokratien im 21. Jahrhundert werden vielfach auch als Parteiendemokratie und als Marktdemokratie bezeichnet.

Unter einer Parteiendemokratie versteht man eine Demokratie, in der politische Parteien nicht nur eine herausgehobene Rolle spielen, sondern wo die politische Realität von den Parteien geprägt, ja geradezu beherrscht wird. Insbesondere unter den gesellschaftlichen Bedingungen einer – wie Max Weber es nennt – „Massendemokratie" beschränkt sich die politische Partizipation der

Wählerschaft auf die Wahl und Auswahl des politischen Führungspersonals, das sich in Parteien organisiert und engagiert. So versteht sich die Konkurrenzdemokratie als integraler Teil der politischen → *Kultur*, die gewissermaßen den Hobbes'schen Wettbewerb um Macht institutionell verankert und strukturiert.

In dieser Hinsicht werden die Parteien in der Bundesrepublik Deutschland vom Bundesverfassungsgericht auch als „integrierende Bestandteile des Verfassungsaufbaus und des verfassungsrechtlich politisch geordneten Lebens" bezeichnet. Zwar werden sie in Art. 21 GG nicht zu Staatsorganen erhoben, aber in ihrer vermittelnden Funktion zwischen den staatlichen Institutionen und der Gesellschaft gelten sie als die wesentlichen politischen Handlungseinheiten.

In der Folge verändert sich in einer Parteiendemokratie das Selbstverständnis der Parlamente dahingehend, dass sich Parlamentarier in erster Linie als gebundene Parteibeauftragte sehen. Darauf hat Gerhard Leibholz mit seiner Parteienstaatstheorie explizit hingewiesen. Diese Sichtweise, dass Parlamentarier sich primär als delegierte Funktionäre ihrer jeweiligen Partei wahrnehmen, ist besonders in den Ländern ausgeprägt, in denen die Parlamente nach dem Verhältniswahlrecht gewählt werden. Denn hier regiert der demokratische Parteienproporz. Im Unterschied zu Parlamentariern, die direkt von ihren Mitbürgern gewählt werden, sind Parlamentarier, die über die Parteiliste entsandt werden, in des Wortes engster Bedeutung Abgeordnete – ihrer jeweiligen Partei.

Moderne Demokratien werden auch Marktdemokratien genannt, weil die Parteien in ihrem Werben um Wählerstimmen wie auf einem Markt zueinander in Konkurrenz treten. Die Parteien bieten Politikentwürfe und politische Programme an, und was heute unter Konkurrenztheorie der Demokratie verstanden wird, beschreibt Joseph A. Schumpeter (2005) in seiner mittlerweile klassischen Definition: „Die demokratische Methode ist diejenige Ordnung der Institutionen zur Erreichung politischer Entscheidungen, bei welcher einzelne die Entscheidungsbefugnis vermittels eines Konkurrenzkampfs um die Stimmen des Volkes erwerben." Damit wird die Demokratie in eine institutionelle Methode aufgelöst, in der wie in einem Marktmechanismus private Kunden per Wahlakt über die Annahme oder Ablehnung des öffentlichen Angebots von Politikdienstleistern entscheiden.

Diese Minimaldemokratie allerdings, die im Extrem auf einen stummen Zählakt individueller Nutzenpräferenzen hinausläuft, steht im Widerspruch zur ursprünglichen Idee der repräsentativen Demokratie. Als *government by discussion* erschöpft sich die zivilisatorische Meisterleistung einer lebendigen Demokratie nicht in einem berechenbaren Funktionszusammenhang. Der Sinn einer gelebten und damit starken Demokratie besteht darin, jenen politischen Sinnzusammenhang kontinuierlich hervorzubringen, in dem die öffentlichen Folgen des privaten Nutzenverfolgs abgewogen, erörtert und beurteilt werden. Das eher funktionale Verständnis von Demokratie als *Regierungsform* steht damit der anspruchsvolleren Auffassung von Demokratie als *Lebensform* gegenüber.

IV. Weiterführende Literatur:

Barber, Benjamin (1994): Starke Demokratie. Über die Teilhabe am Politischen. Hamburg.

Ottmann, Henning (2001): Geschichte des politischen Denkens. Bd. 1 – Die Griechen. Teilband 1 – Von Homer bis Sokrates. Stuttgart.

Sartori, Giovanni (1997): Demokratietheorie. Darmstadt.

Schmidt, Manfred G. (2010): Demokratietheorien. Eine Einführung. Bonn.

Wiegand, Marc André (2017): Demokratie und Republik. Historizität und Normativität zweier Grundbegriffe des Verfassungsstaates. Tübingen.

Karl-Heinz Breier

Freiheit

I. Definition: In einer sehr klassischen Definition von *Freiheit* umschreibt Thomas Hobbes im 21. Kapitel seines *Leviathan* (1651) das neuzeitliche Grundverständnis von Freiheit wie folgt: „Freiheit bedeutet (eigentlich) das Fehlen von Widerstand (mit Widerstand meine ich äußere Hindernisse der Bewegung) [...]. Und nach dieser eigentlichen und allgemein anerkannten Bedeutung des Wortes *ist ein freier Mensch, wer nicht daran gehindert wird, Dinge nach seinem Willen zu tun, zu denen er aufgrund seiner Kraft und seines Verstandes fähig ist.*" Kaum ein anderer politischer Denker hat die Grundsignatur von individueller Freiheit als größtmögliche Abwesenheit äußerer Hindernisse je schärfer gedacht – bis auf Immanuel Kant. Er definiert die äußere Handlungsfreiheit eines Menschen in seiner *Grundlegung zur Metaphysik der Sitten* (1785) als „Unabhängigkeit von anderer Menschen nötigender Willkür". In der Folge dieses Freiheitsverständnisses, das in der Willkür von anderen Handelnden eine beständige Freiheitsbedrohung sieht, entwickelt Kant seine Theorie vom → *Rechtsstaat.* Allein ein Rechtsstaat, der sich nicht auf Vorrechten irgendwelcher Individuen oder Gruppen gründet, ist in der Lage, die Freiheit des Einen mit der Freiheit des Anderen nach einem allgemein verbindlichen Gesetz zu vereinen. Ein jedes Vorrecht, das das Recht auf Freiheit einschränkt, ist illegitim. Legitim ist allein eine staatliche → *Herrschaft*, die das Recht und damit die Freiheit aller schützt.

Gleichwohl versteht man unter Freiheit nicht nur frei zu sein von Einschränkungen, Zwängen oder gar Übergriffen, sondern der politische Schlüsselbegriff in der westlich-atlantischen Selbstinterpretation wird auch als Synonym für Selbstverwirklichung verwandt. Sich selbst zu bestimmen, sein eigener Herr zu sein, ja die Kontrolle über sein eigenes Leben auszuüben, gilt als Ausdruck einer freien Lebensweise. Freiheit in diesem Sinne wird als Autonomie gefasst, wörtlich als Selbstgesetzgebung. Ein Mensch ist frei, sofern er nicht einem fremden, sondern allein dem selbst gegebenen Gesetz gehorcht. Mit dieser begrifflichen Bestimmung, die insbesondere von Jean-Jacques Rousseau gegen eine heteronome, sprich fremdbestimmte, Lebensweise gerichtet ist, werden die existenziellen Vorzüge einer freien, eben sich selbst bestimmenden Lebensweise betont.

II. Geschichte des Begriffs: Bevor jedoch Freiheit in diesem neuzeitlichen Sinne als Autonomie gedacht wurde, verstand die griechische Antike unter Freiheit Autarkie, griech. *autarkeia.* Zwar heißt der griechische Begriff für Freiheit *eleutheria.* Aber dieser umfassende Begriff, der sich im weitesten Sinne auf die Zusammengehörigkeit von Menschen innerhalb eines politischen Verbandes bezieht, wird durch den Begriff *autarkeia* präzisiert. Unter Autarkie verstanden die Griechen der Antike die Freiheit des Selbstgenügens. Diese Freiheit war an die Existenz der griechischen Polis gebunden, denn allein in der Polis, dem Bürgerbund der Freien und rechtlich Gleichen, konnte sich die freie Lebensweise entfalten. Leben bedeutete für die Griechen tätig zu sein, und ein freies Leben war geknüpft an ein sich selbst genügendes Tätigsein. Ganz gegenwärtig zu sein, ganz bei der Sache zu sein und in der jeweiligen Praxis gleichsam aufzugehen, hieß frei zu sein. Eine freie Tätigkeit genügt sich selbst.

So unterscheidet Aristoteles drei Lebensweisen, die um ihrer selbst willen erstrebt werden und die deshalb Praxis genannt werden. Die genießende Lebensweise (*bios apolaustikos*) erfüllt sich im angemessenen Gebrauch der äußeren Dinge. Nicht der Besitz ist entscheidend oder der pure Verbrauch, sondern Freiheit erweist sich im maßvollen Gebrauchen der Güter der Natur wie der weltlich-hergestellten Gegenstände. Dinge nur haben zu wollen und maßlos und ungehindert auf alles auszugreifen, bedeutet nicht frei zu sein, sondern der das Leben rundende Gebrauch, ja die Kunst, im Gebrauch ganz bei den Dingen und damit bei sich zu sein, ist Freiheit. Jedes bloße Mehr-haben-Wollen ist das Gegenteil von Freiheit. Es hieße ja, dass kein Gut gut genug ist. Die Lebenskunst des Freien liegt im wohltuend-angemessenen Gebrauch.

Die zweite sich selbst genügende Lebensweise, die politische Lebensweise (*bios politikos*), zielt auf den gelungenen Aufenthalt in der Welt der Menschen. Seelische Güter wie Freundschaft und → *Gerechtigkeit* werden hier angestrebt, und es ist ein Zeichen von Freiheit, wenn der Aufenthalt unter den Mitmenschen ungezwungen gelingt. Den institutionellen Raum der Freiheit nannten die Griechen Polis. Alle Politen waren von Herrschaftsverhältnissen befreit. Sie unterstanden allein dem Recht. Im öffentlich-politischen Raum – im Unterschied zum Privatbereich des Oikos – wurde das allen Nützliche angestrebt, d. h. nicht nur das eigene Wohl, sondern explizit das gemeinsame Wohl, das → *Gemeinwohl*. Von daher ist die politische Freundschaft, die eine Freundschaft zu diesem Politischen war, so wichtig. Denn ein jeder bedarf der Gemeinschaft, um die eigenen Qualitäten sowohl zu entwickeln als auch auszuleben. Freiheit im Politischen bedeutet tätiges Verbunden-sein im Streben nach einer erfüllten irdischen Existenz.

Die dritte von Aristoteles als frei bezeichnete Lebensweise, die noch autarker ist, ist die theoretische Lebensweise (*bios theoretikos*). Wessen Leben sich im geistigen Tätigsein, im Denken und in der Theoria erfüllt, ist in besonderem Maße autark. Abgeschieden von der Welt der Gegenstände und abgeschirmt von der betriebsamen Welt der Menschen hat der Mensch der Theoria Anteil am geistigen Sein. Mit seiner Vernunft lässt er sich ganz auf das Vernehmen ein, und dieses Tun erfährt er als die höchste menschliche Praxis. Diese autarkste, freieste Lebensform hält Aristoteles zwar für die göttlichste, aber er anempfiehlt seinen Mitbürgern keine weltabgewandte göttliche, sondern eine weltzugewandte menschliche Lebensweise. Und zu einem originär menschlichen Leben gehört es, an unterschiedlichen Existenzbereichen teilzuhaben und darüber das gesamte Leben möglichst abzurunden. Das Leben ist Tätigsein, und sofern ein freies Leben in seiner Vielfältigkeit glückt, beglückt es.

Begrifflich ist festzuhalten, dass nach griechischem Verständnis Freiheit und Notwendigkeit ein Gegensatzpaar bilden. Während die Sicherung des bloßen Überlebens in jeder Hinsicht eine Notwendigkeit darstellt, obliegt es der menschlichen Freiheit, ein gelingendes Leben anzuzielen – sowohl ethisch im einzelnen Leben als auch politisch im Zusammenleben.

Angesichts der Bibliotheken füllenden Literatur zum Freiheitsbegriff sei in dieser kurzen Abhandlung auf eine vergleichende Perspektive verwiesen. Im Unterschied zur griechischen Sichtweise auf menschenmögliche Freiheitskunst ist der neuzeitliche Freiheitsbegriff gänzlich anders konnotiert. In seiner berühmten Rede *Über die Freiheit der Alten im Vergleich zu der der Heutigen* aus dem Jahr 1819 legt Benjamin Constant die begrifflichen Wurzeln frei. Während die Freiheit der Alten in der Teilhabe an den politischen Angelegenheiten bestand, erstreben die Modernen „Sicherheit im privaten Genuß; sie bezeichnen als Freiheit die Rechtsgarantien, die die Institutionen diesem Genuß gewähren." Auch wenn, wie Dolf Sternberger schreibt, diese „querelle politique des anciens et des modernes" noch nicht geschrieben ist, so pointiert Constant die Tagseite der Moderne. Er rückt die persönliche Freiheit des Einzelnen ins Licht und verweist auf ihre Unantastbarkeit, die sie politisch dem neuzeitlichen Verfassungsstaat verdankt. Diese private Freiheit, die den Handelsgeist belebt und den Menschen garantiert, ihr privates → *Interesse* zu verfolgen, ist für ihn allerdings nur mit einer repräsentativ verfassten politischen Ordnung vereinbar. Unvereinbar hingegen mit diesem Grundverständnis von Freiheit ist die vereinnahmende und zeitraubende direkte → *Demokratie* der Antike. Die Völker der Moderne müssen geradezu, um „die ihnen zustehende Freiheit zu genießen [...], zum Repräsentativsystem ihre Zuflucht nehmen". Sosehr sich Constant allerdings angesichts des neuzeitlichen Flächenstaates für politische → *Repräsentation* ausspricht, so entschieden weist er auch auf die Gefährdung der privaten Freiheit hin. In der Fixierung auf den bloßen Verfolg von Privatinteressen könnte man mit zu großem Gleichmut auf das „Recht der Teilhabe an der politischen → *Macht* verzichten".

Damit intoniert er den später von Alexis de Tocqueville detailliert in seinem Werk *Über die Demokratie in Amerika* (1835) entfalteten Gedanken, dass jede private Freiheit nur so lange geschützt und sicher ist, wie die politische Ordnung, die all die Freiheiten garantiert, in der Lebensweise der Menschen verankert ist. So wie jeder Ordnungstypus von den Denkgewohnheiten, der Mentalität, den Sitten und Gebräuchen der jeweiligen Menschen getragen werden muss, so muss eine die persönliche Freiheit sichernde Ordnung, eine → *Republik*, von freiheitsfähigen, freiheitswilligen, freiheitsgewohnten und in Krisenzeiten gar von freiheitsliebenden Menschen aufrechterhalten werden.

Andernfalls ist jede politische Institution auf Sand gebaut, und alle verbrieften *Grundrechte* sind das Papier nicht wert, auf dem sie kodifiziert sind.

Die politische Freiheit der Teilhabe und Teilnahme an der eigenen politischen Ordnung ist unentbehrlich, damit die Freiheitsordnung mit ihrem gesamten Institutionengefüge nicht ohnmächtig ist. Freiheit und Macht, nämlich die Macht zu handeln, liegen ganz nah beieinander. Freiheit wird durch die Handlungsmacht freiheitlicher Institutionen geschützt, und Macht wird durch ungezwungene Zustimmung und freiwilliges Mittun gespeist. Darin sieht Tocqueville in Anlehnung an seinen geistigen Wegbereiter Charles de Montesquieu das Betriebsgeheimnis einer jeder intakten Republik. Wie Montesquieu in seinem Werk *Vom Geist der Gesetze* (1748) darlegt, ist es das ausgeklügelte Arrangement einer institutionell austarierten Machtverteilung, auf das sich selbst die amerikanischen Verfassungsinterpreten in ihren *Federalist Papers* (1787/88) berufen. Dort steht der politische Denker, der Macht und Freiheit aneinander bindet, als „the celebrated Montesquieu" in höchstem Ansehen.

Montesquieu ist der Begründer einer föderativ verfassten Ordnung. Zur Stärkung einer Freiheitsordnung wird Macht auf viele institutionelle Schultern verteilt. Und je mehr die Institutionen darüber hinaus zum Mithandeln einladen, desto pluraler sprudeln die Machtquellen einer föderalen Ordnung, ja desto gefestigter wird die gesamte *constitutio libertatis*. Zugleich werden alle Herrschaftsfixierten, die sich zum Souverän aufzuschwingen drohen, in die Grenzen verwiesen und per Checks and Balances entsouveränisiert. Politische Freiheit wird in diesem Sinne gerade nicht mit → *Souveränität* gleichgesetzt. Im Gegenteil, Freiheit in der Welt handelnder Menschen ist existenziell immer an Nicht-Souveränität gebunden – ein Grundverständnis, das Hannah Arendt im 20. Jahrhundert rehabilitiert hat. Insbesondere in ihrem Aufsatz *Freiheit und Politik* (1958) wird dieser Gedanke pointiert entfaltet, indem er dem Souveränitätsdenken, das dem Hobbes'schen → *Gesellschaftsvertrag* innewohnt, entgegen gesetzt wird.

Ein ungemein radikales Freiheitsverständnis vertritt Jean-Jacques Rousseau. Als existenzieller Freiheitsdenker und geistiger Wegbereiter der Französischen Revolution formuliert er in seinem → *Gesellschaftsvertrag* (1762): „Auf seine Freiheit verzichten heißt, auf sein Menschtum, auf die Menschenrechte […] zu verzichten." Menschen verraten geradezu ihr Menschsein, wenn sie ihre Freiheitsbegabung nicht entfalten und verwirklichen. Und dabei geht es Rousseau nicht darum, Freiräume auszufüllen, die eine Herrscherinstanz gewährt. Überhaupt Freiheit einzuräumen, ist für ihn der Gipfel von Anmaßung. Wem steht es zu, Freiheit zu billigen und zu gestatten? Welche Obrigkeit ist legitimiert, Freiheit zuzusprechen und zu genehmigen? Keine! Der eingangs erwähnte Grundgedanke, dass Freiheit bedeutet, sich selbst zu regieren, verweist in aller Konsequenz auf die Identität von Herrschern und Beherrschten.

Die von Rousseau verfochtene Autonomie des Individuums muss sich für ihn in der politischen Autonomie widerspiegeln. Der private Anspruch, Herr seiner selbst zu sein, muss politisch in der kollektiven Kontrolle über das gemeinsame Leben eingelöst werden. Daher ist es sein Ziel – wenn auch eine Quadratur des Kreises –, im Gesellschaftsvertrag „eine Gesellschaftsform" zu finden, „in der jeder einzelne, mit allen verbündet, nur sich selbst gehorcht und so frei bleibt wie zuvor". Dass Rousseau mit diesem Freiheitspathos ein entschiedener Gegner von politischer Repräsentation ist, liegt auf der Hand. Denn wer andere ermächtigt, gibt sich aus der Hand; wer andere bestimmen und entscheiden lässt, verrät sein Selbstsein. Und wie man im Privaten existenziell Bedeutsames selbst durchlebt, etwa indem man keinen Stellvertreter zum Operationstermin schicken kann, keinem anderen das eigene Sterben übertragen kann und auch nicht einen anderen für sich zur Siegerehrung oder zur Hochzeit schickt, so wäre es unverzeihlich, ausgerechnet im so bedeutsamen Politischen die Kontrolle über das eigene Leben aus der Hand zu geben. Könnte es sein – und dies wäre die Schattenseite der Moderne –, dass man über die Freiheit der privaten Lebensführung mit Argusaugen wacht, während man die Freiheit der öffentlichen Lebensgestaltung aus den Augen verliert?

III. Aktuelle Dimension: Isaiah Berlin hat in seiner Oxforder Antrittsvorlesung *Two Concepts of Liberty* (1958) zwei Freiheitsverständnisse unterschieden. So hebt er die negative von der positiven Freiheit ab. Freisein im Sinne von negativer Freiheit heißt für Berlin, „daß ich von anderen nicht behelligt oder gestört werde. Je größer der Bereich der Ungestörtheit, desto größer meine Freiheit." Frei von Zwang und frei von Einmischung zu sein, macht für Berlin negative Freiheit aus, die von Raymond Aron auch „schützende Freiheit" genannt wird. Demgegenüber ist der Begriff der positiven Freiheit an politische Selbstverwirklichung gebunden. Den urliberalen Verfechtern der negativen Freiheit, zu denen sich auch Berlin zählt, liegt die Sicherung von Grundrechten am Herzen. Sie wollen den → *Staat* eindämmen und seine Macht- und Kontrollbefugnisse mit ihrem stets überschüssigen Potenzial minimieren. Demgegenüber wollen die Anhänger der positiven Freiheit ihr angestrebtes Selbst verwirklichen und im konkreten Tun ihrer Identität Kontur verleihen. Aufs Politische übertragen heißt dies: Sie mischen sich politisch ein und zielen weniger darauf ab, die staatliche Macht einzuschränken, als vielmehr die politische Gestaltungsmacht selbst zu erlangen.

Negative Freiheit ermöglicht, während positive Freiheit verwirklicht. Negative Freiheit schützt das Individuum und ermöglicht ihm, sein Selbst in seiner positiven Freiheit zu verwirklichen. Insofern ergänzen sich beide Perspektiven auf den Freiheitsbegriff, wenngleich die Möglichkeit jedweder Verwirklichung immer vorangeht. Ohne die Freiheit von Zwang ist keine Selbstverwirklichung möglich.

Doch wo die einen in ihrer Selbstverwirklichung übergriffig werden, ist die negative Freiheit der anderen stets bedroht. Eben dies hat Isaiah Berlin im Auge, wenn er angesichts der Erfahrung von Faschismus, Kommunismus und Nationalismus im 20. Jahrhundert auf die stets präsente Gefährdung von Freiheit hinweist. Der Konflikt zwischen negativer und positiver Freiheit wird etwa in der internationalen → *Politik* überall dort sichtbar, wo Volksgruppen oder ganze Völker sich anschicken, ohne Rücksicht auf die Rechte anderer ihr kollektives Selbst zu verwirklichen. Unter dem Banner der Freiheit okkupieren sie ihr vermeintlich angestammtes Land, und dabei tritt das sich in seiner Selbstbestimmung austobende Kollektiv die Freiheitsrechte aller anderen mit den Füßen. Die politischen Selbstverwirklicher bedrohen, zwingen und vertreiben, und die schützende Freiheit der Bedrohten, Gezwungenen und Vertriebenen wird vernichtet – und oftmals nicht nur ihre Freiheit.

So lässt sich in dieser kategorialen Verortung nachvollziehen, warum so viele Gegenwartskonflikte auf der ganzen Welt im Namen der Freiheit geführt werden. Die einen kämpfen um die Wahrung und Anerkennung ihrer Freiheitsrechte, und die anderen um die Wahrung und Anerkennung ihrer kollektiven Identität. Dass in dem Streben nach politischer Selbstbestimmung nicht immer Mäßigung und Respekt gegenüber anderen die Oberhand behalten, rückt den Freiheitsbegriff in die Nähe der losgelassenen, übermannenden und tollen Freiheit. Hier dienen den Fanatismus anheizende Freiheitsparolen dazu, Eroberungszüge und entfesselte Selbstverwirklichungsorgien zu adeln und begrifflich auszuschmücken.

So scheint Rousseau auch für die aktuelle Gegenwart Bedenkenswertes formuliert zu haben, wenn er schreibt: „Zwischen dem Schwachen und dem Starken ist es die Freiheit, die unterdrückt, und das Gesetz, das befreit.“ In der Tat, wenn vom freien Spiel der Marktkräfte die Rede ist, so mag diese Freiheit dem Starken als ein Spiel erscheinen. Der schutzlose Schwache hingegen erfährt die Freiheit des Starken als Würgegriff. Er weiß, dass Freiheit auf → *Sicherheit* aufruht.

IV. Weiterführende Literatur:

Arendt, Hannah (2012): Freiheit und Politik. In: Dies., Zwischen Vergangenheit und Zukunft. Übungen im politischen Denken I. Hrsg. v. U. Ludz. München, S. 201-226.

Berlin, Isaiah (1995): Zwei Freiheitsbegriffe. In: Freiheit / Four Essays on Liberty. Übers. u. hrsg. v. R. Kaiser. Frankfurt a. M., S. 197-256.

Breier, Karl-Heinz / Gantschow, Alexander (Hrsg. / 2017): Vom Ethos der Freiheit zur Ordnung der Freiheit. Staatlichkeit bei Karl Jaspers. Baden-Baden.

Constant, Benjamin (1946): Über die Freiheit der Alten im Vergleich zu der der Heutigen. Klosterberg.

Pettit, Philip (2015): Gerechte Freiheit. Ein moralischer Kompass für eine komplexe Welt. Berlin.

Karl-Heinz Breier

Frieden

I. Definition: *Frieden* ist ein Zustand, der sämtliche Teile der Gesellschaft und damit auch die → *Regierung* darauf verpflichtet, das Leben eines jeden Menschen wie auch dessen Streben nach Glück und Harmonie einvernehmlich zu schützen, während der Frieden zwischen den Staaten in der Regel auf einem (völkerrechtlichen) Vertrag basiert. Ein solcher Frieden wird geschaffen und gesichert kraft des politischen Zusammenschlusses und einer herrschaftlichen Ordnung mit einer innergesellschaftlichen, der → *Gerechtigkeit* verpflichteten, Dimension. Frieden war und ist nicht naturhaft gegeben, was in der Politikwissenschaft zur Unterscheidung in einen positiven Friedensbegriff, die Abwesenheit von indirekter Gewalt betreffenden, und in einen negativen, das Fehlen direkter Gewaltformen wie → *Krieg*, führen muss.

Angesichts der Quellenbelege und archäologischen Befunde ist es nicht verwunderlich, dass der Friedensbegriff historisch gesehen eng mit dem Dreiklang → *Republik*, → *Demokratie* und → *Rechtsstaat* verbunden ist und somit auch für die Moderne anschlussfähig bleibt. Ist der Rechtsfriede gewahrt, so die Intention, gilt das auch für den sozialen Frieden, da der innere Unfriede, Feindschaften und vor allem die Selbstbehauptungskräfte des Einzelnen eingehegt und damit die → *Sicherheit* des → *Bürgers* bzw. der Bestand der Gesellschaft gewahrt werden kann. Das erklärt auch, warum der sich aus der antiken Polis herleitende → *Staat* zur Absicherung und Legitimierung seiner sich intensivierenden → *Herrschaft* auf die Friedenswahrung als vornehmste Aufgabe fokussiert. Angesichts der Dialektik von Friedensräumen und -zeiten ist die Erkenntnis des Friedens eine der zentralen Kulturleistungen überhaupt. Zugleich ist die Überwindung der Selbsthilfe und damit der Anarchie nur möglich, wenn der Staat mit dem exklusiven Gewaltmonopol ausgestattet ist und um den Preis der Rechts- und Friedensordnung ein konsensfähiges Gleichgewicht aus Sicherheit und → *Freiheit* formuliert. Frieden wird daher auch mit Konsolidierung, Prävention und Transformation assoziiert, also mit genau den (staatlichen) Erfordernissen, die mit Blick auf den → *Gesellschaftsvertrag* und das hier ebenfalls involvierte → *Gemeinwohl* insofern systemstabilisierend wirken, dass selbst Veränderungen im Sinne einer → *Reform* weitgehend konfliktfrei gestaltet werden können. Von daher ist Frieden nicht nur ein ewiger Traum, sondern eine machbare, wenn auch an den freien menschlichen Willen gekoppelte, → *Utopie*. Diese Erkenntnis hat dazu geführt, dass der Frieden zentral an das Macht- und Sicherheitsstreben des Staates gekoppelt und unter dem Eindruck des von Hans Morgenthau (1963) und Kenneth Waltz (1979) im Rückgriff auf antike Vorbilder formulierten realistischen Paradigmas auf die gewaltförmige Überwindung von Konflikten bzw. die Abwesenheit von Krieg reduziert wurde. Ein solcher Friede kann aber, so die Kritik von Johan Galtung (1971), nur durch die Anwendung struktureller Gewalt aufrechterhalten werden, wie sie für ein Regime (bzw. dessen hegemonialen Charakter) oder aber ein → *Imperium* denkbar ist. Auch deshalb konnte Ernst-Otto Czempiel den Frieden als eine Situation beschreiben, in der die personale Gewalt ab- und die Verteilungsgerechtigkeit zunimmt. Dieter Senghaas extrahierte hieraus 1995 einen Zustand, der auf Dauer angelegt die friedliche Koexistenz und stabile, weil auf rechtsstaatlichen Prinzipien aufbauende und der Demokratie verpflichtete, Konfliktlösungsmuster ermöglicht. Ein solcher Friedensbegriff wurzelt tief in einer (europäischen) Kulturgeschichte, die durch die Erfahrungen des Westfälischen Friedens und die damit einhergehende Formulierung des (Kriegs-)Völkerrechts kontrastiert wird.

II. Geschichte des Begriffs: So wie sich Friedensräume durch Abgrenzungen ergeben, die bis in den allgemeinen Sprachgebrauch hinein wirksam werden (z.B. als ein-, umfrieden) und dabei auf spezifische, die Gewalt regulierenden Regelwerke rekurrieren (z.B. für Klöster, Grundherrschaften, Stadtrechte), ist auch bei den Friedenszeiten von einem prozesshaften, weil zumeist vertraglich abgesicherten, Vorgang auszugehen. Das im Friedensschluss zum Ausdruck kommende Zusammenleben in Ruhe und → *Sicherheit*, der damit assoziierte Zustand der Eintracht und Harmonie, setzt einen spezifischen Friedensbegriff voraus, der im Wesentlichen auf drei Dimensionen basiert. Deren Wechselwirkungen und inneren Verschränkungen geben eine Vorstellung davon, welchen Wesensgehalt das aus dem indogermanischen und altindischen Sprachraum herzuleitende *frior* hat. Die Spannweite ist enorm, reicht sie doch von lieb/lieben über befreunden und erwünscht/günstig sein bis Gattin/Tochter und Freund, Wille und Wunsch. In der Herleitung wird daher zwischen einem eschatologioschen, aus der christlichen Religion erwachsenden und als Utopie wirksamen, einem etatistischen, den sich seiner → *Souveränität* bewusst werdenden Staat betreffenden, und einem naturrechtlichen Friedensbegriff unterschieden, der den sozialen Aspekt des menschlichen Bedürfnisses nach Gesellschaft aufgreift. Gemeinsam ist diesen Vorstellungswelten die Erkenntnis, dass die formale Struktur des in der germanisch-fränkischen Tradition angesiedelten Friedens mit der Matrix *reht*, *minne*, *gemach* und *sicherheit* weitgehend deckungsgleich ist mit derjenigen des antik-christlichen Friedensverständnisses, also *iustitia*/Gerechtigkeit; *caritas*/Liebe; *tranquillitas*/Ruhe und *securitas*/Sicherheit. In letzterer ist vor allem Augustinus zu verorten, der in *De Civitate Dei* (413–26 n. Chr.) dem am antiken Sinnbild des weltlichen Friedensraumes (*Pax Romana*) orientierten *Pax Terrenus* die *Pax Dei* als eine auf göttlichem Wirken fußende und bis in das *Alte Testament* zurückreichende Friedensordnung gegenüberstellte und diese mit dem Gedanken der absoluten Gerechtigkeit Gottes verband. In dieser Ordnung fügt sich der Mensch in den Kosmos und die Aufgabe ein, ein friedliches Zusammenleben zu organisieren. Seine Bestimmung liegt aber, da der weltliche Friede nur von kurzer Dauer sein kann, im Jenseitigen. Thomas von Aquin hat dieses Bild später insofern aufgegriffen, als er den von Augustinus für ein gottgefälliges Leben in Aussicht gestellten Frieden an das Gemeinwohl band und mit der Figur der christlichen Liebe anreicherte. Diese Vorstellung wird im 10. und 11. Jahrhundert von Frankreich aus das ganze christliche Europa durchdringen, wobei sie sich vornehmlich erst gegen die aus der germanischen und fränkischen Tradition herzuleitende Fehde richtete und dann im Investiturstreit (1026–1122) zwischen Papst und Kaiser ihren Höhepunkt fand. In der Folge strebt der Christ nach Frieden, der ihm durch ein gottgefälliges Leben (*vita quieta*) in Form der göttlichen Gerechtigkeit zu Teil wird, wofür der Gläubige aber, wie in der *Kreuzzug-Diktion* eines Bernhard von Clairvaux deutlich wird, sein Seelenheil notfalls durch die Bereitschaft zum Krieg wahren muss. Während nunmehr Kirchenangehörige und Kirchenbesitz der *Pax Dei* (mitsamt kirchlicher Gerichtsbarkeit) unterstanden und weltliche Gewaltanwendung durch eigene Legitimitätsformen wie die des gerechten Krieges figuriert wurden, erwiesen sich zunächst das Schisma von 1054 und dann im Anschluss an Calvin und Luther die Reformation als Zäsuren für den eschatologischen Frieden und dessen Bild einer *Pax Christiana*. Das gilt auch und gerade für den Anspruch, dass deren Bruch mit kirchlichen und weltlichen Strafen belegt wurde. Als weltliches Gegenstück formierte sich daher ab dem 11. Jahrhundert die Landfriedensbewegung, aus der sich auch Überlegungen zu einer durch ein Schiedsgericht abgesicherten Friedensordnung herleiten lassen. Ausgangspunkt hierbei war wiederum Augustinus, der den gerechten, weil *wahren*, Frieden vom Gewaltfrieden, der aus der fehlenden Willensüberzeugung der Menschen resultiert, schied. Diese Begründungsfigur findet sich nicht nur in den Akten der Ketzereiprozesse. Sie legitimierte auch die Glaubenskriege, die im Dreißigjährigen Krieg (1618–48) kumulierten. Ein vom Glauben Abgefallener hatte, so die zeitgenössische Lesart, keinen Anspruch mehr auf den Frieden. Mit den europäischen Expansionen und Entdeckungen des 15. und 16. Jahrhunderts bekam dieses Weltbild erste Risse, gab es doch jenseits der christlichen noch weitere Weltordnungen, die mit den geltenden Lehrmeinungen nicht vereinbar waren.

Das gilt besonders für die Auseinandersetzung mit der Naturrechtslehre eines Thomas Hobbes, der seinen *Leviathan* (1651) unter dem Eindruck der Staatskrisen in England so konzipierte, dass sich *status civilis* und *status pacis* als Kulturleistungen gegenseitig bedingen und das Wesen des Friedens durch die Sicherheitsleistungen des Staates bestimmt wird. Für Hobbes resultiert die den Frieden in Frage stellende Unsicherheit aus der Tatsache einer im Naturzustand jederzeit möglichen Anwendung von Gewalt. Krieg, so die Quintessenz, ist die Entfremdung vom natürlichen Frieden unter den Menschen, womit Hobbes dem absolutistischen Staat eine besondere, weil auf die innere Ordnung abzielende und Anarchie wie Willkür überwindende Rolle zubilligte. Das hier zum Tragen kommende etatistische Element wäre aber ohne die Bibelübersetzung Martin Luthers unvollständig, durchtrennte dieser doch die mittelalterliche Verbindung aus geistlichem und weltlichem Frieden, um letzteren zur Angelegenheit einer weltlich begründeten Gerechtigkeit zu erklären, wodurch auch im deutschen Sprachraum der Friede zum höchsten Staatszweck werden konnte. Das Bewusstsein dafür und das Streben nach Wiederherstellung des Friedens sind die eigentlichen Voraussetzungen für die Friedensverträge von Münster und Osnabrück (1648), mit denen nicht nur die Westfälische Friedensordnung begründet wird, sondern erstmals der neuzeitliche Friedensbegriff als Zustand realisierter *Moral* selbst greifbar wird. Der Frieden zwischen den Staaten ist seither nicht mehr an eine (personale, territoriale oder absolutistische) Herrschaft gebunden oder in einem Imperium durch Hierarchie und Unterordnung erzwungen. Er resultiert vielmehr aus einem völkerrechtlichen Vertrags- und Regelwerk zwischen zwei gleichberechtigten Parteien, wie dies zuvor schon Jean Bodin mit der Figur des Staatsfriedens umrissen hatte. Im Umkehrschluss änderte sich auch das Bild des Krieges maßgeblich, der im Zuge der Französischen → *Revolution* seine moralische Rechtfertigung in der Figur des *Bürgerkrieges* erfuhr, die eine klare Absage an die Hobbessche Idee der *Pax Civilis* beinhaltete. Es war dann Immanuel Kant, der mit seinem Werk *Zum ewigen Frieden* (1795) die verschiedenen Ausprägungen des frühneuzeitlichen Friedensbegriffes aufgriff. Kant übernahm die Idee des ewigen Friedens aus der französischen Aufklärung und grundierte sie mit der unbedingten Vernunftordnung einer aus der Republik erwachsenden Volkssouveränität, wobei Kant den Frieden zum gesetzmäßigen Rechtszustand erhob. Dieser nach heutiger Lesart demokratische Frieden blieb zwar eine Utopie, inspirierte aber u.a. auch die Federalists in den USA, da die Strukturen und Prozessabläufe in einer Republik, wie von Kant prognostiziert, in der Tat dazu führen können, dass Demokratien keine oder doch weniger Kriege führen, solange die Bürger über die Angelegenheiten des Staates mitentscheiden und die Meinung der → *Öffentlichkeit* einen maßgeblichen Einfluss auf das Regierungshandeln hat. In dem Maße, wie das Heilige Römische Reich bzw. die sich ab 1806 daraus lösenden Staaten die Verrechtlichung der Lebensbedingungen ihrer Bürger – etwa in Form des Ewigen Landfriedens (1495) bzw. von Policeyverordnungen (ab dem 17./18. Jahrhundert) und Verfassungen (ab 1816) – vorantrieben und dies mit der Wahrung des inneren Friedens begründeten, brauchte es zur Wahrung des äußeren Friedens zwischen den Staaten vergleichbarer Mechanismen und Institutionen. Was heute vor allem mit charismatischen Persönlichkeiten wie Mahatma Gandhi oder Martin Luther King verbunden wird, findet sich schon bei Hugo Grotius, der in *De jure belli ac pacis libri tres* (1621) nicht von ungefähr das Völkerrecht als Rechtsquelle begründete und dabei den Krieg, ähnlich wie vorher schon Augustinus, als Mittel zur Rechtsdurchsetzung und Friedenswahrung betrachtete. Was in der Zeit der Aufklärung mit der Ebenbürtigkeit von Untertan und Monarch begann und im Gesellschaftsvertrag eine eigene Wirkungsmacht entfaltete, wurde sukzessive auf die Forderung nach der Notwendigkeit zur Etablierung von internationalen Organisationen übertragen, die sich auch deshalb der Friedenssicherung widmen, da sie von der zivilisierenden → *Macht* des Rechts der Verträge zehren. Wo Johann Gottlieb Fichte 1797 apodiktisch Recht mit Frieden gleichsetzte und große Hoffnungen in die (Frieden schaffende) Koexistenz autarker Kleinstaaten setzte, verschwimmen die Grenzen etwa zu den britischen Utilitaristen, betonte doch Jeremy Bentham ausdrücklich die friedensstiftende Wirkung des Freihandels. Im Rückgriff auf Kant hoben schließlich die Vertreter des Republikanismus wie Woodrow Wilson (1917) die inhaltliche Nähe von Frieden und Demokratie hervor, wodurch gerade Friedensverträge wie der *Versailler Vertrag* (1919) eine enorme politische Aufwertung erfuhren, regelte dieser doch die Nach- oder besser Zwischenkriegsordnung in Europa und im Vorderen Orient. In einer solchen Konstellation wird Frieden zu einem das Staatsgebiet und den gesamten Untertanenverband einschließenden zivilisatorischen Konzept, bei dem der Gewaltaustrag durch die Idee des Vertragsrechts reglementiert ist. Das Scheitern des Völkerbundes führte allerdings in den Zweiten Weltkrieg und damit zu den explizit als Friedensprojekten konzipierten Vereinten Nationen (1945) und der Europäischen Union (ab 1951). Bezeichnenderweise bedingte die in den Aufbaujahren nach 1945 hochkontrovers geführte Debatte um den Aufbau der NATO nicht die Gründung einer Friedensbewegung. Das geschah speziell in Deutschland erst mitten im Frieden und unter dem Eindruck des *NATO-Doppelbeschlusses* zu Beginn der 1980er Jahre. Die hier angestoßene Debatte erhält aktuell im Kontext der → *Globalisierung* neuen Auftrieb, wozu vor allem grenzübergreifende Gewaltphänomene wie der Internationale Terrorismus und Umbrüche wie der Arabische Frühling beitragen.

III. Aktuelle Dimension: Die nach 1945 realisierte Nachkriegsordnung kannte bis 1990 keinen als solchen konzipierten Friedensvertrag, der Kalte Krieg etablierte stattdessen eine für die Konfliktparteien – die USA und die Sowjetunion – nicht zu überwindende Pattsituation. In Anlehnung an David Mitranys *A Working System for Peace* (1943) ließ sich das mit den Mechanismen des Funktionalismus erklären, der nüchtern den politischen Prozess und die Perspektive einer auf Interdependenzen abzielenden → *Integration* analysierte. Das Unvermögen, die Problematiken des als Friedenskonzept gestarteten Projekts Europa zu durchdringen, führt seit den 1960er Jahren zu einer lebhaften theoretischen Entwicklung, die sich vor allem auf die Erforschung von Konfliktursachen und die so intendierten Friedensperspektiven kapriziert. Als Vorläufer gelten hier das 1920 gegründete Chatham House oder der 1921 gestiftete Council of Foreign Relations. Erst der Beitrag der *Zivilgesellschaft*, z.B. in Form der 1971 gegründeten Berghof-Stiftung, und das 1970 gegründete Stockholm International Peace Research Institute (SIPRI) stellten die Friedensforschung auf ein breiteres Fundament. Zum zentralen Moment wurden dabei die Arbeiten von Johan Galtung, der mit der Figur des positiven und negativen Friedens eine inhaltliche Entsprechung zum klassischen Bild des inneren und äußeren Frieden formulierte. Seither wird über die Notwendigkeit der Verwirklichung gleicher Lebenschancen durch die Beseitigung sozialer Ungerechtigkeit, politischer Unterdrückung und kultureller Diskriminierung diskutiert, gelten diese doch als Ausgangspunkte für kollektive Gewaltanwendungen in einer Gesellschaft. Ein positiver Friede, so die seither gültige Diktion, ist durch die Abwesenheit struktureller Gewalt und die Gewähr sozialer Gerechtigkeit gekennzeichnet. Frieden wird so zum regulativen Ideal, welches das politische Handeln durchdringt. Das Gegenstück, der negative Friede, appelliert an die Kraft der Vernunft und stützt sich auf das bewährte Instrumentarium, also auf Verträge, da der eigentliche Konflikt nicht beigelegt wurde.

IV. Weiterführende Literatur:

Galtung, Johan (1972): Modelle zum Frieden. Methoden und Ziele der Friedensforschung. Wuppertal.

Imbusch, Peter / *Zoll*, Ralf (Hrsg. / 2010): Friedens- und Konfliktforschung. Eine Einführung. 5. Aufl. Wiesbaden.

Jaspers, Karl (1958): Wahrheit, Freiheit und Friede. Rede zur Verleihung des Friedenspreises des Deutschen Buchhandels in der Paulskirche zu Frankfurt a. M. München.

Werkner, Ines-Jacqueline / *Kronfeld-Gohorani*, Ulrike (Hrsg. / 2011): Der ambivalente Frieden. Die Friedensforschung vor neuen Herausforderungen. Wiesbaden.

Westphal, Siegrid (2015): Der Westfälische Friede. München.

Martin Schwarz

Gemeinwohl

I. Definition: *Gemeinwohl* meint die Gesamtheit der Bedingungen des gesellschaftlichen Lebens, durch die der Mensch als soziales Wesen dank der damit verbundenen allgemeinen bzw. kollektiven Ziele und Werte seine personale Vollendung erlangt. Dazu zählen auch die Normen, welche die → *Herrschaft* als Dienst an der Gesellschaft legitimieren, indem sie das Wohl des Einzelnen durch die dauerhafte Verwirklichung einer menschlichen Gemeinschaft ermöglichen und die Individualinteressen einbinden. Bedingung ist die konsensfähige Formulierung eines objektiven allgemeinen Wohls, in dem sich das nach Glück und → *Freiheit* strebende Individuum selbst verwirklichen kann.

Das Gemeinwohl zählt – auch wegen des Bezugs auf die Staatszwecklehren der Antike – zu den zentralen Kategorien, die in → *Politik* und Gesellschaft besonders häufig zur Argumentation und Rechtfertigung bemüht werden. Schließlich ist das Gemeinwohl bislang noch für jede Gesellschaftstheorie und politische → *Ideologie* anschlussfähig gewesen, dient es doch seit jeher – im Unterschied zur Transzendenz des (absolutistischen) Gottesgnadentums – als (un-)bewusst wertende Orientierungshilfe und als ein um seiner selbst willen anzustrebender Zustand. Dieser ist in erster Linie ethisch/moralisch, religiös (II. Vatikanisches Konzil) oder im Sinne Max Webers zweckrational, emotional und traditional intendiert und deshalb nicht an – veränderliche – Trends und Meinungen gebunden. Von daher ergeben sich bei der Annäherung an das Gemeinwohl zwei unterschiedliche Perspektiven. Wo die erste Perspektive recht statisch und ahistorisch von der Notwendigkeit der Gemeinschaft ausgeht, um das Gemeinwohl gewissermaßen als zivilisatorisches Merkmal von → *Kultur* verwirklichen zu können, fokussiert die zweite auf das → *Interesse* und Wohlergehen des Individuums, um von dort aus auf ein authentisches, weil erfahrungsbezogenes her- und empirisch feststellbares, Allgemeinwohl schließen zu können. Die gemeinsame Schnittmenge ist die Erkenntnis, dass der Mensch als soziales Wesen nur im Austausch und über das Zusammenwirken mit seinesgleichen seiner Selbstverwirklichung und Lebenserfüllung gerecht wird. Das Gemeinwohl wird so zur zentralen Begründungsfigur (post-)moderner Gesellschaften, in denen Recht, → *Frieden*, Freiheit und allgemeine Wohlfahrt im Verbund mit politischer Partizipation den → *Staat* dergestalt legitimieren, dass sie gewissermaßen als Zielkonflikte seine Handlungsspielräume ausloten, die wiederum durch das Gemeinwohl bestimmt sind. Die einseitige Reduzierung des Gemeinwohls auf die staatlichen Garantien eines geordneten Zusammenlebens verkennt – insbesondere vor dem Hintergrund des Phänomens der → *Globalisierung* – allerdings die hier aufscheinenden Gestaltungsmöglichkeiten der Politik sowie die moralische Empfindung der →

Gerechtigkeit, wo es um die notwendige Balance zwischen freiem Wettbewerb und sozialer Absicherung geht.

II. Geschichte des Begriffs: Das Wohl(ergehen) aller Mitglieder einer Gesellschaft ist eine ebenso zentrale Kategorie der Politik wie die sinnverwandten Begriffe Wohlfahrt, Wohltat oder Wohltätigkeit. Der gemeinsame Ursprung wird in mittelhochdeutsch *wol varn* gesehen, aus dem sich *wolvarn* und dann neuhochdeutsch *wolvart* (Wohlergehen) entwickelte. Im 16. Jahrhundert wird der Begriff rechtlich aufgeladen, wie entsprechende Verwendungen (als *wohlfahrth*) etwa im *Augsburger Reichabschied* (1555) zeigen, der als Reichs- und Religionsfrieden zu den wichtigsten Verfassungsdokumenten des Heiligen Römischen Reiches zählt. An der Schnittstelle von Philosophie, Staatskunst und politischer Zielsetzung knüpft der Reichsabschied an eine bis auf Platon und Aristoteles zurückreichende Diktion an, nach der Recht und Gesetz als das gemeinsam Nützliche und das solchermaßen verbindende Element der Polis als *bonum commune* charakterisiert ist. Die mit dem Bürgerrecht versehenen Mitglieder der Polis können stets nur Teile dieses Staatszweckes gestalten, sie sind also nicht zur Vollkommenheit fähig. Für Platon ist das aber nicht ohne eine essentielle menschliche Natur denkbar, die in der Polis ihre Entsprechung findet und den Menschen dazu befähigt, am Gemeinwohl orientierte gesellschaftliche und politische Entscheidungen zu treffen. Während daraus in der altrömischen Moral die *liberalitas* (Großmut, Großzügigkeit; mittelhochdeutsch dann zu *milte*) resultierte, sprach Cicero in *De officiis* (44 v. Chr.) vom *beneficium*, das er in Form des Wohlwollens (*benevolentia*), der Liebe (*caritas*) und der Hilfe (*beneficia*) veranschaulichte und in der Natur des guten, weil der Pflicht des wechselseitigen Nehmens und des Gebens folgenden, Menschen erkannte. Auch in Senecas Schrift *De beneficiis* (ca. 56–62 n. Chr.) findet sich ein Dreischritt aus geben-empfangen-erwidern, den er unter Rekurs auf Aristoteles mit dem Bild der Grazien (Göttinnen der Anmut) und der Figur der Dankbarkeit verband. Die Verquickung des Seelenheils (*salus*) mit der Notwendigkeit, Gutes zu tun, wurde so zum Unterscheidungsmerkmal von der Tyrannis – einer der Gründe, warum das aufkommende Christentum bis in die karolingische Zeit hinein in der römischen *caritas* die Nächstenliebe und das Gemeinwohl als Transzendenz von Recht und Frieden anerkannte. Von daher ist es der Verdienst von Johannes von Salisbury, dass er in seinem *Policraticus* (ca. 1159) das Gemeinwohl im Sinne einer Staatstheorie fasste und so die Folie für die weitere Auseinandersetzung mit dem Verhältnis zwischen Herrscher und Untertan lieferte. Thomas von Aquin griff den aristotelischen Gedanken des *bonum commune* auf, indem er die (vor-)christliche Wohltatenlehre mit den königlichen und ritterlichen Tugenden (vornehmlich die *milte*) zu einer Ethik synthetisierte, die über die bis dahin gültige Armen-, Kranken- und Fremdenfürsorge hinausging und die Handlungen des Menschen an das (weltliche) Gesetz band. Schlechte Herrschaft, so die Lesart der zeitgenössischen Fürstenspiegel, zeigt sich folgerichtig in Form von Hochmut,

Geiz, Eitelkeit, Grausamkeit, Verrat, Betrug, Aufruhr, Zwietracht und → *Krieg*, sofern dieser nicht um des Friedens willen geführt wird und damit *gerecht* ist. Die vielen Krisen des 14. bis 17. Jahrhunderts und ihre Auslöser – etwa die Pestjahre (1347–53), die Bundschuh-Bewegung (1493–1517), die Bibelübersetzung Martin Luthers (1522) oder die Türkenkriege (1453–1683) – schärften indessen im Zusammenspiel mit dem Gedankengut der Renaissance und in der Auseinandersetzung mit der durch den Absolutismus versinnbildlichten Lebenswirklichkeit des Adels den Blick für eine gute, weil gerechte und dem Gemeinwohl verpflichtete, Herrschaft. Obwohl nun selbst die genealogische Abstammung des Herrschers durch sein gutes Handeln relativiert werden und sich so die Herrschaft von der Person des Herrschers lösen konnte, blieb die Frage nach der idealen Staatsform – hier durchaus als → *Utopie* gedacht – zunächst aber offen. Deutlich wird das etwa bei Niccolò Machiavelli, dessen *Il Principe* (1531) geradezu lehrbuchmäßig das bis dato gültige christliche Idealbild des guten Herrschers mitsamt Moral und Religion von der Politik trennte und die → *Macht* in den Fokus rückte. In Verbindung mit den *Discorsi* (1532) weisen die für Machiavelli maßgeblichen, nun ihrer Transzendenz beraubten, Tugenden des guten Herrschers – *virtù* (Tüchtigkeit), *fortuna* (Glück), *necessita* (Notwendigkeit) und *occasione* (Gelegenheit) – den Weg hin zur → *Republik* als vollkommenem Staatswesen, in deren Händen die Gewalt allein dem Zweck dient. Der von Machiavelli angestoßene und von den Vertretern der Aufklärung sukzessiv ausdifferenzierte Diskurs über die Vertragstheorien thematisierte die Abkehr des Menschen vom Naturzustand und seine Hinwendung zu gemeinsamen Zielen, Werten und Normen, wodurch das Gemeinwohl zu einer materiellen Form des Wohlstandes gerann. Ausgehend von Thomas Hobbes, der das *common wealth* an die Pflicht zur Friedenssicherung band, und John Locke, der diese Perspektive um den individuellen Grundrechts- und Eigentumsschutz erweiterte, diskutierte die Aufklärung das Wesen des Menschen als Teil eines unmittelbar durch das Gemeinwohl bestimmten Sozialgebildes, das seine heutige Entsprechung im Staat findet. Dessen Legitimation gründet damit auf einer Polarisierung, die den modernen Staat bis heute prägt: die bürgerliche Forderung nach mehr politischer Freiheit und Mitbestimmung steht gegen das mit der Gewährung von Sicherheit verquickte und kontinuierlich erweiterte wohlfahrtsstaatliche Leistungsangebot. Dadurch veränderte sich auch der Charakter des Gemeinwohls, das Samuel von Pufendorf in *De jure naturae Gentium* (1672) noch als *socialitas* (Geselligkeit) und damit als unbestimmte Kulturleistung gedeutet hatte, wogegen es für Christian Wolff in seiner *Philosophica Moralis* (1753) in den Staatszwecken Bildung, Wissenschaft, Kunst und religiöser Erziehung zum Tragen kam. Für Adam Smith war es das *Mitleid*, von dem sich der Staat insbesondere in seinem Wirtschaftshandeln im Sinne des *bonum politicum* leiten lassen sollte (*The Theory of Moral Sentiments*, 1759), woraus er dann in *The Wealth of Nations* (1776) auf die Legitimationsfunktion des Gemeinwohls für den Staat schloss. Alexander Hamilton hat diese Idee 1787 in die Verfassungsdebatte der USA eingebracht und sich zugleich gegen einen den freien Bürger bevormundenden Wohlfahrtsstaat ausgesprochen. Von daher ist der Kontrast zur weiteren europäischen Entwicklung frappierend. Jean Jacques Rousseau sah das Gemeinwohl im → *Gesellschaftsvertrag* (1762) gewahrt, den er in Anerkennung der dualistischen Natur des Menschen einmal im allgemeinen Willen (*volonté générale*) und einmal in den individuellen Begierden (*volonté des tous* als deren Summe) verankert sah. Das Bindeglied zwischen diesen beiden Elementen ist neben dem (unterstellten) Volkswillen die sich im Wahlakt äußernde Verbindung zwischen → *Regierung* und Bürgern, weshalb bei ihm die Erziehung als Gegenleistung für den (staatlichen) Schutz des Wohlbefindens einzelner → Bürger als Gesellschaftsmitglieder eine zentrale Rolle spielt. Während sich in der Folge in den USA das liberale Bild des *pursuit of happiness* verfestigt, formieren sich somit im Alten Europa die Vorstellungswelten, die schließlich in der *Sozialen Marktwirtschaft* kumulieren. Maßgeblichen Anteil hatte Wilhelm von Humboldt, der unter dem Eindruck des Ancien Régimes und der Französischen → *Revolution* den sich 1793 im Namen der Revolution entfaltenden → *Terror* des Comités de Salut Public (Wohlfahrtsausschuss) verurteilte und die Wohlfahrt als Gegenstand der Staatswirtschaft deshalb ablehnte, da sich diese nicht aus der *caritas* herleiten lasse. In der Folge beschränkten sich die Mitglieder des 1815 gegründeten Deutschen Bundes auf den Bereich der Armenpflege; eine staatspolitische Entsprechung des Gemeinwohls fehlte in den Verfassungen. Unter dem Eindruck der Industriellen Revolution und der dadurch angestoßenen *Sozialen Frage* – die der Marxismus mit dem Klassenkampf, der Liberalismus mit der Freiheitsthematik und beide zusammen mit der Problematisierung von Partikularinteressen beantworten – kam es zu einer neuerlichen Verschiebung in der Wahrnehmung. Indem Otto von Bismarck die Gemeinwohlfrage an die → Nation und die Staatsräson band und vor dem Hintergrund von *Kulturkampf* (1871–87) und *Sozialistengesetz* (1878) mit der Einführung der Sozialversicherung die Grundzüge für eine moderne staatliche Wohlfahrtspolitik schuf, verlieh er dem Deutschen Kaiserreich auch die notwendige innere Legitimation. Im Verbund mit den in den kirchlichen Soziallehren und in der Arbeiterbewegung wurzelnden Wohlfahrtsverbänden wurden so die Grundlagen der heutigen Sozialpolitik geschaffen. Diese verinnerlichte überdies in der Zwischenkriegszeit (1918–39) wesentliche Elemente der sich u.a. auf Thomas von Aquin berufenden Katholischen Soziallehre (u.a. die Sozialenzyklika *Rerum Novarum* von 1891) und der Protestantischen Sozialethik (u.a. die von Friedrich Schleiermacher diskutierte Verantwortungsethik). Im Zentrum stand dabei die Überlegung, dass der Staat um des inneren und äußeren Friedens willen den materiellen Wohlstand absichert und dabei durch die christliche Nächstenliebe (hier als Subsidiarität und Solidarität gefasst) angeleitet wird. Sobald diese der Transzendenz geschuldeten Elemente aber fehlen, besteht die Gefahr des Missbrauchs, wie die von rassischen Gesichtspunkten angeleitete Volkswohlfahrt des Dritten Reiches gezeigt hat. Die Art und Weise der inhaltlichen Bestimmung des Gemeinwohls, so der heutige Konsens, entspricht demzufolge dem (freiheitlichen) Charakter des jeweiligen politischen Systems. Dieser Gedanke liegt auch der in den 1930er Jahren entwickelten Konzeption der Sozialen Marktwirtschaft zugrunde. Sie steht für eine dem Gemeinwohl verpflichtete staatliche Sozial- und Wohlfahrtspolitik, die explizit als Gegenentwurf sowohl zur völkischen Totalität des Nationalsozialismus als auch zu dem seiner Individualität entkleideten und einzig dem sozialistischen Kollektiv verpflichteten Sowjetmenschen bzw. dem im religiösen Fundamentalismus verhafteten Anhänger des Islamismus fungiert. Der Anspruch, den freien Wettbewerb an marktwirtschaftliche Leistungen zu koppeln und so den sozialen Fortschritt abzusichern, fand seine europäische Bestätigung, als das Konzept in den *Vertrag von Lissabon* (2009) Einzug hielt. In dieser Form bildet das Gemeinwohl ein die Figur des Unionsbürgers grundierendes und die → *Souveränität* der Staaten wahrendes Fundament, dessen Auslegung zu einem der Seismographen für die Handlungsspielräume von Politik, Staat und Gesellschaft geworden ist.

III. Aktuelle Dimension: Wo im Anschluss an Aristoteles das Gemeinwohl als Idee des guten, weil tugendhaften und rechtschaffenen, Lebens aufgefasst wird, ist auch das nicht unproblematische Spannungsverhältnis zwischen dem innergesellschaftlichen Frieden und der individuellen Freiheit angesprochen. Angesichts der Grenzen der demokratischen Aushandlungssysteme bietet die Pluralismustheorie nach Ernst Fraenkel einen synthetisierenden Zugang. Indem das Gemeinwohl als Resultante aus dem Zusammenspiel der ökonomischen, sozialen, ideologischen und politischen Einflussgrößen einer → *Nation* gilt, setzt das voraus, das alle Beteiligten ein Interesse an einem adäquaten Ausgleich haben, sofern dieser den konsensualen Mindestanforderungen einer als gerecht empfundenen Sozialordnung entspricht. Letztlich wird das Gemeinwohl in einem dynamisch-demokratischen Willensbildungs- und Entscheidungsprozess immer wieder neu ausgehandelt und bestätigt, da die gesellschaftlich relevanten Einflussgrößen – Bürger, Unternehmen, Zivilgesellschaft, politische Parteien und staatlichen Organe – über ihre Rollenmuster eingebunden sind. Auf diese Weise dient das Gemeinwohl als identitätsstiftendes, sich in Staatszielen und Verfassungsprinzipien widerspiegelndes, Moment, wobei freie Wahlen, die durch unabhängige Medien transportierte Meinung der → *Öffentlichkeit* und nicht zuletzt der → *Rechtsstaat* als Korrektiv fungieren. Ein solches Gemeinwohl ist aber keine Leerformel, sondern ist ganz im Sinne des sozialen Kitts als Schnittmenge zu sehen, durch die das Individuum nicht nur mit Rechten, sondern auch mit Pflichten ausgestattet ist, die sein Verantwortungsbewusstsein bestimmen und so seine Partikularinteressen relativieren. Nur so kann die ungleiche Verteilung von Chancen (Partizipation und Mitbestimmung) und (Macht-)Ressourcen (wie Bildung und Wohlstand) als strukturelles Hindernis auf dem Weg zu einem geordneten Zusammenleben identifiziert und ausgeräumt werden. Der 1949 in Form des Grundgesetzes gefundene politische Kode (insbesondere Art. 1 GG) differenziert und kategorisiert Verantwortlichkeiten, bestimmt die Rechtmäßigkeit der politischen Administration und verschafft einer legalen Opposition den erforderlichen Freiraum zur politischen Entfaltung. Damit eng verbunden ist die Betonung des (materiellen) Gemeingutes, das den Menschen als Person und als Subjekt der (individualisierten) Moderne unmittelbar bereichert. Gilt das immaterielle Gemeinwohl als organisatorischer Wert, der durch eine legale Autorität und demokratische Ausgleichsmechanismen garantiert ist, unterliegt das Gemeingut den Bedingungen des politischen und sozio-ökonomischen Wettbewerbs. Ein Beispiel dafür sind die in ihrer Verbindlichkeit allerdings variablen Compliance-Regeln, die als Verhaltenskodex das dem Gemeinwohl inhärente Potential für den Wirtschaftsprozess nutzbar machen und der → *Korruption* vorbeugen sollen.

IV. Weiterführende Literatur:

Baruzzi, Arno (1990): Freiheit, Recht und Gemeinwohl. Grundfragen einer Rechtsphilosophie. Darmstadt.

Fraenkel, Ernst (1991): Deutschland und die westlichen Demokratien. 9. Aufl. Baden-Baden.

Isensee, Josef (2014): Gemeinwohl und öffentliches Amt – vordemokratische Fundamente des Verfassungsstaates. Wiesbaden.

Papier, Hans-Jürgen (Hrsg. / 2016): Freiheit und Gemeinwohl. Ewige Gegensätze oder zwei Seiten einer Medaille? Berlin.

Schmitt-Egner, Peter (2015): Gemeinwohl. Konzeptionelle Grundlinien zur Legitimität von Politik im 21. Jahrhundert. Baden-Baden.

Martin Schwarz

Gerechtigkeit

I. Definition: *Gerechtigkeit* herrscht dann vor, wenn jeder Einzelne in Bezug auf das gesamte System seine individuelle Interessenslage als sachgerecht mit den Interessen aller verbunden sieht. Sachgerecht ist hier zu verstehen im Sinne von adäquat. Der Begriff bezieht sich von seiner Intention her auf alle Bereiche des menschlichen Lebens, er betrifft sowohl materielle Verfügungschancen im Sinne einer sozialen Teilhabe wie auch normative, speziell ideelle, Werte. Damit avanciert der Gerechtigkeitsbegriff zu einem umfassenden Prinzip für die Ordnung des Menschen. Im Grundsatz geht es hierbei um die richtige Relation zwischen dem Einzelnen und dem Gesamten. Das Gesamte, die soziale, die politische, die ökonomische oder die religiöse Ordnung, sollte so beschaffen sein, dass jeder einzelne Teilnehmer an dieser Ordnung zufriedenstellend partizipieren kann. Der Gerechtigkeitsgedanke zielt damit auf die Teilhabe an einer Ordnung und die Strukturierung eben dieser Ordnung. Im Sinne eines Ursacheprinzips ist der Gerechtigkeitsanspruch sogar ordnungsbildend, d.h. hiermit wird (politische) Ordnung generiert und strukturiert. Keine politische → *Herrschaft* kommt daher ohne Gerechtigkeitspostulate aus. Allerdings fallen diese ganz verschieden aus. Daher ist das Leitbild von Gerechtigkeit eines der am meisten und kontroversesten diskutierten Topoi in der Geschichte politischer Ideen und der Politischen Theorie der Gegenwart überhaupt.

II. Geschichte des Begriffs: Schon in einer der ältesten Schriftquellen der Menschheit, dem *Codex Hammurapi* (aus dem 18. Jahrhundert v. Chr.), wird die Frage der Gerechtigkeit als Leitbild für den Herrscher von Babylon thematisiert. Alle religiösen Texte beschäftigen sich zentral und nachhaltig mit der Frage der richtigen Relation vom gerechten Menschen in Bezug zu seiner irdischen Existenz in einer weltlichen Ordnung und vor allem der aufrechten Beziehung zu Gott, der als der Urquell von Gerechtigkeit in allen drei monotheistischen Offenbarungsreligionen erscheint. Sowohl die jüdische Textexegese der *Thora* wie die christliche speziell in Bezug auf das *Neue Testament* als auch die islamische für den *Koran* betonen die Rolle Gottes als eines Garanten von Gerechtigkeit in aller Ewigkeit. Damit ist die Frage der Gerechtigkeit nicht einfach nur eine funktionale Ordnungsfrage für den Menschen, sondern ist normativ betrachtet sogar das Maß der Dinge selbst in diesem Leben, weil mit dieser Frage die irdische Existenz verknüpft wird mit dem Prinzip der Unsterblichkeit, aber eben auch der Verantwortung vor Gott. Insofern haftet der Vorstellung von Gerechtigkeit eine Art heiliger Aura an, ein Gut des Glücks und der Verheißung, das immer wieder von neuem angestrebt werden muss, gerade wenn es in der Wirklichkeit oft eben nicht erreicht wird. Diese theologische Konnotation zeigt sich auch in dem ersten politischen Traktat, in dem die Gerechtigkeit als Fragestellung systematisch für die Bereiche der politischen Ordnung philosophisch dezidiert abgehandelt wird. Platons *Politeia* (entst. zw. 387 u. 367 v. Chr.) ist gerade deshalb ein Klassiker und Startpunkt für die Politische Philosophie und Theorie geworden, weil hier die elementaren Aspekte der Gerechtigkeit in genialer Weise paradigmatisch vorgestellt und strategisch erörtert werden. Die *Politeia* handelt formal über den → *Staat*, doch eigentlich ist dies eine Abhandlung über die Frage der Gerechtigkeit. Damit dokumentiert Platon den zentralen Sinnzusammenhang für den Begriff. Über Gerechtigkeit lässt sich nur dann angemessen reden, wenn man von vornherein die Korrelation zwischen dem Einzelnen und der ordnungspolitischen Gesamtheit aller bedenkt. Denn schon die Orientierung auf Gerechtigkeit hin ist eine Frage für das gesamte politische System. Je nachdem, wie politische Herrschaft ausfällt, empfinden und beurteilen die Menschen die Frage, *was gerecht ist*, unterschiedlich. Es besteht also eine Wechselwirkung zwischen individuellem und strukturellem Verhalten in Bezug auf die Maßstäbe, was in Zeit und Raum jeweils für gerecht gehalten wird. Gerechtigkeit ist zudem eine normative Größe jenseits des faktischen Rechts. Auch wenn im Rahmen einer Rechtsordnung Recht gesprochen wird, bedeutet dies nicht notwendigerweise, dass dies gerecht ist. In der platonischen Analyse folgt das Recht allzu oft den Bedingungen der → *Macht* und ist damit abhängig vom → *Interesse* der Herrschenden. Eine solche Abhängigkeit des Rechts von den oft launischen und vorurteilsbezogen Interessen bestimmter Cliquen oder einzelner Personen hat mit Gerechtigkeit nichts zu tun. Gerechtigkeit muss mehr sein als nur die Zufriedenstellung einzelner Interessen in einer Gesellschaft. Es muss theoretisch wie praktisch ein Zustand gefunden werden, in welchem dem Wohl aller Beteiligten gedient ist. Deshalb lautet die scheinbar einfache Formel bei Platon: *Jedem das Seine*. Gerecht sei, wenn jedem das Seine zu Teil wird.

Wann aber ist ein solcher Zustand erreicht – und vor allem, *wie* kann er erreicht werden, wenn de facto in der Realität stets alles andere als gerechte Zustände an der Tagesordnung sind? Um die Möglichkeit einer Verwirklichung präsentieren zu können, entwickelt Platon ein Idealbild vom Staat, in dem die Menschen in zwei Gruppen eingeteilt sind: a) eine Gruppe von Wächtern und b) eine Gruppe der arbeitenden Bürger, welche die Masse darstellen. Die Gruppe der Wächter ist philosophisch geschult und trägt die Verantwortung über die Einhaltung der politischen Ordnung, deren Gesetze gerecht sein sollen. Über den Wächtern fungiert als Herrscher ein Philosophenkönig, der die Wächter selbst wiederum in ihren Auslegungen und Handlungen überwacht und ordnet. Der Philosophenkönig wie auch die Wächter zeichnen sich dadurch aus, dass sie keinerlei Privatbesitz haben dürfen und auch keine familiaren Verbindungen eingehen können. Sie haben zwar alle Macht im politischen System, jedoch sind sie von den materiellen Verlockungen einer Konsumentenwirtschaft ausgeschlossen. Diese verbleibt ganz im Bereich der Bürger, die auf der Gegenseite allerdings keinerlei politische Kompetenz haben. Das Idealbild des besten Staates richtet sich klar gegen die Auflösungserscheinungen der politischen Ordnung durch → *Korruption. Jedem das Seine* meint in diesem Idealstaat, dass ein Jeder das tut, wozu er am besten geeignet ist. Es bleibt allerdings bei einer idealen Beschreibung, in gewisser Hinsicht wie bei einem Gedankenexperiment, weshalb Platon auch als Ahnherr der → *Utopie* erscheint. In der Realität der Herrschaftsformen hat es einen solchen Staat bis heute hin nicht gegeben. Selbst die kommunistischen Systeme des 20. Jahrhunderts sind tragisch daran gescheitert, obwohl sie doch unter dem Kampfbegriff der Gerechtigkeit die völlige Abschaffung des Privatbesitzes propagiert haben. Aber gegen Korruption und Anmaßungen der elitären Kader waren auch sie nicht gefeit. Dabei zeigt der Blick auf Platons Analyse, dass es bei der Gerechtigkeitsfrage um mehr geht als nur um die Zurverfügungstellung materieller Mittel für alle. Gerechtigkeit ist eben nicht nur eine Frage der politischen Institutionen und ihrer Funktionen, sondern vor allem auch relevant in Bezug auf die Moralität der Bürger. Es geht hier somit auch um die normative Seite. Im Grunde ist dies sogar die weitaus wichtigere Funktion von Gerechtigkeit. Platon hat daher den Gerechtigkeitsgedanken eingebettet in eine Achse von zentralen Tugenden, den sog. Kardinaltugenden, als da sind a) Weisheit, b) Tapferkeit, c) Besonnenheit und d) Gerechtigkeit.

In Bezug auf die Wertigkeit kommt hier der Gerechtigkeit sogar die höchste Bedeutung zu: Sie überstrahlt die übrigen drei Tugenden und bündelt sie in ihrer jeweiligen Funktion auf eine Gemeinsamkeit hin.

Die Kardinaltugenden betreffen jeden Einzelnen in der Wahrnehmung seiner Rechte und Pflichten gegenüber den anderen Mitmenschen. Im Prinzip sollte man daher auch eben nicht nur auf die Herstellung von Gerechtigkeit durch politische Institutionen warten, sondern es ist Aufgabe jedes Einzelnen, hier von sich aus aktiv zu werden. Das Christentum hat diesen Teil der platonischen Lehre bereitwillig übernommen. Mehr noch aber ist man hier dem Konzept von Platons Meisterschüler Aristoteles gefolgt, der in der *Nikomachischen Ethik* (um 330 v. Chr.) die Gerechtigkeit auch als eine Frage der distributiven Mittel für die Politik und die Rahmenbedingungen und Chancen für jeden Einzelnen ausdifferenziert hat. Christliche Autoren wie Augustinus und vor allem Thomas von Aquin propagieren das klassische Verständnis für die mittelalterliche Lebenswelt, demzufolge keine Gerechtigkeit ohne Bezug zu Gott vorstellbar ist. In Gottes Allmacht kulminiert der christliche Gerechtigkeitsgedanke. Sofern die Gläubigen sich in ihren täglichen Handlungen an der Ehrfurcht gegenüber Gott ausrichten, wird partiell Gerechtigkeit auf Erden hergestellt. Allerdings nie vollständig und schon gar nicht zeitlich von langer Dauer. Dagegen steht die Sündenstruktur des Menschen, der von seiner Natur her zunächst immer eher nur selbstbezogen agiert. Insbesondere dem christlichen Regenten kommt hier eine hohe Vorbildfunktion zu. In den sog. *Fürstenspiegeln* wird vor allem seit dem Spätmittelalter stets die besondere Verpflichtung für den Herrscher betont, sich gerecht und weise für das Leben seiner Untertanen einzusetzen. Die Person des Fürsten und sein monarchisches Amt stehen in einer doppelten Verpflichtung zur Repräsentation von Gottes Gerechtigkeit auf Erden. Auch wenn die Realität zweifellos oft anders war, ist mit diesem christlichen Credo eine hohe moralische Normsetzung für die Politik verbunden gewesen. Dieses Rollenbild für Gerechtigkeit verändert sich im Laufe der Frühen Neuzeit dahingehend, dass nunmehr der Nutzenaspekt in den Vordergrund rückt. Während vom mittelalterlichen Leitbild her Gerechtigkeit oft eine überzeitliche Dimension beansprucht hat, die in diesem Leben (der Gläubigen) nicht notwendigerweise zum abschließenden Erfolg kommen müsse, zielen neue Interpretationen im Naturrecht jetzt gerade auf die unmittelbar messbare Qualität von Gerechtigkeit in dieser Welt.

Es ist vor allem die Theorie vom → *Gesellschaftsvertrag*, welche eine markante Neubewertung der Gerechtigkeitsfrage vornimmt. Der Engländer Thomas Hobbes zeigt in seiner klassischen Abhandlung über den *Leviathan* (1651) die logischen Interpretamente dafür systematisch auf: wenn weder Gott noch ein sonstiger überzeitlicher Anspruch auf Glück und das Wohl der Menschen existiert, dann kann ein gemeinsamer Nenner, der von allen als gerecht empfunden wird, nur dann erreicht werden, wenn es einen wechselseitigen Nutzen für jedermann hierbei gibt. Ein Vertrag über die Akzeptanz von Herrschaft kommt demzufolge erst dann zustande, wenn alle Beteiligten sich auf einen gemeinsamen Nutzenaspekt einigen können. Die Geburtsstunde des modernen Staates bezieht sich insofern nicht zentral auf Gerechtigkeit, sondern auf die Herstellung von allgemeiner → *Sicherheit*, weil Hobbes die Gerechtigkeitsfrage als eine Entscheidungsangelegenheit hinsichtlich der Legitimation von Gewalt in der → *Öffentlichkeit* interpretiert. Nur wer über die Gewalt entscheidet, d.h. die Macht und die Herrschaft dazu hat, ist auch in der Lage Gerechtigkeit herzustellen. Im Rahmen einer solchen Theorie ist Gerechtigkeit damit aber keine normative Frage mehr, sondern hat nur noch eine funktionale Dimension. Sie basiert auf den Zuweisungen durch den Staat und dieser ist auch in einer → *Demokratie* abhängig davon, was die jeweiligen Mehrheiten, die eine → *Regierung* legitimieren, daraus machen bzw. haben wollen. Sofern das die → *Menschenrechte* und den Minderheitenschutz betrifft, kann dies äußerst problematisch werden. Denn wenn ein Staat per Urkontrakt (etwa in seiner Verfassung) solche Aspekte ausschließt, ist der Schritt zum totalitären System nicht weit. Ein gerechter Staat, so müsste man meinen, wäre nur dann gegeben, wenn sowohl das → *Gemeinwohl* wie die Menschenrechte systematisch berücksichtigt werden. Offensichtlich ist dies durch den allgemeinen Nutzen eines Vertrags alleine noch nicht gegeben. Die Gemeinwohlorientierung kommt nur zustande, wenn der Staat als → *Rechtsstaat* etabliert werden kann. Das aber impliziert bestimmte Probleme für die Begründung eines solchen Staates, denn wie können die hieran beteiligten Bürger logischerweise einsehen, ob und inwiefern sie sich tatsächlich auf ein für alle gerechtes System einlassen?

Der Amerikaner John Rawls hat mit seiner *Theory of Justice* (1971) versucht diese heuristischen Probleme der Vertragstheorie zu überwinden und sie vor allem vor dem Hintergrund einer Perspektive auf die soziale Gerechtigkeit für die Bedürfnisse des Nationalstaates in der Moderne neu zu konzipieren. Der zentrale Ansatzpunkt ist hierbei, dass Gerechtigkeit als ein individuelles Verhalten von Fairness betrachtet wird, in dem die einzelnen Bürger (wie bei einem Spiel) sich so verhalten werden, dass sie als eigentlich freie und vernünftige Akteure trotzdem zueinander kommen und einen Mehrwert aus ihrer wechselseitigen Positionierung erzielen können. Die Vorstellung über das Gut der Gerechtigkeit ist sowohl materiell wie auch ideell so lange beschränkt, wie eben die Übereinkunft zugunsten eines Vertrags nicht zustande gekommen ist. Rawls spricht hier von einem „Schleier des Nichtwissens", der erkenntnisbezogen für alle beteiligten Mitspieler gilt. Da niemand weiß, was Gerechtigkeit in der Summe als Ganzes für alle bedeutet, müssen sich alle auf möglichst vernünftige Weise in das Gespräch über den gerechten Zustand für den Staat einlassen. Heraus kommt dann am Ende so etwas wie ein harmonisches Gleichgewicht der Interessenlage, solange der Diskurs rational und zielorientiert verfolgt wird.

III. Aktuelle Dimension: Die Rawlssche Neubewertung der klassischen Gerechtigkeitsfrage ist gerade deshalb interessant und hochaktuell, weil sie nicht einfach nur als Beschreibung für die Zustände in einem Nationalstaat steht, sondern als Grundproblem für die noch weitaus divergierende Konstellation einer gerechten Teilhabe im weltweiten Format angezeigt werden kann. Staat und → *Nation* haben historisch gesehen in den letzten zwei Jahrhunderten ein Arrangement zugunsten einer Solidargemeinschaft der → *Bürger* getroffen. Unter dem Paradigma der sozialen Gerechtigkeit werden hierbei besonders in den Wohlfahrtsstaaten des Westens materielle Leistungen für die soziale Sicherheit und Bedürftigkeit der Bürger festgeschrieben, was bedeutet, dass die Form der distributiven Gerechtigkeit das beherrschende Prinzip für moderne Staatlichkeit geworden ist. Deshalb ist die Sozialpolitik von der Ausgabenseite bei den meisten Staaten in der ersten Welt der bei weitem größte Faktor. Der distributiven Gerechtigkeit schwebt als Ziel eine austarierende Gesellschaftspolitik vor, die letztlich vom Ideal her eine harmonische Situation herstellen soll. Schon bei Platon ist das Äquivalent für Gerechtigkeit die Harmonie gewesen, die Vorstellung von einer harmonischen Ordnung der Dinge mittels Gerechtigkeit. Doch im Grunde bleibt dies gerade wegen der Dynamik in pluralistischen Gesellschaften eine utopische Intention. Auch die beste Sozialpolitik innerhalb einer Solidargemeinschaft des Nationalstaates kann nicht darüber hinweg täuschen, dass eine komplette Austeilung bzw. Umverteilung aller Mittel und Leistungen nicht möglich ist. Die heftigen Debatten über soziale Armut in allen führenden Industrienationen des Westens verzerren im

Grunde auch das Bild auf die viel grundsätzlichere Dimension der sozialen Gerechtigkeit in einer Welt, in der durch die → *Globalisierung* fast alles miteinander in Verbindung tritt. Nicht die Frage, ob Hartz IV für Sozialhilfeempfänger in Deutschland als gerecht erscheint, ist das entscheidende Problem, sondern ob und wie man etwa das eine Drittel der Menschheit, das pro Kopf von weniger als zwei US-Dollar am Tag leben muss, mit Umverteilungsmaßnahmen aus den reichen Staaten dieser Welt unterstützen kann. Hier erweist sich die Perspektive der distributiven Gerechtigkeit als die zentrale Aufgabe für die internationale Politik im 21. Jahrhundert.

IV. Weiterführende Literatur:

Hahn, Henning (2009): Globale Gerechtigkeit. Eine philosophische Einführung. Frankfurt a. M.

Höffe, Otfried (2015): Gerechtigkeit. Eine philosophische Einführung. 5., durchges. Aufl. München.

Platon (1991): Politeia. Griechisch u. Deutsch. (Sämtliche Werke, V). Hrsg. v. K. Hülser. Frankfurt a. M./Leipzig.

Rawls, John (2014): Eine Theorie der Gerechtigkeit. 19. Aufl. Frankfurt a. M.

Peter Nitschke

Gesellschaftsvertrag

I. Definition: Der Begriff *Gesellschaftsvertrag* ist ein Grundbegriff in der neuzeitlichen politischen Theorie. Angesichts der Frage nach der Legitimation von politischer → *Herrschaft* erörtern die Lehren vom Gesellschaftsvertrag jenen ursprünglichen Vertrag, in dem der Einzelne seine Rechte und seinen Machtanspruch an den → *Staat* und dessen politische → *Repräsentation* der Gesellschaft abtritt, um dafür die → *Sicherheit* von Leben und Eigentum einzuhandeln. Dabei lassen sich in den Vertragstheorien des 17. Jahrhunderts zwei klar unterscheidbare Typen des Gesellschaftsvertrags voneinander abgrenzen: eine horizontale Version, in der sich Menschen miteinander verbinden und per Versprechen eine politische Gemeinschaft begründen, und eine vertikale Version zwischen einer bereits bestehenden Gesellschaft, deren Mitglieder ihre ursprüngliche → *Macht* und → *Souveränität* einem sie beherrschenden Souverän übertragen. Beiden Formen des Gesellschaftsvertrags geht ein vorvertraglicher Naturzustand voraus, der durch den Vertrag überwunden werden soll.

II. Geschichte des Begriffs: Wenn man von dem theokratischen Modell des biblischen Bundes absieht, der zwischen einem Volk in seiner Gesamtheit und seinem Gott geschlossen wird und in dem das Volk seinen Willen bekräftigt, den göttlichen Geboten zu gehorchen, so liegt dem Gesellschaftsvertrag eine typisch neuzeitliche Denkbewegung zugrunde: Der sich aus metaphysischen und traditionalen Ordnungen befreiende Mensch erfährt sich als autonomes Individuum und als Rechtsperson. Als Individuum muss er sich in und mit der Gesellschaft vertragen, und als Rechtsperson schließt er Verträge ab. Während im kosmozentrischen Weltbild der vorchristlichen Antike der Kosmos den Menschen beheimatete, und während im theozentrischen Weltbild des Christentums der Mensch in der *ordo christiana* seine existenzielle Verortung fand, ist das neuzeitliche Individuum zunehmend auf sich selbst gestellt. Die religiösen und traditionalen Bindekräfte, die die gleichsam naturwüchsigen Gemeinschaften zusammen hielten, schwinden, und es etabliert sich die Gesellschaft, die von Hegel im 19. Jahrhundert als *System der Bedürfnisse* bezeichnet wird. Das jeweils eigene → *Interesse* steht dabei im Zentrum der gesellschaftlich organisierten Bedürfnisbefriedigung. Vor diesem geschichtlichen Hintergrund des neuzeitlichen Anspruchs individueller wie politischer → *Freiheit* erschließt sich allein der Sinn eines Gesellschaftsvertrags.

Als paradigmatische Texte zur Lehre vom Gesellschaftsvertrag können Thomas Hobbes' *Leviathan* (1651), John Lockes *Two Treatises of Government* (1689) und Jean-Jacques Rousseaus *Du contrat social* (1762) angesehen werden.

Thomas Hobbes' Lehre vom Gesellschaftsvertrag liegt eine wesentliche Überlegung der instrumentellen Vernunft zugrunde: Wer in Frieden leben will, und wer frei von äußerer Bedrohung überhaupt nur überleben will, muss den *status naturalis* – den Naturzustand – hinter sich lassen und sich in den *status civilis* – den zivilen Zustand – begeben. Er muss sich zivilisieren und einer Herrschaftsordnung unterwerfen. Jeder Einzelne muss sein ursprüngliches Recht, sich mit allen erdenklichen Mitteln selbst zu schützen, an eine souveräne Ordnungsmacht, den Leviathan, abtreten. Als Souverän, dem sich alle Mitglieder der Gesellschaft unterstellen, hat der Leviathan die Aufgabe, als einzige und unantastbare Macht für Sicherheit und Ordnung zu sorgen. Er ist der Gesetzgeber, die Gesetze ausführende Instanz und der oberste Richter in Einem. Hobbes nennt diesen absoluten Herrn den *sterblichen Gott.* Als letztinstanzliche und alleinige Zwangsgewalt ist er absolut, eben losgelöst von der Gesellschaft, von der er Gehorsam einfordert. Er fordert den Gehorsam ein, dass alle Mitglieder der Gesellschaft auf ihre ursprüngliche Souveränität, die sie im vorpolitischen Naturzustand hatten, verzichten. So schließen die Gesellschaftsmitglieder wechselseitig einen Vertrag, in dem sie allesamt ihr Recht und ihre Macht, sich selbst zu schützen, an den von ihnen geschaffenen Souverän abtreten. Den von Hobbes gedanklich konstruierten ursprünglichen Naturzustand, in dem ein jeder das Recht auf alles hatte und stets ein Krieg aller gegen alle drohte, verlassen sie. Sie begrenzen ihre ursprünglich grenzenlose Freiheit, weil die exzessive Freiheit des Einen stets die Existenzbedrohung des Anderen im Gefolge hat.

Das Motiv der Individuen, einen wechselseitigen Vertrag zu schließen, ist dabei durchaus eigennützig. Denn bevor die Aufrüstungskosten im Wettlauf um die Macht ins Unermessliche steigen, ist es rational, sich einem Souverän zu unterstellen, der zur wechselseitigen Abrüstung zwingt. So wie auf bloße Abrüstungsbekundungen kein Verlass ist, so wird die Einhaltung des Gesellschaftsvertrags dauerhaft erst durch den absoluten Souverän erzwungen: „Verträge ohne das Schwert sind bloße Worte."

Für diese Vertragskonstruktion ist entscheidend, dass die Obrigkeit selbst nicht Vertragspartei ist. Sie ist der Parteilichkeit enthoben, und ihre Aufgabe besteht darin, die vorvertragliche, existenzielle Konkurrenzsituation zwischen den Vertragspartnern zu entschärfen, ja bestenfalls zu zivilisieren. Den innerstaatlichen Frieden zu garantieren und allen Vertragsparteien Schutz und Sicherheit zu gewähren, ist der Zweck dieser vertraglich vereinbarten Herrschaftsübertragung auf den künstlich geschaffenen Leviathan, den Staat. Sei es die Furcht vor einem gewaltsamen Tod oder allein der Wunsch nach existenzieller Sorglosigkeit, ihr kluges Eigeninteresse veranlasst die Menschen, einen Gesellschaftsvertrag zu schließen. Die Gültigkeit des Vertrags zu beglaubigen und die Einhaltung des Gesellschaftsvertrags durchzusetzen, stellen in Hobbes' Theorie die fundamentalen Herausforderungen jeder politischen Ordnung dar. Werden diese Aufgaben nicht erfüllt, so haben die Menschen das Recht, ihr Leben sowie ihre Selbsterhaltung wieder in die eigenen Hände zu nehmen. Allein in dieser Hinsicht besteht auch zwischen dem Frieden in Aussicht stellenden Leviathan und denjenigen, die ihm die Herrschaft übertragen haben, ein „Vertrag".

Diese vertikal-obrigkeitliche Version des Gesellschaftsvertrags steht offenkundig im Widerspruch zum Staatsverständnis der amerikanischen → *Republik*. Sofern die Neue Welt unbesiedelt war, gründeten die ankommenden Siedler überhaupt erst eine Gesellschaft. Ganz konkret und durch ihr praktisches Tun kamen sie darin überein, eine Gesellschaft erst zu werden. Sie konstituierten sich als Gesellschaft und in diesem Konstituierungsakt gründeten sie zugleich eine neue politische Ordnung. Damit wagten sie – so die Autoren der *Federalist Papers* – ein weltgeschichtliches Experiment. Denn jenseits ihrer unterschiedlichen ethnischen Wurzeln und herausgelöst aus ihrer jeweiligen → *Nation* und → *Kultur* verband die Neuankömmlinge allein ihr Versprechen, eine politische Ordnung allererst zu gründen und nach den Grundsätzen und den Regeln der selbst gegründeten neuen Gemeinschaft zu leben.

Vor diesem Erfahrungshintergrund, auf den John Locke in seiner Lehre vom Gesellschaftsvertrag stets Bezug nimmt, zielt der Vertrag nicht darauf ab, die Menschen durch ein Regiment der Einschüchterung voreinander in Schach zu halten. Vielmehr versuchen die Menschen durch die Kraft ihres wechselseitigen Versprechens sich aneinander zu binden. Anstatt ihre ursprüngliche Macht an eine Zentrale abzugeben – und sei diese auch noch so wohlmeinend –, legen sie großen Wert darauf, ihre Macht zu behalten und diese praktikabel auszugestalten. Denn darauf, sich institutionell selbst zu regieren, sind sie, die der obrigkeitlichen Alten Welt den Rücken gekehrt haben, in besonderem Maße stolz.

Auch nach John Locke schließen sich Menschen zusammen und gründen politische Ordnungen zum gegenseitigen Schutz von „Life, Liberty and Estates". Doch beim neuzeitlichen Eigentumstheoretiker Locke, der das Leben und die Freiheit selbst als originäres Eigentum des Menschen begreift, wird unter Freiheit auch die Freiheit des Zusammenschließens verstanden. Da die Menschen nach Locke originär Eigentümer sind – ihres Lebens, ihrer Freiheit und ihrer äußeren Güter –, dürfen sie von niemandem enteignet werden, weder von einzelnen Mitmenschen noch von dem neu gegründeten *Civil Body Politick*. Im Gegenteil, ihren politischen Körper haben sie eigens gegründet, um ihr Eigentum am eigenen Leben, an der persönlichen Freiheit und am selbst geschaffenen Besitz zu schützen.

So ist auch der *Civil Body Politick*, der sie verbindet, ihr gemeinsames Eigentum. In ihrer Verbundenheit hat jeder Einzelne seine Ohnmacht als nur Einzelner aufgegeben. Doch anstatt – wie in Hobbes' Konstruktion – sich zu isolieren und von einer absoluten Macht beherrschen zu lassen, ist jeder Bürger durch das Gründungsversprechen und den Akt des Sich-aneinander-Bindens einem Bürgerbund beigetreten. In diesem politischen Bündnis verzichten die Bürger gerade nicht auf Macht, indem sie sich einer Herrschaftszentrale unterstellen, sondern das altrömische Prinzip der *potestas in populo*, der Macht, die im Volke liegt, haben sie durch ihr Gründungshandeln zu neuem Leben erweckt.

Um ihr Leben, und dazu zählt auch ihr politisches Leben, selbst zu gestalten, mussten sich die amerikanischen Siedler wechselseitig aufeinander verlassen können. Das Wagnis ihres Neubeginns war so außerordentlich und so groß, dass sie ohne das gemeinsame Vertrauen in die Bindekraft und die Zuverlässigkeit ihres faktischen Gesellschaftsvertrags das Abenteuer des Auswanderns gar nicht unternommen hätten. Entsprechend ist nach John Locke, der dieser faktischen Vereinigung amerikanischer Siedler im Nachhinein die vertragstheoretische Begründung liefert, alle Macht der → *Regierung* nur verliehene Macht. Allen öffentlichen Amtsinhabern und politischen Repräsentanten ist die geliehene Macht nur anvertraut und ihre Macht ist jeweils Macht auf Zeit. Regierungen sind im Verständnis dieses Gesellschaftsvertrags rechenschaftspflichtige Treuhänder.

Jean-Jacques Rousseaus Lehre vom Gesellschaftsvertrag zielt auf Übereinstimmung. Herrschende und Beherrschte sollen identisch sein. Jeder soll nur unter Gesetzen leben, die er sich selbst gegeben hat. Damit – so Rousseau – bleibt jeder so frei wie im Naturzustand, der für den geschichtlich denkenden Rousseau eine herrschaftsfreie Idylle war. Die Menschen – so Rousseaus verklärender Rückblick – lebten für den Augenblick, durch natürliche Regungen verbunden, aber ohne gesellschaftliche Zwänge: eben völlig frei. In diesem vermeintlichen Anfang des Menschengeschlechts, der nach Rousseau in seiner gesellschaftslosen Reinheit die unverdorbene Natur des Menschen widerspiegelt, war alles gut. Aber unter den Bedingungen der Zivilisation, in denen eine eigentumsfixierte Gesellschaft und in der Folge eine Konkurrenzgesellschaft erst entstehen, geraten die Menschen außer sich. Sie beneiden sich, sehen sich permanent als Rivalen und beginnen, einander zu bekämpfen. Die Menschen verlieren damit ihre natürliche Authentizität, und die Geschichte der Vergesellschaftung wird nach Rousseau als Entfremdungsgeschichte gedeutet, in der der Mensch seines ursprünglichen und wahren Wesens verlustig geht.

Für freie Wesen jedoch – so Rousseau – muss es das Ziel sein, bei sich zu bleiben und sich nicht von seiner ursprünglich guten Natur zu entfremden. Daher ist der Mensch unter der Bedingung seiner Vergesellschaftung herausgefordert, mit Seinesgleichen einen Vertrag zu schließen, der ihm im Zusammenleben gleichwohl seine Freiheit bewahrt. Das Kunststück, das unter den Bedingungen der Vergesellschaftung gleichsam zurück zur Natur führen soll, formuliert Rousseau in seiner Schrift *Du Contrat social* (1762) wie folgt: „Finde eine Form des Zusammenschlusses, die mit ihrer ganzen gemeinsamen Kraft die Person und das Vermögen jedes einzelnen verteidigt und schützt und durch die jeder doch, indem er sich mit allen vereinigt, nur sich selbst gehorcht und genauso frei bleibt wie zuvor."

Die Herausforderung besteht in nichts Geringerem, als dass ein jeder nur unter den Gesetzen leben soll, die er sich selbst gegeben hat. Nur so bleibt jeder – trotz Herrschaftsordnung – frei. Denn Herrschaft durch Andere gibt es nicht, solange Herrscher und Beherrschte identisch sind und jeder über sich selbst herrscht. Allein eine solche Herrschaftsordnung ist nach Rousseau legitim, und allein dieser Wille, unter einer solchen Ordnung zu leben, kann für sich beanspruchen, der Wille Aller, der allgemeine Wille – die *volonté générale* – zu sein. Diese fundamentale Einsicht, dass vertragstheoretisch gedacht die Freiheit des Einen mit der Freiheit des Anderen notwendig vereinbar sein muss, ist rechtsphilosophisch von Immanuel Kant weiter gedacht worden und sie bildet bis heute die Grundlage für jeden → *Rechtsstaat.*

III. Aktuelle Dimension: In seiner Schrift *Strong Democracy* (1984) geht der amerikanische Politikwissenschaftler Benjamin Barber auf alle drei erörterten Argumentationsmuster ein. Dabei bezeichnet er das Politikverständnis, das der Hobbes'schen Variante zugrunde liegt, als Raubtierhaltung. Die Menschen willigen in ihr Beherrscht-werden ein, und der Leviathan bändigt die machthungrigen Bestien. Eine solche Ordnung, in der Menschen politisch unverbunden sind und ihre politischen Qualitäten verkümmern lassen, nennt Barber „magere → *Demokratie*". Als „starke Demokratie" bezeichnet er ein politisches Gemeinwesen, in dem Bürgerinnen und Bürger untereinander verbunden sind und mit ihrem politischen Engagement Mitverantwortung für ihre Demokratie übernehmen. Die von Locke inspirierte Variante starker Bürgerverbundenheit räumt dabei dem gesellschaftlichen Pluralismus große Bedeutung ein, während Rousseaus Konzeption, die nicht von der Bewahrung gesellschaftlicher Vielheit, sondern von der Erlangung gesellschaftlicher Einheit her denkt, als individualitäts- und damit auch pluralitätsfeindlich gilt. Zudem müssen Rousseaus Ablehnung von politischer Repräsentation und sein Plädoyer für direkte Demokratie als nicht praktikabel für moderne Flächenstaaten angesehen werden. Hier setzt denn auch die Kritik an Barbers Konzeption einer starken Demokratie an.

Darüber hinaus hat der Gesellschaftsvertrag als – bisweilen auch spieltheoretische – Denkfigur Eingang in zeitgenössische Vertragstheorien gefunden. Insbesondere in der politischen Theorie von John Rawls sowie in den Ansätzen von James Buchanan und Robert Nozick wird das vertragstheoretische Denken konzeptionell weiter entwickelt. In der in den 80er Jahren des 20. Jahrhunderts aufkommenden Kommunitarismus-Debatte spielen die unterschiedlichen gesellschaftsvertraglichen Grundmuster insofern eine zentrale Rolle, als vor deren Folie die Kontroverse zwischen Liberalen und Kommunitaristen in ihrer Tiefendimension verständlicher wird.

IV. Weiterführende Literatur:

Barber, Benjamin (1994): Starke Demokratie. Über die Teilhabe am Politischen. Hamburg.

Di Fabio, Udo (2015): Schwankender Westen. Wie sich ein Gesellschaftsmodell neu erfinden muss. München.

Kersting, Wolfgang (2016): Vertragstheorien. Kontraktualistische Theorien in der Politikwissenschaft. Stuttgart.

Ottmann, Henning (2006): Geschichte des politischen Denkens. Bd. 3 – Neuzeit. Teilbd. 1: Von Machiavelli bis zu den großen Revolutionen. Stuttgart.

Röhrich, Wilfried (2013): Politische Theorie der bürgerlichen Gesellschaft. Von Hobbes bis Horkheimer. 2. Aufl. Wiesbaden.

Karl-Heinz Breier

Globalisierung

I. Definition: Als *Globalisierung* bezeichnet man den weltumspannenden Prozess ökonomischer, sozialer und politisch-kultureller Vernetzung zwischen den Nationalstaaten und ihren Gesellschaften. Dieser Prozess beinhaltet eine Verdichtung wie Entgrenzung von → *Herrschaft* gleichermaßen. Verdichtet wird die nationale Herrschaft durch die schrittweise Anpassung an internationale und supranationale Problem- und Aufgabenstellungen, wie etwa in der Klima- oder Migrationspolitik. Zugleich findet hierbei aber auch eine Entgrenzung statt, weil die bisherigen nationalen Institutionen des Staates in ihrer Aufgabenbestimmung und in ihren Funktionen umgewandelt werden müssen, andernfalls können sie in ihren Leistungen mit den Ergebnissen und Effekten der Globalisierung nicht mehr Schritt halten. In der Globalisierung ist der klassische → *Staat* einfach zu klein für die grenzüberschreitenden Problematiken, etwa bei der Bekämpfung des internationalen Terrorismus, der Organisierten Kriminalität oder auf den Feldern der Klimapolitik, die am deutlichsten den Anspruch auf eine global abgestimmte Politik zwischen den Staaten erfordert. Ökonomisch betrachtet bedingt die Globalisierung eine fortschreitende Diversifizierung von Produktions- und Dienstleistungsprozessen, die nunmehr beinahe länderunabhängig rund um den Globus stattfinden können, wenn bestimmte Infrastrukturbedingungen als Voraussetzung vorliegen. Dazu gehören insbesondere Verkehrssysteme und Kommunikationsnetzwerke. Insbesondere die digitale Kommunikation im Internet hat geradezu eine → *Revolution* der Kommunikationsstrukturen hervorgebracht, die nunmehr erstmals in der Geschichte der Menschheit mit dem einzelnen Individuum als Akteur global umfassend in Echtzeit ablaufen. Insofern wird die Globalisierung von einer auch für die Politik bis dato nie gekannten Dynamik getragen, bei der sich von Tag zu Tag Konstellationen nicht nur an den Börsen der Welt, sondern vor allem auch in den Gesellschaften mit oft dramatischen Konsequenzen ändern. Der Prozess der Globalisierung ist derart umfassend, dass sich weder Staaten noch Volkswirtschaften oder nationale Gesellschaften dem entziehen können. In der Entgrenzung von (nationaler) → *Politik* wie Vernetzung von individuellen Interessen bis hin zum universalen Anspruch einer Weltgesellschaft ist die Globalisierung durch höchst divergente und in der Sache auch heterogene Effekte gekennzeichnet.

II. Geschichte des Begriffs: In der wissenschaftlichen wie politischen Terminologie ist die Globalisierung als Bezeichnung neu. Der Begriff wird erst seit Ende der 1980er Jahre verwendet und setzt sich als diagnostischer Indikator für die Bewertung weltumspannender Prozesse und ihrer Effekte im Verlauf der 1990er Jahre zunächst einmal in der wissenschaftlichen Deutung ökonomischer Prozesse in der englischsprachigen Welt (*globalization*) durch. Das ist durchaus sachlogisch, geht es doch zunächst hierbei um die Bewertung von Effekten des Marktes, die allein mit den Interpretationsansätzen der klassischen Nationalökonomie so nicht mehr gedeutet werden können. Gemeint sind dann in der Ökonomie all jene arbeitsteiligen Prozesse in der Produktion von Waren, die nicht einfach nur bilateral zwischen zwei Staaten und ihren Volkswirtschaften stattfinden, sondern aufgrund der Vernetzung der Handelswege weltweit zu einem global strukturierten Austausch von Gütern, Finanzen und Dienstleistungen führen.

Dies ist ein völlig neuer Vorgang, der in der Geschichte der Menschheit in diesem Ausmaß so bisher nicht stattgefunden hat. Zwar gibt es durchaus Epochen, in denen ähnliche Effekte hinsichtlich transkontinentaler Verkehrsverbindungen zu verzeichnen gewesen sind, doch eine wirklich mundiale, d.h. den gesamten Globus umfassende, Handels-, Verkehrs- und Politikstruktur unterscheidet die heutige Konstellation von früheren Erscheinungsformen. Antike und Mittelalter können in dieser Hinsicht trotz Seidenstraße, welche den Fernhandel zwischen China und Europa ermöglichte, als präglobale Epoche bezeichnet werden. Eine erste Vernetzung der Welt in einem systematischen Ansatz stellt sich dann ab der Renaissance ein, wobei die Entdeckung der Welt von Europa aus erfolgt. Damit verbunden sind Kolonialisierungen und die Etablierung europäischer Großmächte als → *Imperium* in der Neuen Welt. Das gilt nicht nur für England und Frankreich mit der Besiedelung Nordamerikas, der Handelsvernetzung, welche die East-India-Company für den Teehandel zwischen Indien und London herstellt, den spanischen Eroberungen in Süd- und Mittelamerika, sondern auch für die Kolonien, welche durch kleinere europäische Staaten (wie etwa Portugal oder die Niederlande) in Übersee geschaffen wurden. Das 15. bis 18. Jahrhundert ist rückblickend betrachtet ein Zeitalter der Protoglobalisierung gewesen: Der Handel mit Tee, Tabak und Baumwolle sowie mit Sklaven schafft ein lukratives Nachfragesystem im interkontinentalen Format zwischen Europa einerseits als Konsumentenregion und Westafrika, Nord- und Südamerika, Indien und sukzessive auch Ostasien als Produzentenregionen von Ressourcen und Waren, die in Europa so nicht zur Verfügung stehen.

Insbesondere mit der Industrialisierung werden im 19. Jahrhundert systematisch dann auch von Europa aus hochwertige Güter im Handelsaustausch mit den neuen Welten exportiert. Der Strom der Migranten, die Europa aus politischen wie wirtschaftlichen oder religiösen Gründen verlassen, bekommt eine neue Dimension. Durch den ideologischen Wettbewerb um die Gründung neuer Kolonien, an denen sich nunmehr auch Staaten wie Belgien und Deutschland in der Rivalität mit Frankreich und England in Afrika und Südostasien beteiligen, wird der europabasierte Imperialismus zum vorherrschenden Typus der sog. ersten Globalisierungsphase. Diese Periode endet abrupt mit dem Ersten Weltkrieg, der vom Ergebnis her einen systematischen Rückfall in die nationalstaatliche Einhegung und Fixierung von Ökonomie und Politik darstellt. Allerdings können sowohl der Faschismus wie auch der Sowjetkommunismus als ideologische Bewegungen gedeutet werden, die den klassischen Nationalstaat als Typus der politischen Organisation von Gesellschaften in einem weltumspannenden Format zerstören bzw. transformieren wollen. Sowohl die Rassenideologie der Nationalsozialisten wie auch der Typus des Sowjetmenschen stalinistischer Prägung sind als extremistische Versuche zu bewerten einen politischen Universaltyp des neuen Menschen im globalen Maßstab zu etablieren. Hingegen erscheint der militärische Expansionismus Japans in den 1920er und 30er Jahren nur als Fortsetzung des klassischen Imperialismus, auch wenn hierbei eine rassistische Lehre bei den Eroberungen im südostasiatischen Raum gegeben ist. Aufgrund der isolationistisch orientierten Politik der USA bedeutet insbesondere die Phase zwischen den beiden Weltkriegen einen Rückschlag für die Globalisierung. Wirtschaftlicher Protektionismus findet überall auf der Welt statt. Jeder Nationalstaat perspektiviert zunächst einmal nur die eigene Existenz und versucht diese wie bei einem Nullsummenspiel (gegen die anderen nationalen Konkurrenten) zu optimieren. Wachstumseffekte durch kooperatives marktwirtschaftliches Handeln werden zugunsten einer fundamentalistisch ausgerichteten Vorstellung von Volkswirtschaft ausgeblendet. Die zweite Phase der Globalisierung setzt folgerichtig erst mit dem Ende des Zweiten Weltkriegs ein, insbesondere auch deshalb, weil nunmehr die USA zum dominanten Fürsprecher eines globalen Freihandels werden. Trotz des Ost-West-Konflikts zwischen den Demokratien des Westens im Rahmen der NATO und der Sowjetunion mit den Staaten des Warschauer Pakt-Systems greifen die Prozesse des Freihandels immer mehr und führen zum Aufbruch nicht nur in den nunmehr entkolonialisierten Systemen der Dritten Welt, sondern vor allem auch zur Etablierung sog. Schwellenländer (wie Südkorea, Taiwan, Brasilien, Indien und Südafrika), in denen aufgrund der Vernetzung der Transportwege im globalen Verbund ein wirtschaftliches Wachstum signifikant zu verzeichnen ist. In den Jahren von 1950 bis 1996 beträgt die Wachstumsrate im Welthandel pro Jahr durchschnittlich 6,5 Prozent. Ein derart hohes wirtschaftliches Wachstum ist in der Geschichte der Menschheit bis dato weltumfassend noch nie zu verzeichnen gewesen. Ab den 1990er Jahren wird deshalb der Begriff der Globalisierung auch als neues Paradigma prägend und ausgehend von der Ökonomie auf fast alle anderen gesellschaftlichen Bereiche hin ausgeweitet. Mit dem Ende des Ost-West-Konflikts durch den Zusammenbruch der Sowjetunion (1991) gilt das Modell des neoliberalen Freihandels weltweit als zunächst unangefochtenes Paradigma. Die dritte Phase der Globalisierung beginnt und ist gekennzeichnet durch eine permanent steigende Verdichtung und Konzentration supranationaler Unternehmen, die global agieren und damit eigentlich auch unabhängig vom klassischen Nationalstaat alter Prägung sind. Zumindest kleinere Länder können gegen die Finanzmacht von supranationalen Unternehmen, sei es in der Erdölindustrie, sei es in der digitalen Kommunikationsbranche, wenig ausrichten, geraten sogar in eine strukturelle Abhängigkeit aufgrund der Nachfragesicherung von Arbeitsplätzen im Lande. Mit der Vernetzung des Welthandels steigt auch die Dynamik im Austausch von Gütern und Informationen. Aufgrund der immer weiter ausdifferenzierenden Arbeitsprozesse, die bei großen Unternehmen ganze Ländergruppen auf diversen Kontinenten zur Herstellung ihrer Produkte mit einbeziehen, ist das Modell der Just-In-Time-Belieferung ein Kennzeichen des modernen Wettbewerbs geworden. Das bedeutet aber auch, dass Arbeitsplätze nunmehr in eine mehr oder weniger direkte Konkurrenz geraten. Der Facharbeiter ist durch den nationalen Markt nicht mehr geschützt, sondern agiert im Rahmen globaler Marktstrukturen in einem Wettbewerbssystem mit Facharbeitern in anderen Staaten auf der Welt, die z.T. erheblich preiswerter in ihrer Arbeitskraft sind. Das führt zu einem Verdrängungswettbewerb, bei dem letztlich die am wenigsten qualifiziertesten Arbeitnehmer am Markt aussondiert werden, d.h. strukturell arbeitslos bleiben. Auf der anderen Seite wächst der Bedarf an gut ausgebildeten Fachkräften weltweit. Brain Drain, die Abwerbung und der Kampf um die innovativen Köpfe, steigt im gleichen Maße, wie schlecht qualifizierte Arbeitnehmer an den Rand der jeweiligen Gesellschaft geraten, ohne Chance, hier dauerhaft zufriedenstellend reintegriert werden zu können. Das alles schafft Friktionen und führt zu gravierenden Veränderungen, die in den einzelnen Staaten ganz unterschiedlich ausfallen. Während die Staaten der Ersten Welt, die führenden Industrienationen, meist recht erfolgreich mit der Globalisierung umgehen können, sind die Deformationsprozesse in den Entwicklungsländern oft dramatisch. Die traditionellen Sozialstrukturen ändern sich schon im Kontext einer Generationskohorte: die politischen Eliten sammeln gigantische Reichtümern an, ohne sich dabei wirklich um die soziale Not der Massen zu kümmern. Im Kontext der Globalisierung hat sich eine politisch-ökonomische Davos-Elite etabliert, die wenig bis gar nichts mehr mit den sozialen und kulturellen Bedürfnissen der nationalen Gesellschaften zu tun hat. Insofern erweist sich die Globalisierung auch jenseits der ökonomischen Effekte als umfassender Prozess einer universalen Umwandlung aller Werte.

III. Aktuelle Dimension: In politischer Hinsicht lässt sich die Globalisierung in ihrem bisherigen Verlauf seit 1945 von der zweiten bis in die dritte Phase hinein als eine Amerikanisierung bezeichnen, die zugleich neben dem neoliberalen Leitbild für den Welthandel auch die → *Demokratie* als maßgebliches politisches Ordnungsmodell propagiert. Dagegen hat sich jedoch immer stärker Widerstand artikuliert, a) aus dem Innern der westlichen Gesellschaften heraus und b) von Seiten konkurrierender Zivilisationssysteme, die ihre Vorstellung von → *Kultur* gegenüber dem westlichen Modell verteidigen wollen. Dies betrifft in der religiös-dogmatischen Perspektive vor allem den Islam, in der Frage einer dezidiert antidemokratischen Ausrichtung von Politik Länder wie China und Russland. Die Globalisierung verläuft demnach nicht linear zugunsten einer einheitlichen Ausrichtung der Gesellschaften dieser Welt, sondern setzt quasi im Wechselspiel mit dem Universalismus der → *Menschenrechte* auch höchst ambivalente und konterkarierende Strömungen frei. Innerhalb der demokratischen Gesellschaften des Westens sind es vor allem rechts- und linksextreme Gruppierungen, die gemeinsam gegen das neoliberale Leitbild des freien Welthandelns vorgehen. Die Globalisierung erscheint den Kritikern von NGOs wie Attac bis hin zu Rechtsextremen als ein Zerrbild, welches die Solidarität des nationalen Wohlfahrtsstaates untergrabe. Für antidemokratische Regime ist die Globalisierung hingegen nur in den ökonomischen Anteilen erwünscht, alles andere, wie etwa die Menschenrechte, wird eher strikt abgelehnt bzw. heftig als westliches Denkprodukt denunziert. Das hat Folgen auch für die Inhalte der Globalisierung: mit dem wirtschaftlichen Aufstieg Chinas zur führenden Exportmacht der Erde im ersten Jahrzehnt des 21. Jahrhunderts lässt sich auch von einer Asiatisierung der Globalisierung sprechen, der andere Wertvorstellungen zugrunde liegen als das Format der Demokratie im Weltmaßstab. Tatsächlich steht die Demokratie unter massiven Anfeindungen bzw. großen Herausforderungen: die Zahl der *demokratischen* Staaten, in denen die Menschenrechte und der → *Rechtsstaat* nicht nur auf dem Papier existieren, ist seit dem Millenniumswechsel des Jahres 2000 rückläufig. Die Schattenseiten der Globalisierung betreffen nicht nur die wachsende Kluft zwischen Arm und Reich für die einzelnen Individuen oft innerhalb des gleichen Staates. Sie betreffen vor allem die Frage, wie eine Politik jenseits des Nationalstaats auf die fundamentalen Probleme von länderübergreifender Korruption, Schattenwirtschaft, Organisierter Kriminalität, der Zerrüttung von Staaten (*failed states*) in Folge des Missmanagements nationaler Eliten, den neuen Kriegen und eines transnationalen Terrorismus kompetent reagieren kann? Mit Verweigerung vor der Globalisierung ist es da nicht getan: an den Konsequenzen dieses weltumspannenden Prozesses kommt im 21. Jahrhundert kein Staat und auch kein Individuum vorbei.

IV. Weiterführende Literatur:

Kreff, Fernand / *Knoll*, Eva-Maria / *Gingrich*, Andre (Hrsg. / 2011): Lexikon der Globalisierung. Bielefeld.

Le Monde diplomatique / *Bauer*, Barbara (Hrsg. / 2012): Atlas der Globalisierung – Die Welt von morgen. Berlin.

Nitschke, Peter (2014): Formate der Globalisierung. Über die Gleichzeitigkeit des Ungleichen. 2., aktualisierte u. erweiterte Ausgabe. Frankfurt a. M.

Wirsching, Andreas (2015): Demokratie und Globalisierung – Europa seit 1989. München.

Peter Nitschke

Herrschaft

I. Definition: Im Unterschied zu dem weiter gefassten und formloseren Grundbegriff der → *Macht* muss der Begriff der *Herrschaft* – so konstatiert Max Weber – „ein präziserer" sein. Während Macht nach Weber sehr allgemein die Chance kennzeichnet, innerhalb einer sozialen Beziehung seinen eigenen Willen durchzusetzen, bedeutet Herrschaft „die Chance, für einen Befehl bestimmten Inhalts bei angebbaren Personen Gehorsam zu finden". Herrschaft benennt demnach ein Befehls- und Gehorsamsverhältnis, das sowohl von der Bereitschaft zu befehlen als auch der Bereitschaft zu gehorchen geprägt ist. Die Gehorsamsbereitschaft und Fügsamkeit der Beherrschten ist für Weber ausschlaggebend. Offensichtlich scheinen die Gehorchenden gute Gründe, stichhaltige Motive oder ein bestimmtes → *Interesse* zu haben, was sie bewegt, in das Herrschaftsverhältnis einzuwilligen. Diese Gründe für die politische Gehorsamsbereitschaft analysiert der Herrschaftssoziologe Max Weber, indem er sie beschreibt, idealtypisch ordnet und daraus drei Typen legitimer Herrschaft ableitet: den rationalen, traditionalen und charismatischen Herrschaftstypus.

Diese soziologische Frage nach den empirisch vorfindbaren Gehorsamsgründen – warum eben Menschen in politischen Verbänden Gehorsam leisten – darf nicht mit der politiktheoretischen Frage nach der Legitimation von politischer Herrschaft verwechselt werden. Die politiktheoretische Erörterung der Legitimation von Herrschaft zielt auf das normative Fundament sowie auf den normativen Gehalt ab, aufgrund derer eine politische Ordnung den Anspruch erhebt, Gehorsam einzufordern. Diese Grundlagendiskussion um die Legitimation von politischer Herrschaft, die das Konflikthafte im zwischenmenschlichen Zusammenleben in den Fokus rückt, führt ins Zentrum der politischen Theorie. Insbesondere in den Lehren vom → *Gesellschaftsvertrag* wird die Frage nach der Legitimation von → *Staat* und Herrschaft ausführlich behandelt.

II. Geschichte des Begriffs: Anlässlich seiner Erörterung über Bürgertugenden unterscheidet Aristoteles im 4. Kapitel des dritten Buches seiner *Politik* zwischen zwei Arten der Herrschaft. Die eine wird in der deutschen Übersetzung mit Herrenherrschaft wiedergegeben, und die andere nennt er politische Herrschaft. Während die Herrenherrschaft sich auf den Oikos bezieht, ist die politische Herrschaft der Polis vorbehalten, jenem politischen Verbund, in dem sich Freie und Gleichgestellte wechselseitig regieren und regieren lassen.

Mit seiner kategorialen Unterscheidung zwischen Polis und Oikos kritisiert Aristoteles unmittelbar seinen akademischen Lehrer Platon, dem er vorwirft, nicht streng genug zwischen diesen beiden menschlichen Existenzbereichen zu unterscheiden. Während der Oikos jenen Existenzbereich darstellt, in dem

Herrschaft angebracht ist, zeichnet sich die Polis gerade durch ihre → *Freiheit* von Notwendigkeit und Herrschaft aus. Der Oikos als der Bereich, in dem das Lebensnotwendige beschafft und das Lebensnützliche hergestellt wird, kann nach Aristoteles durchaus als Herrschaftsraum organisiert werden, an dessen hierarchischer Spitze der Hausherr (*oikos despotes*) das Sagen hat. In der Art der damals üblichen Herrenherrschaft dominiert er den Oikos, und seine Befehlsgewalt erstreckt sich auf alle ihm funktional zu- und untergeordneten Haushaltsmitglieder.

Wer hingegen von diesem privaten Bereich der zu organisierenden Notwendigkeit befreit ist, wer also Muße hat und abkömmlich ist, weil die mühevolle Tätigkeit des Arbeitens eben von den lebenden Werkzeugen des Herrn, den Sklaven, verrichtet wird, dessen privilegiertes Leben erstreckt sich auch auf den zweiten menschlichen Existenzbereich, auf den Bereich der Polis. Das von Versklavung und Herrenherrschaft befreite Leben in der Polis zeichnet sich gerade dadurch aus, dass sich hier die Herren als Freie und Gleichgestellte auf gleicher Augenhöhe begegnen. Jenseits von Herrschaft und Knechtschaft gehören sie in der Polis einem Bürgerbund an, in dem sie sich als politische Wesen anerkennen und als → *Bürger* Wert darauf legen, die gemeinsamen Angelegenheiten in aller → *Öffentlichkeit* selbst zu regeln. Das wechselseitige Sich-Beraten, das Debattieren, Überzeugen, Abstimmen, Entscheiden, Verantworten und Rechenschaft-Ablegen kennzeichnet ihr gemeinsames Tätigsein. In dieser Perspektive gelten die Polisbürger als Erfinder der → *Politik*. Sie schaffen sich jenseits aller Lebensnotwendigkeit einen Freiraum, eben Raum der Freiheit, der es ihnen institutionell ermöglicht, sich selbst zu regieren. Im Unterschied zur autokratisch organisierten oder diktatorisch angemaßten Herrschaftspraxis aller damaligen Großreiche übten sich die Polisbürger in die Gewohnheit des Regiert-werdens und in die Kunst des Regierens ein. Als Freie wollten sie allen Herrschaftsanmaßungen nicht nur eine klare Absage erteilen, sondern im geschützten Raum der gemeinsamen Verfassung gönnten sie sich die → *Sicherheit*, eine Lebensweise der Freiheit anzustreben. So regierten sie sich selbst, indem sie einer gemeinsamen Verfassung Gehorsam leisteten, sich verbindliche Gesetze gaben und sich nach Maßgabe der eigenen Gesetze wechselseitig die politische Gestaltungsmacht anvertrauten.

Diese von Aristoteles ausgehende Denktradition, die zugespitzt zwischen einer Herren- und Knechtsherrschaft auf der einen Seite und der politisch verfassten Herrschaft auf der anderen Seite unterscheidet, bildet bis heute die Grundlage, illegitime und legitime sowie angemaßte und verfassungsmäßig gebundene Herrschaft voneinander abzugrenzen. „Regierung ist nicht Herrschaft", formuliert Dolf Sternberger in größtmöglicher Pointierung. Das Amt der Führung und Lenkung von Freien (*officium gubernandi et dirigendi liberos*) ist grundverschieden von der Herrschaft über Knechte. Entsprechend wird im Lateinischen auch zwischen der *subiectio servilis* und der *subiectio civilis*, d.

h. zwischen der knechtischen Unterwerfung und der bürgerlichen Unterordnung unterschieden. Selbst der englische Begriff für → *Regierung*, *government*, ist ebenso vom lateinischen *gubernare* herleitbar, wie Herrschaft, *domination*, den Hausherrn, nämlich *dominus* in sich trägt.

Vor dem Hintergrund dieser kategorialen Unterscheidung lassen sich alle Zwischentöne und Grauzonen der Herrschaft von Menschen über Menschen einordnen. Von totalitären, despotischen, diktatorischen und autokratischen Herrschaftsformen bis hin zu monarchischen, aristokratischen, demokratischen oder republikanischen Regierungsformen erstreckt sich das Kontinuum der politischen Herrschafts- und Regierungstypologie, die Aristoteles im dritten Buch seiner *Politik* in drei gelungene und drei misslungene, drei gute und drei schlechte, Herrschaftsformen unterteilt. Ausgehend von seiner empirischen Analyse der ihm bekannten zeitgenössischen Arten von Herrschaft und Regierung zählen die Monarchie, die Aristokratie und die Politie, in denen Einer, Wenige oder alle Ebenbürtigen regieren, zu den gelungenen Regierungsformen, während die Tyrannis, die Oligarchie und die → *Demokratie* die Verfallsformen darstellen. So unterscheidet Aristoteles in seinem Sechserschema der Verfassungslehre einerseits nach der Anzahl der an der Herrschaft Beteiligten und andererseits danach, ob die Regierungsart nur den Herrschenden dient und nur deren Nutzen verfolgt oder ob das der gesamten Polis Zuträgliche, das → *Gemeinwohl*, von den jeweils Regierenden ins Auge gefasst und angestrebt wird. Sofern sich seither die politische Wissenschaft in der Vergleichenden Regierungslehre mit der empirischen Vielfalt politischer Ordnungen befasst, gilt die von Aristoteles entwickelte Systematik bis heute als analytischer Wegweiser. Allenfalls dass Aristoteles die Demokratie unter die Verfallsformen zählt, mag verwundern, aber diese Besonderheit im Denken der griechischen Antike wird unter dem Begriff Demokratie erläutert.

Zudem bereichert Aristoteles die Herrschaftsformenlehre mit dem Grundgedanken der gemischten Verfassung, dessen Kern darin besteht, unterschiedliche Gruppen an der politischen Herrschaft zu beteiligen. So sollte jedes gesellschaftlich bedeutsame Interesse berücksichtigt werden können, und in politischen Auseinandersetzungen sollten der Interessenausgleich sowie eine möglichst ausbalancierte Machtverteilung kontinuierlich zur Befriedung des Gemeinwesens, also zum innergesellschaftlichen → *Frieden* beitragen. Gegenüber jeder streng hierarchisch organisierten Kommandoherrschaft, die umso willkürlicher auftritt, je weniger sie sich an eine Verfassung bindet, lebt eine Polis geradezu von flachen Hierarchien. Denn ein jeder Amtsinhaber agiert vor den Augen seiner Mitbürger und damit setzt er sich beständig dem kritischen Urteil der politischen Öffentlichkeit aus. Im Falle etwa von → *Korruption* ist jeder Regierende schnell absetz- oder abwählbar. Im hellen Licht der Öffentlichkeit muss ein jeder Amtsträger über seine politische Herrschaft, sprich über sein konkretes Amtshandeln, Rechenschaft ablegen. Denn das politische Amt, das allen Bürgern zugänglich sein muss, ist ihm qua politischer Ordnung allenfalls für eine gewisse Zeit anvertraut.

Damit die gemeinsame Herrschaftsordnung keinen Schaden erleidet, sollte das Vertrauen, das die Regierten den jeweils Regierenden in deren Amtsführung entgegenbringen, nicht enttäuscht werden. Denn für einen Verfassungsstaat, dessen Verfassung ja die Bürgerinnen und Bürger vor Willkür und Herrschaftsanmaßung schützen soll, ist es unabdingbar, dass die gemeinsame Ordnung, die alle verbindet, keinen Schaden nimmt. Sollte die politische Herrschaftsweise an Gestaltungskraft verlieren und sollten die politischen Institutionen an Autorität einbüßen, so ist es Zeit für eine durchgreifende → *Reform*. Ihre Aufgabe ist es, das gemeinsame Einverständnis über die Zivilherrschaft zu erneuern. Sich wie etwa in einer → *Republik* eben nicht einer Willkürherrschaft fügen zu müssen, sondern sich nach Maßgabe der Verfassung von Mitbürgerinnen und Mitbürgern regieren zu lassen, bildet den Kern jeder gemeinsamen Bürgerordnung.

„Der Staat ist [...] ein auf das Mittel der legitimen Gewaltsamkeit gestütztes Herrschaftsverhältnis von Menschen über Menschen", formuliert Max Weber sehr klar. Damit denkt er in den Bahnen von Thomas Hobbes, dessen *Leviathan* den prägnantesten Ausdruck eines durch Gewaltandrohung gesicherten Herrschaftsverhältnisses darstellt. Dem Staat als dem Monopol aller Gewalt kommt die Aufgabe zu, all diejenigen Mittel in Anwendung zu bringen, die dazu dienen, den Herrschaftsunterworfenen ihren individuellen Sicherheitsraum zu garantieren. So zeigt sich Herrschaft als Spezialfall institutionalisierter Macht. Sie zielt darauf ab, die jederzeit mögliche Anarchie, die in einer Tyrannei eines jeden gegen jeden gipfeln kann, abzuwenden.

In dieser herrschaftszentrierten Perspektive folgt Max Weber nicht nur Hobbes, sondern darüber hinaus teilt er Nietzsches Auffassung, der zufolge hinter allen Erscheinungen nichts Wesentliches sei. Für Weber ist klar: Eine durch und durch rationalisierte Welt ist eine entzauberte Welt, in der das Faktische dominiert. Und das Faktische sind politisch gesehen die Machtverhältnisse. Allein sie können in ihrer Wirkkraft erfahren und in ihrem empirischen Gehalt wissenschaftlich abgebildet werden. Mit Nietzsches Diktum *Gott ist tot* ist nichts Geringeres als die Kurzfassung vom Ende der Metaphysik in Umlauf gebracht worden. Aus Metaphysik wird krude Physik, und Kants *Metaphysik der Sitten* wird im soziologischen Selbstverständnis von der messbaren Physik der Sitten abgelöst. So reduziert sich nach Weber das Politische auf das „Streben nach Macht".

So einleuchtend es ist, dass Menschen danach streben, sich durchzusetzen und Macht auszuüben, so einleuchtend ist es zugleich, dass eine allein auf Überwältigungsmacht basierende Ordnung auf tönernen Füßen steht. Dieses hat Weber offenbar im Sinn, wenn er Herrschaft kategorial von Macht unterscheidet. Als Herrschaftssoziologe untersucht er die institutionellen Zusammenhänge, die das Zusammenleben von Menschen politisch auf Dauer stellen, und dabei wird deutlich: Je mehr es einer politischen Ordnung gelingt, Loyalität und Gehorsam zu organisieren, desto stabiler und tragender ist ihr Fundament. Ganz empirisch weist Weber auf, mit welchen Herrschaftstechniken die Ressource Gehorsam zutage gefördert werden kann. Als politische Fähigkeit, Gefolgschaft zu organisieren, wird Herrschaft damit gleichsam zur Kunst. So fragt er in seinem Vortrag *Politik als Beruf* (1919): „Auf welche inneren Rechtfertigungsgründe und auf welche äußeren Mittel stützt sich diese Herrschaft?"

Herrschaft bedeutet für Max Weber die Chance, „für einen Befehl Fügsamkeit zu finden", und in dieser Perspektive führt Weber drei idealtypische Legitimitätsgründe an, weshalb Menschen gehorchen. So unterscheidet er zwischen der traditionalen Herrschaft, der charismatischen und der legalen Herrschaft. Während eine traditionale Herrschaftsordnung davon lebt, dass die Menschen aus Tradition etwa dem Fürsten, dem König oder dem Kaiser Folge leisten, gehorchen die Menschen in der charismatischen Herrschaftsordnung dem charismatischen, eben höchst außergewöhnlichen Führer, der aufgrund seiner außeralltäglichen Gnadengabe (Charisma) seine Anhänger in den Bann zieht. Der Führer führt, und die ihm huldigenden Geführten, die ihm gehorsam sind, folgen in der charismatischen Herrschaftsform ihrer „Lichtgestalt". Als dritten Typus legitimer Herrschaft führt Weber die rationale Herrschaft an, in der Menschen der „gesatzten Ordnung" gehorchen. Hierbei ist ihm ein moderner Verwaltungsstaat vor Augen, der mittels einer Bürokratie und mit fachkundigen Beamten eine „Massendemokratie" zu organisieren in der Lage ist. Dabei gehorchen die Menschen den Gesetzen und den als verbindlich erachteten Regeln einer legalen Ordnung.

Als Soziologe analysiert Weber die empirischen Beweggründe, Gehorsam zu leisten. Er untersucht jedoch nicht den normativ-legitimatorischen Gehalt der Gehorsamsgründe – etwa ob es angemessen oder verwerflich ist, einer speziellen Tradition, einem bestimmten Charismatiker oder einer besonderen Verfassung Folge zu leisten.

III. Aktuelle Dimension: Der Heidelberger Politikwissenschaftler Dolf Sternberger, der dem Heidelberger Universalgelehrten Weber geistig folgt, denkt in entscheidender Hinsicht weiter. Sternberber verengt die Frage nach einer politischen Ordnung nicht auf ihre herrschaftssoziologische Perspektive. Im Unterschied zu Weber, der die politische Ordnung allein als Herrschaftsverhältnis sieht, das sich über die Mittel der legitimen Gewaltsamkeit definiert, erweitert er die Frage. Die Frage nach der politischen Ordnung lässt sich, so Sternberger, nicht hinreichend über die Herrschaftsmittel erörtern, sondern diese politische Grundfrage muss zurückgebunden werden an die Ziele, für die die Mittel eingesetzt werden. Nicht das Organisieren von Herrschaftsverhältnissen, also Staatlichkeit an sich, steht für Sternberger im Vordergrund.

Vielmehr fragt er nach den konkreten Zielen der Herrschaftsorganisation, also nach der Qualität der Verfassung. So hebt Sternberger hervor, dass ein Verfassungsstaat nicht um der Herrschaft oder der Beherrschung willen existiert. Es ist vielmehr die spezifische Eigenart seiner originär politischen Herrschaftsweise, aus der er seine Existenzberechtigung bezieht.

„Auch eine Regierung des bürgerlichen Einverständnisses und der bürgerlichen Anvertrauung erteilt Befehle und übt Zwang aus, aber sie tut es vermöge einer fundamentalen Vereinbarung – wir nennen sie die Verfassung. Sie herrscht nicht über Menschen. Regierung ist nicht Herrschaft." Die Rechtmäßigkeit des Regierungshandelns ist stets daran gebunden, dass die mittels → *Repräsentation* anvertraute Macht stets verfassungsgemäß ausgeübt wird. Das heißt, die mit dem Amt verbundene Weisungsbefugnis darf nicht missbraucht werden. Indem Sternberger die Existenzberechtigung einer Herrschaftsordnung auf ihre verfassungsmäßigen Qualitäten zurückführt, republikanisiert er den Herrschaftsanspruch der politischen Ordnung. Jede bloß herrschaftszentrierte Engführung, die unter politischer Ordnung etwa einen leviathanischen Kommandostaat versteht, wird aufgebrochen. Statt einer Spaltung der Gesellschaft in Herrscher und Beherrschte das Wort zu reden, rückt in dieser Politikwahrnehmung die gemeinsame Angelegenheit aller Bürgerinnen und Bürger ins Blickfeld. Der moderne, normativ entleerte Staatsbegriff, der sich in erster Linie über das Gewaltmonopol definiert, wird normativ auf die *res publica* zurückgeführt, und die alle Bürger verbindende Bürgerordnung kommt damit in ihrer originären Bedeutung – nämlich als gemeinsames Gut, das politisch verbindet – auch terminologisch zum Vorschein.

IV. Weiterführende Literatur:

Aristoteles (1981): Politik. Übers. v. E. Rolfes u. eingel. v. G. Bien. Hamburg.

Breier, Karl-Heinz / *Gantschow*, Alexander (2006): Einführung in die Politische Theorie. Berlin.

Sternberger, Dolf (1980): Der alte Streit um den Ursprung der Herrschaft. In: Ders., Schriften. Bd. 3 – Herrschaft und Vereinbarung. Frankfurt a. M., S. 9-28.

Wallat, Hendrik (2017): Kritik der politischen Philosophie. Ein Abriss klassischer Varianten der Herrschaftslegitimation von Platon bis zum Postmarxismus. Wiesbaden.

Weber, Max (1988): Politik als Beruf. In: Ders., Gesammelte Politische Schriften. Hrsg. v. J. Winckelmann. 5. Aufl. Tübingen, S. 505-560.

Karl-Heinz Breier

Ideologie

I. Definition: *Ideologien* gehen auf Ideen und Gedanken des menschlichen Geistes zurück, und als Gedankenwelt, in der sich Menschen geistig einrichten, erfahren Menschen darin geistige Ordnung und Orientierung. Insofern kann ein jedwedes Gedankengebäude als Ideologie angesehen werden. Zugleich jedoch werden Ideologien in ihrer weltlichen und gesellschaftlichen Funktion gesehen, und als Funktion haben sie – wie jede Funktion – dienenden Charakter: Nicht der theoretische Gehalt und der jeweilige Wahrheitsgehalt sind von Bedeutung, sondern Ideologien werden unter dem Aspekt betrachtet, inwiefern sie als geistige Konstrukte und Ausdrucksformen die äußere Wirklichkeit abbilden. Spiegeln die geistigen Schemata und Denkgewohnheiten die Wirklichkeit wider und erhellen sie Grundmuster der Realität, oder aber vernebeln sie als Hirngespinste und doktrinäre Vorstellungen bedeutsame Wirklichkeitsbereiche, die in der Folge ausgeblendet und verschleiert werden? In dieser praktisch-politischen Hinsicht dienen Ideologien dazu, Herrschaftsverhältnisse zu kaschieren, zu verbergen und unkenntlich zu machen. In manipulativer Absicht verdrehen und verkehren Ideologien die „wahre" Wirklichkeit, um so die jeweils vorherrschende → *Herrschaft* von Menschen über Menschen gedanklich zu billigen und sprachlich zu rechtfertigen. Im Umkehrschluss verfolgt jede Ideologiekritik das Ziel, gedankliche Trugschlüsse zu entlarven und alle Verblendungszusammenhänge aufzudecken, die Menschen über ihre „wahre" gesellschaftliche Situation hinwegtäuschen.

II. Geschichte des Begriffs: Das Wort *idéologie* ist am Ende des 18. Jahrhunderts von Antoine Destutt de Tracy geprägt worden, und es bezeichnet ursprünglich die Lehre von den Ideen, die ganz im Sinne der Aufklärungsepoche über die Herkunft und die Genese von Ideen eben aufklären will. In seiner Wissenschaft von den Ideen geht Tracy davon aus, dass alle Ideen in den menschlichen Empfindungen gegründet sind. Ideen bilden nicht mehr wie bei und seit Platon den nicht hintergehbaren Erkenntnisgrund von Wahrheit und → *Gerechtigkeit*, sondern für die französischen Ideologen gehen Ideen auf sinnliches Erleben zurück. Wie alle äußere Natur sind diese damit naturwissenschaftlich erforschbar. Ideen gelten als kausal determiniert, und die sich fortschrittlich wähnende Ideenwissenschaft machte sich zur Aufgabe, Ideen auf ihren Ursprung in der Sinnlichkeit zurückzuführen. Jeder Idee sollte im Prozess der wissenschaftlichen Erforschung ein eindeutiges Zeichen zugeordnet werden. Denn nur so könne schließlich eine wirklichkeitsverbürgte Sprache und eine vernunftgetreue Grammatik geschaffen werden, die die gleiche → *Sicherheit* und Gewissheit aufweisen, die den mathematisch-physikalischen Wissenschaften zu eigen sind. Durch Einsicht in die Ursprünge und in Kenntnis der Entstehung von Ideen könnte eine solche naturalistische Basalwissenschaft letztlich sogar eine auf Vernunft gegründete und gerechte politische Ordnung fundieren.

Napoleon, der am Ende der Aufklärungsepoche zunächst noch Anhänger der einflussreichen französischen Ideologen war, distanzierte sich zunehmend von den dezidiert antimetaphysischen und antireligiösen Auffassungen der Ideologen. In Absetzung von ihrem liberal-aufklärerischen Gedankengut diffamierte er seine ehemaligen Weggefährten seinerseits als ideologische Metaphysiker und Fanatiker, so dass seither mit dem Begriff der Ideologen die Verunglimpfung des politischen Gegners verbunden ist. Der Terminus der Ideologie wird damit zu einem Kampfbegriff, der seither von Praktikern der → *Politik* verwendet wird. Insbesondere richtet er sich gegen weltferne und spekulative Theorien von phantasiebegabten Intellektuellen. In Kontrast zur praktischen Urteilskraft versteht man unter Ideologie ein oftmals unhaltbares Gedankengebäude, das als weltentrückte Kopfgeburt einer Überprüfung an der Wirklichkeit kaum standhält.

Die Frage jedoch ist: Was ist Wirklichkeit, und was ist Ideologie? Für Platon beispielsweise sind Ideen die höchste Wirklichkeit. Je geistiger etwas ist, desto wirklicher ist es. So ist die Idee des Kreises wirklicher – weil unvergänglicher – als alle in der Sinnenwelt wahrnehmbaren Kreise. Alle kreisrunden Gegenstände haben zwar an der Idee des Kreises teil, ja stammen sogar von ihr ab, aber sie sind vergänglich. Während die Idee des Kreises vollkommen und unvergänglich ist, sind alle kreisrunden Dinge abkünftig von der Idee, und von daher sind sie unvollkommen und vergänglich. Sie gehören der Erscheinungswelt an und haben bestenfalls Anteil an der maßgebenden Welt der Ideen. Ebenso ist auch die unvergängliche Idee der Gerechtigkeit in ihrer Vollkommenheit wirklicher als jede einzelne gerechte Tat. Taten können nach Platon nur als gerecht bezeichnet werden, sofern sie an der Idee der Gerechtigkeit teilhaben und an das Maß der Gerechtigkeit heranreichen.

Ideen sind Einfälle, sie fallen einfach ein. Auf keinen Fall sind sie nach antikem Verständnis von Menschen konstruiert; denn jeder Herstellung und Konstruktion muss ja ihrerseits eine Konstruktionsidee zugrunde liegen. Um einsichtig zu werden, kommt nach platonischem Denken alles darauf an, dass Menschen ihre Vernunft ausbilden. Nur so können vernunftbegabte Wesen am geistigen Sein und an der maßgebenden Welt der Ideen teilhaben.

In radikaler Entgegensetzung zu diesem metaphysisch inspirierten Vernunftdenken lebt der in der Neuzeit entwickelte Ideologiebegriff von der geschichtlichen und gesellschaftlichen Verortung von Ideen. So ist es Georg Wilhelm Friedrich Hegel, der den Menschen als geistig schöpferisches Wesen sieht, das sich seine geistige Wirklichkeit – seine Begriffe und Ideen – Zug um Zug erst hervorbringt. Hegel nennt diesen auf geistige Durchdringung zielenden Prozess *Arbeit am Begriff*. So schaffen Menschen geistige Objektivationen, Objekte, Zeichen und Symbole, d. h. sie bringen in ihrem geistigen Schaffensprozess → *Kultur*, Religion und politische Ordnung hervor. Damit diese geistigen Welten und Wissensformen nun kein losgelöstes, eigenständiges Dasein entwickeln, muss sich jede Generation die von den Vorfahren geschaffenen Ideengebilde aneignen, in sich integrieren und gleichsam einheimaten. Diese Arbeit am Begriff stellt für Hegel den weltgeschichtlichen Prozess der Selbstbewusstwerdung des Menschen dar. Und als Krönung dieses dialektischen Selbstwerdungsprozesses ist der Mensch nach Hegel nicht nur im absoluten Wissen, sondern er weiß auch noch darum. In der begrifflichen Erschließung der Welt kommt das geistige Wesen Mensch zu seiner Wirklichkeit, was nichts anderes heißt als: Das menschliche Sein ist bestimmt durch das Bewusstsein.

Nachdem Hegel diesen geistigen Prozess der Selbstverwirklichung des Menschen in seiner *Phänomenologie des Geistes* (1807) nachgezeichnet hat, stellt Karl Marx Hegel vom Kopf auf die Füße. Marx ist dezidierter Materialist und in seiner Schrift *Die deutsche Ideologie* (1845/46) kritisiert er seinen idealistischen Wegbereiter. In Marx' Fortschrittsdenken geht es um die konkret-materiale Selbsthervorbringung des Gattungsmenschen, und in Analogie zu Hegels geistiger Arbeit am Begriff argumentiert Marx mit der konkret-sinnlichen Arbeit an der äußeren Natur. Nicht die Anverwandlung der geistigen Welt ist sein Thema, sondern die Umwandlung der widerständigen Natur in eine dienstbare Natur. Wie für Hegel ist Wahrheit auch für Marx ein geschichtliches Wahrheitsgeschehen. Doch während Hegel die Wahrheit gleichsam geistig gebiert, vollzieht sich für Marx das Wahrheitsgeschehen, indem der arbeitende Mensch sein wahres Wesen verwirklicht. In diesem Selbstverwirklichungsprozess, der mit der Naturbearbeitung und -beherrschung einhergeht – alle Marxisten sind technikfreundliche Fortschrittsdenker –, erfährt der Mensch sein wahres Sein. Was ihm allenfalls noch fehlt, ist ein entsprechendes Bewusstsein. Denn das Sein bestimmt nach Marx das Bewusstsein. Ein zerrissenes, entfremdetes und unmenschliches Sein – so wie es die Klassengesellschaft hervorbringt – müsste ein entsprechendes Bewusstsein nach sich ziehen. Die in der antiken Sklavenhaltergesellschaft, mittelalterlichen Feudalgesellschaft und modernen kapitalistischen Gesellschaft Beherrschten, Ausgebeuteten und faktisch Entrechteten müssten eigentlich ein Bewusstsein ihrer Situation und ein Sensorium für ihr wahres → *Interesse* haben. Aber, und dies bezeichnet Marx mit Ideologie: Die Menschen haben ein *falsches Bewusstsein*. Als Arbeitende haben sie kein Bewusstsein ihrer Klassenlage, ja infolge ihrer Selbsttäuschung ist ihnen nicht ansatzweise bewusst, dass sie derselben Klasse, eben Arbeiterklasse, zugehörig sind. Die Ideologie, die ihnen vorgaukelt, sie seien frei, etwa im Spiel der Marktkräfte, verhindert und täuscht darüber hinweg, dass sie sich in einer weltgeschichtlichen Herrschaftssituation befinden. Zwar mag es von Seiten der Sozialdemokratie oder von Seiten der Katholischen Soziallehre Ansätze geben, diese Klassenherrschaft abzumildern und sozial erträglich zu gestalten. Doch umso perfider und infamer zeigt sich nach

Marx die Wirklichkeitsmacht der Herrschaftsideologie, die alle Lebensbereiche dominiert.

Die Ideologie rechtfertigt nach Marx'scher Lesart die faktischen Herrschaftsverhältnisse, und von den Lehrenden in den Universitäten, über die Redakteurinnen in den Medien bis hin zu Richtern und jeder Herrschaft stabilisierenden Institution wie Polizei und Militär unterstützt und festigt der gesamte geistig-institutionelle Überbau einer Gesellschaft die Klassenherrschaft. Mit dieser ideologischen Streitmacht im Rücken beherrscht die Klasse der Eigentümer an den Produktionsmitteln die Klasse derjenigen, die sich als Lohnabhängige mittels ihrer Arbeit den Kapitalisten andienen müssen. Erst nach erfolgter → *Revolution* verschwindet nach Marx in der klassenlosen Gesellschaft die Ideologie. Eine Rechtfertigung der vormaligen Herrschaftsverhältnisse ist obsolet geworden.

Der im ersten Drittel des 20. Jahrhunderts entwickelte wissenssoziologische Ansatz von Karl Mannheim läuft darauf hinaus, dass alles Denken Ideologie ist. Alles Denken hat seinen Sitz im konkreten Leben, d. h. in den Worten Mannheims: Alles Denken und alle damit verbundenen Wahrheitsansprüche sind „seinsverbunden". Mannheim geht von einer „dynamischen Konzeption der Wahrheit und des Wissens" aus, so dass alles Wissen und alle Ideen an die ihnen zugrundeliegenden „Denkstandorte" gebunden sind. Da alle „Denkelemente" – so Mannheim – jedoch dem Wandel unterliegen und da die „Denkstandorte" sich ebenfalls verändern, muss man, um an den Ursprung und den Kern des Wissens zu gelangen, den Hintergrund der Wissensgenese entschlüsseln. Nur so kann es gelingen, die „Denkgeschichte", die wie alles Wissen gesellschaftlich verortet ist, auf ihre Entstehungsbedingungen hin zu untersuchen und in ihrem Wandel zu systematisieren.

Politische Theorie, die den Sinn- und Bedeutungsgehalt politischer Ideen erforscht, wird in dieser Perspektive von soziologischer Theorie vereinnahmt. Weder die von der Politischen Theorie diskutierten ethischen Ideen und Normen, die der einzelnen Lebensführung die Orientierung geben, noch die politischen Ideen und Ziele, die der gemeinsamen Lebensführung die Richtung weisen, werden in ihrem Wahrheitscharakter ernst genommen und auf ihren ideellen Gehalt hin untersucht. Vielmehr werden die vermeintlich objektiven Lebensbedingungen erforscht, die – so die soziologische Grundidee – allen Ausdeutungen und Interpretationen von sozialer Realität zugrunde liegen. Karl Mannheim spricht in diesem Zusammenhang von der „Seinsgebundenheit" allen Wissens, und damit wird wie bei Marx das Bewusstsein von Menschen auf ihr gesellschaftliches Sein zurückführt.

Anlässlich ihrer Analyse der nationalsozialistischen und stalinistischen Herrschaftsform hat Hannah Arendt die totalitäre Ideologie als Herrschaftsinstrument untersucht. Demnach ist es das Faszinosum der Ideologie, das die Menschen in ihren Bann zieht und das sie geistig darauf vorbereitet, sich entweder dem totalitären → *Terror* zu fügen oder diesen selbst zu betreiben. Entscheidend ist nach Arendt, dass die Ideologie – und das macht ihren totalitären Charakter aus – sich in allen Köpfen einnistet und in der Folge die gesamte Wirklichkeitsdeutung dominiert. So behauptet sie etwa, den Schlüssel zur Geschichte zu besitzen oder die Lösung aller Welträtsel in den Händen zu halten. Als hermetisch geschlossenes Gedankensystem reklamiert die totalitäre Ideologie das Deutungsmonopol und lehnt alle anderen Wirklichkeitsinterpretationen kategorisch ab. Mit seinem Anspruch auf totale Welterklärung beansprucht der ideologiedurchtränkte Suprasinn, die alles beherrschenden, wenngleich bisweilen verborgenen, Gesetze der Natur oder der Geschichte zu kennen. Da die totale Herrschaft im Unterschied zu herkömmlichen Tyranneien nicht nach den Regeln des Machthungers etwa eines Einzelnen funktioniert, sondern da der totalitäre Terror sich auf außermenschliche Prozesse mit seinen natürlichen oder geschichtlichen Gesetzmäßigkeiten beruft, kommt der totalitären Ideologie die Aufgabe der geistigen Mobilmachung zu. Gleichsam eingespeist in die totalitäre Bewegung fügen sich die Menschen den ideologisch propagierten über- oder außermenschlichen Prozessen. So exekutieren die totalitären Funktionäre im Stalinismus das allmächtige Gesetz der Geschichte und liquidieren den Klassenfeind. Die Funktionäre des Nationalsozialismus vollstrecken das eherne Naturgesetz, das mit dem Endsieg der Herrenrasse sein verheißenes Ende nimmt. Die totalitäre Ideologie behauptet, vollkommen das Vergangene zu erklären, sich total im Gegenwärtigen auszukennen und verlässlich das Zukünftige vorherzusagen. Geschichte wird zur Weltgeschichte, und es ist die Ideologie, die als Platzanweiserin den Systemfeinden ihren Ort zuweist. Sind die Systemfeinde – die Juden, die Kommunisten – „ausgemerzt", so erfindet die Lügenweltpropaganda zur Aufrechterhaltung des Terrors neue „objektive Gegner".

Auf Menschen, die in der Moderne ihren Ort in der Welt und ihren wirklichkeitsverbürgenden Kompass zu verlieren drohen, wirkt die totalitäre Ideologie magnetisierend. Denn sie besticht durch ihre Erfahrungsunabhängigkeit. Im Unterschied zur Vielfalt von Realitätsdeutungen und Weltinterpretationen bietet die totalitäre Ideologie einen in sich stimmigen und total widerspruchsfreien Wirklichkeitsersatz an. Und was der allmächtige Terror in der Verwirklichung des Gesetzes der Geschichte oder des Gesetzes der Natur erzwingt, hat die Ideologie in der Unerbittlichkeit ihrer logisch-deduzierenden Beweisführung bereits gedanklich vorweg erzwungen. Wer sich als Funktionär des Volks- oder des Klassenkörpers, als Antreiber und Getriebener zugleich, wahrnimmt, ist ideologisch eingenordet. Er merzt aus und exekutiert.

III. Aktuelle Dimension: Sosehr der Ideologiebegriff auch uneinheitlich verwandt wird, und sosehr *Vom Ende politischer Ideologien* (Daniel Bell) gesprochen wird, als Grundbegriff der Politik ist der Terminus hilfreich, um verschleiernde und selbsttäuschende Gedankengebilde zu identifizieren. Geht es um Erhellung, Aufklärung und Einsicht in Herrschaftsverhältnisse oder aber um deren Verklärung und Verdunkelung? Um auf den Begriff zu bringen, wo Beherrschte hinters Licht geführt und Herrschaftsverhältnisse kaschiert werden, ist der Ideologiebegriff jederzeit geeignet. Allein die menschenverachtenden Glaubenssätze etwa des IS-Terrors können als Ideologie bezeichnet werden. Zwar wähnen sich die Verfechter des sogenannten Islamischen Staates ihrerseits in der absoluten Wahrheit, aber gerade wegen dieses Absolutheitsanspruchs werden Andersgesinnte verfolgt, gedemütigt, vergewaltigt und ermordet.

Wo Menschen sich auf offensichtliche Wahrheiten nicht einlassen, wo sie förmlich Barrieren errichten und wo unliebsame Wahrheiten als Bedrohung angesehen werden, deutet vieles auf Ideologie hin. Die Ideologie schirmt vor Wirklichkeit ab, sie blendet aus und manipuliert die Orientierung. Die Frage ist: Wieviel Wahrheit verträgt der Mensch? Oder bedarf es gar einer ideologischen Panzerung, um in der Unübersichtlichkeit der Moderne zu bestehen? Politisch bedeutsam wird dieses anthropologische Fragen dann, wenn Ideologen Orientierungsnöte ausnutzen und mit ihren meist simplen Antworten zur → *Macht* streben. Als Demagogen machen sie sich die Ängste von Menschen zunutze, die sie als Ideologen sprachlich unterfüttern und damit bestärken.

Anstatt Handlungsmöglichkeiten unideologisch zu erörtern, sorgsam abzuwägen und kritisch zu beurteilen, werden Handlungsmöglichkeiten durch Ideologien verengt, ja im Selbstmordattentat wird – existenziell auf die Spitze getrieben – menschliches Handeln selbst vernichtet. Das Gegenteil von ideologischer Handlungsverengung stellt die Erweiterung von Handlungsoptionen dar – die originäre Aufgabe von Politik. Insofern bedarf Politik stetiger Ideologiekritik. Denn ohne Ideologiekritik sind eine klarere Sicht auf die Realität, freieres Urteilen und verantwortliches Handeln nicht zu haben.

IV. Weiterführende Literatur:

Arendt, Hannah (2015): Elemente und Ursprünge totaler Herrschaft. 18. Aufl. Frankfurt a. M.

Barth, Hans (1961): Wahrheit und Ideologie. 2., erweiterte Aufl. Erlenbach/Zürich.

Freeden, Michael / *Sargent*, Lyman Tower / *Stears*, Marc (2015): The Oxford Handbook of Political Ideologies. Oxford.

Lenk, Kurt (Hrsg. / 1984): Ideologie. Ideologiekritik und Wissenssoziologie. 9. Aufl. Frankfurt a. M./New York.

Morris, Michael (2016): Knowledge and Ideology. The Epistemology of Social and Political Critique. Cambridge.

Karl-Heinz Breier

Imperium

I. Definition: Ein *Imperium* ist gekennzeichnet durch eine in der Fläche ausgedehnte Form der → *Herrschaft*, bei der neben der ökonomischen Kapazität vor allem auch die militärische → *Macht* entscheidend ist. Darüber hinaus wirkt ein Imperium wie ein kultureller Magnet, d.h. seine → *Kultur* strahlt in die übrige Welt aus und lässt das Imperium als zivilisatorisches Vorbild im Sinne einer Hochkultur erscheinen. Ein Imperium ist mehr als nur ein → *Staat*, auch wenn meist ein bestimmter Staat das Zentrum eines Imperiums ausmacht. Im Imperium verdichten sich Herrschaftsräume ordnungspolitisch zugunsten eines einheitlichen Gesamtbildes sowohl territorial-länderübergreifend als auch maritim, was durchaus zu interkontinentalen, modern sogar zu globalen, Konstellationen führen kann. Ein Imperium ist mehr als nur ein Großreich, wenn auch die terminologischen Übergänge hier fließend sind. Bisher setzte noch jedes Imperium ein Großreich als Verlaufsform voraus. Nicht notwendigerweise jedoch ist jedes große Staatssystem bereits ein Imperium. Am Ehesten wird der Begriff Weltreich dem Imperium gerecht, auch wenn jedoch die Vorstellung von Welt nicht im Sinne einer umfassend globalen Konstellation gegeben sein muss, sondern historisch bedingt jeweils nach Zeit- und Raumerfahrung orientiert ist. Grundsätzlich ist es Kennzeichen eines Imperiums, das es eine umfassende Sinninterpretation liefert. Hierbei manifestieren sich soziale, ökonomische, kulturelle und politische Verfahrensabläufe im Rahmen einer vereinheitlichenden Ordnungskonzeption. Diese ist sowohl institutionell betrachtet wie auch normativ eine verpflichtende Leitvorstellung für die Menschen, die in einem Imperium leben. Bei aller regionalen Differenz, besonders auch hinsichtlich der Relation von Zentrum und Peripherie, besteht ein Imperium aus der Ganzheitlichkeit seiner politischen Ordnungsvision.

II. Geschichte des Begriffs: Neben lat. = Befehl, Vorschrift, Auftrag, Macht und Gewalt, hat der Begriff auch die Bedeutung von Herrschaft und → *Regierung*. Darüber hinaus im militärischen Sinne die Bedeutung von Oberbefehl und Kommando, schließlich politisch im Hinblick auf die Verwaltung die Funktion von Amtsgewalt und Amt. Der Begriff ist also außerordentlich mehrdimensional, was das Verständnis von Imperium im Kontext der Politikwissenschaft für die heutige Debatte nicht einfacher macht. Eine weitere Bedeutungszuordnung ergibt sich für den Begriff durch die Übersetzung mit Reich und Staat als einer grundsätzlichen Form der Herrschaft. Mit Imperium wird demnach eine Form der politischen Ordnung angezeigt, bei der das Element des Befehlens und das der Führung sowohl funktional wie normativ hervorgehoben werden. Zugleich ist damit die Frage der Organisation von Herrschaft das zentrale Kennzeichen, also die Art und Weise, in und mit der politische Entscheidungsabläufe strukturiert und umgesetzt werden. Dies jedoch nicht mit der Perspektive auf einen kleinen Stadtstaat (wie etwa der Polis in der griechischen Antike), sondern für ein großräumiges System in der Fläche, welches Länder, gar ganze Kontinente miteinander in der Ausrichtung auf eine gemeinsame Herrschaftsform verbindet. Ein Imperium setzt die Existenz einer führenden Macht, einer Hegemonialmacht, voraus. Sie bildet stets das Zentrum (sowohl ökonomisch, kulturell wie militärisch) für die Herrschaft des Imperiums. Damit ergibt sich strukturell immer auch eine Differenz zwischen Peripherie und dem jeweiligen Zentrum, a) was die materiellen Ressourcen und Kapazitäten anbelangt, b) auch was die Legitimation und die Deutungshoheit über die politische Ordnung betrifft. Das Zentrum der Herrschaft ist stets auch das Zentrum der Macht, weil alle Aspekte der Selbstinterpretation im Rahmen der → *Ideologie* der Herrschaft wie auch ihre Umsetzung von den Entscheidungen des Zentrums abhängig sind. Imperien sind nicht notwendigerweise imperialistisch, jedenfalls verdanken sie ihre Raumerweiterungen und Okkupationen nicht einfach nur militärischen Eroberungen, sondern einer Vielzahl von Faktoren, bei denen die Anziehungskraft der ökonomischen Kapazität, verbunden mit der kulturellen Deutung (hier oft durch die Religion) und einer jeweils in Zeit und Raum effizient organisierten Verwaltung den Ausschlag geben. Eines der frühesten Beispiele liefert hierfür der Attische Seebund mit Athen als hegemoniales Kraftzentrum für eine Expansion (478/77–388 v. Chr.), die das gesamte östliche Mittelmeer einbezogen hat. Dieses Seeimperium basierte nicht nur auf dem Handel, sondern auch auf einer erfolgreichen Kolonisierung fremder Küstenlandstriche, indem immer wieder neue Filialen (Pflanzstädte) von Athen und seinen Partnern aus gegründet wurden. An Athen und seinem Handelsimperium zeigt sich aber auch ein Grundproblem eines Imperiums: wer nicht dazu gehört, wer an den territorialen Rändern eines solchen Imperiums in der Nachbarschaft lebt, steht in einer asymmetrischen Konstellation (meist als Gegner) zum Imperium und wird entsprechend erbittert (wie im Falle Spartas) bekämpft. Imperien sind insofern in ihrer Grundstruktur durchaus kriegerisch angelegt, weil sie permanent an ihren Außengrenzen auf fremde Mächte stoßen, mit denen sie in Rivalität stehen, sei es a) als ökonomischer Konkurrent, b) kultureller Herausforderer oder c) militärischer Gegner. Klassische Imperien wie etwa das Chinesische Kaiserreich (221 v. Chr.–1912), das Imperium Romanum (753 v. Chr.–476/480 n. Chr.) oder das Byzantinische Reich (395–1453) verweisen daher in einer ideologischen Form der Selbstsakralisierung auf den erhöhten Stellenwert ihrer politischen Existenz hin, die eben nicht einfach als eine Form der Herrschaft zu verstehen ist, sondern als eine zivilisatorische Heiligkeit schlechthin.

Die anderen politischen Ordnungen in Zeit und Raum sind dann oft nur mindere Varianten gegenüber der Erhabenheit der eigenen imperialen Zivilisation. Meist werden sie als barbarisch oder als Ungläubige abqualifiziert. In dieser imperialen Setzung als zivilisatorische Errungenschaft verstehen sich sowohl das Christentum wie auch der Islam in ihrer monotheistischen Auslegung von Welt, die mit einem Missionsauftrag für die jeweils wahrhaft Gläubigen versehen wird. Daraus hat sich aber trotz einiger Anfänge in der Spätphase des Römischen Reiches bzw. der Startphase der islamischen Eroberungen (ab 632 n. Chr.) keine Systematik zugunsten eines dezidiert christlichen oder islamischen Imperiums ausgestalten lassen. Alle diesbezüglichen Versuche scheitern letztlich an den unterschiedlichen Herrschaftsinteressen vor Ort und an den Techniken der Macht in der politischen Ausgestaltung. Selbst das Osmanische Reich (ca. 1299–1922) verdankt seine imperiale Ausweitung keineswegs einer stringenten Ausrichtung auf den Islam. Viele Völker und mehrere Konfessionen bzw. Religionen sind hier inkorporiert gewesen. Entscheidend ist vielmehr die gemeinsame Rechtsordnung, die sich ein Imperium gibt. Minderheiten, besonders an den Peripherien eines Imperiums, müssen in ihrem Status ebenso geschützt werden wie das hegemoniale Zentrum. Je einheitlicher das Recht selbst in regionaler Abstufung hier gegeben ist, desto besser die Akzeptanz der imperialen Herrschaft. Das Römische Imperium, welches immerhin die gesamte Mittelmeerwelt umfasste und bis auf die britischen Inseln hin ausstrahlte, war auch deshalb so erfolgreich, weil die *pax romana* eine kulturelle Rechtsqualität auch für die unterworfenen Herrschaftsräume darstellte. Der → *Bürger*-Status aus der → *Republik* mit klar definierten Rechten und Pflichten blieb auch in der Phase des kaiserlichen Imperiums erhalten und wurde sogar erweitert bis an die Peripherie (z.B. bei Städten wie London oder Köln) hin. Mitunter kommt es wegen der Gleichmäßigkeit der Rechtsprinzipien auch zu einer Verschiebung des hegemonialen Zentrums: so wechselte der römische Imperator den Verwaltungssitz in der Spätphase des Römischen Reiches aus machtstrategischen Gründen und wegen der besseren militärischen Verteidigung von Rom nach Trier bzw. nach Mailand und Ravenna. Auch die jeweiligen Herrscher des interkontinentalen Mongolenreiches (1190–1260, in der Fortsetzung der Goldenen Horde bis 1502) blieben nicht ständig am gleichen Ort. Gerade die Beherrschbarkeit von großen Flächen über lange Zeiträume hinweg macht es notwendig, dass ein Imperium auch regionale Oberzentren der Macht bildet, um den Herrschaftsraum systematisch unter Kontrolle halten zu können. Damit wird jedoch die Dauerhaftigkeit der imperialen Herrschaft zugleich in Frage gestellt: das Habsburger Reich (1276/78–1918), welches in der Frühphase der spanischen Eroberungen in Süd- und Mittelamerika im 16. Jahrhundert ein Weltreich war, verliert im Verlauf der Konsolidierung der Kolonien in Übersee sukzessive die Kontrolle über die regionalen Machtzentren vor Ort.

Die nationalen Aufstandsbewegungen gegen die spanische Krone, welche im 19. Jahrhundert als → *Revolution* gekennzeichnet werden können, führen dann in Südamerika zur Entstehung von neuen Nationalstaaten. Insbesondere das Leitbild der → *Nation* erweist sich seit der Aufklärung als Gegentypus zum Imperium. Die Welle der Nationalstaatsgründungen im Verlauf des 19.

Jahrhunderts weist dies als neues und erfolgreiches Paradigma für die Begründung politischer Ordnung aus. An ihm zerbrechen nicht zufällig die drei klassischen monarchischen Imperien Alteuropas im Verlauf des Ersten Weltkriegs: a) das Habsburger Reich, b) das Osmanische Reich und schließlich auch c) das zaristische Russland.

Der militärische Faktor ist für die Ordnung in einem Imperium entscheidend. Das gilt sowohl auf See, wie beim British Empire (1583–1914), als auch an Land, etwa bei der Ausbreitung eines Reitervolks wie das der Mongolen, das aus der Tiefe der Steppen Zentralasiens bis nach Europa vordrang. Dennoch reicht die militärische Schlagkraft allein nicht aus, um ein Imperium dauerhaft zu erhalten. Die über 2.000 Jahre währende Existenz des Chinesischen Reiches ist bei allen Unterbrechungen und Verwüstungen (durch die Mongolen) nur erklärbar, weil das Reich auch als Wirtschaftsmacht erhalten geblieben ist. Die spanische Krone verblasst nicht zuletzt deshalb, weil die Kolonien Lateinamerikas am Ende weniger Gewinn einbringen gegenüber den Kosten, die sie verursachen. Der Vergleich beider Systeme zeigt anschaulich, wie wichtig eine effizient organisierte Staatsverwaltung in einem Imperium ist. Das britische weltumfassende System erweist sich hierin als Grundtypus einer schlanken, auf Handel angelegten Ordnungsmacht, die besonders in der Hochphase des imperialen Kolonialismus (1783–1914) merkantile Interessenlagen auch zugunsten der beteiligten Peripherien integrativ zu organisieren wusste. Hier war der Abfall der 13 Kolonien, die nach 1776 zur Bildung der Vereinigten Staaten von Amerika führten, insofern lehrreich für die Reorganisation des British Empire. Trotz der Unabhängigkeit der Kolonien an der nordamerikanischen Ostküste, die in der Folgezeit zum beeindruckenden Aufstieg eines neuen Imperiums in Form der USA führte, zeigt die Geschichte des britischen Empires eine Erneuerung und Blütezeit im 19. Jahrhundert an. Insofern kann man für die Analyse von Imperien auch nicht auf ein einfaches Schema wie Aufstieg, Höhepunkt und Verfall von imperialer Herrschaft zurückgreifen. Sonst ließe sich auch der nachhaltige Erfolg Chinas nicht erklären. Stattdessen ist es sinnvoller hier von einer zyklischen Betrachtung auszugehen: auf Krisen und Verwerfungen folgt meist eine Restrukturierung des Imperiums. Dies führt, sofern diese erfolgreich ist, zu einer Nachhaltigkeit, mitunter gar weiteren Ausdehnung des Imperiums.

III. Aktuelle Dimension: Das Zyklenmodell gilt auch für die gegenwärtige Konstellation in der Weltpolitik zu beachten. Denn die USA sind seit ihrem Aufstieg zur führenden Industrie- und Wirtschaftsmacht im Verlauf des 19. Jahrhunderts und durch ihre militärische Schlüsselrolle in den beiden Weltkriegen des 20. Jahrhunderts, besonders bei der Niederringung der beiden Diktaturen in Japan und in Deutschland, die entscheidende Ordnungsmacht in der Welt. Auch wenn diese Selbstinterpretation in den USA nicht zu allen Zeiten die gleiche Dominanz hat, versteht sich dieses Imperium als zentraler Repräsentant des Westens, ist hierin sowohl ideologisch, kulturell, ökonomisch und besonders eben auch militärisch die herausragende Hegemonialmacht. Der US-Dollar ist seit 1945 die Leitwährung der Welt und wird diese Position auch im 21. Jahrhundert so schnell nicht abtreten. Seit dem Ende des Ost-West-Konflikts ist mit dem Untergang der Sowjetunion (1917–91) der Versuch eines Gegenimperiums kommunistischer Provenienz zum westlichen Modell gescheitert. Lediglich China bleibt nunmehr als imperialer Herausforderer für das amerikanisierte System des Westens bestehen. Insbesondere in der seit einigen Jahren zu beobachtenden verstärkten Rückorientierung an so genannte konfuzianische Werte des starken Staates, der dezidiert einer nichtwestlichen Prägung unterliegen soll, wird deutlich, wie sehr das nach wie vor kommunistische Regime in Peking sich als Nachfolger und Garant des chinesischen Imperiums versteht. So lange allerdings China noch als Schwellenland, gar als Entwicklungsland, in vielen Bereichen gilt, bleibt die Global-Player-Position der USA als Weltführungsmacht bestehen. Ihr Imperium, das auf den Menschenrechten, der → *Demokratie*, der Marktwirtschaft und dem Freihandel in der → *Globalisierung* basiert, wird hinsichtlich seiner Bedeutung für die → *Freiheit* der Meere durch eine global ausgerichtete Kette von maritimen Militärstützpunkten auf der Welt abgesichert. In der Ausrichtung eines globalen Seeimperiums sind die USA damit logistisch wie ideologisch die moderne Nachfolge des British Empire.

Ein Gegenmodell ist dazu für viele das Ordnungskonzept der Europäischen Union (EU), in dem unter der Agenda der Supranationalisierung die klassischen europäischen Nationalstaaten sukzessive ihre Kompetenzen und Entscheidungsbefugnisse an den übergeordneten Rahmen in Brüssel abgegeben haben bzw. abgeben sollen. Allerdings zeigen die aktuellen Probleme der Euro-Krise oder der Kriegskonstellation in der Ostukraine, wie weit die EU in ihrer schwerfälligen Struktur noch von einem wirklichen Imperium entfernt ist. Zu unterschiedlich ist hierbei allein die Politik der beiden Hegemonialmächte Deutschland und Frankreich, geschweige denn die wenig einheitliche Interessenlage der über zwei Dutzend Mitgliedstaaten. Trotz eines gemeinsamen Großraums, trotz der wirtschaftlich-sozialen Attraktivität für viele Migranten, die aus ärmeren Regionen der Welt hinzukommen, bleibt die EU politisch diffus, nicht zuletzt auch deshalb, weil das eigentliche Kraftzentrum der gemeinsamen Kultur der Demokratie und Menschenrechte westlich jenseits des Atlantiks liegt.

IV. Weiterführende Literatur:

Burbank, Jane / *Cooper*, Frederik (2012): Imperien der Weltgeschichte. Das Repertoire der Macht vom alten Rom und China bis heute. Frankfurt/New York.

Darwin, John (2010): Der imperiale Traum. Die Globalgeschichte großer Reiche 1400–2000. Frankfurt/New York.

Ferguson, Niall (2004): Das verleugnete Imperium. Chancen und Risiken amerikanischer Macht. Berlin.

Münkler, Herfried (2013): Imperien. Die Logik der Weltherrschaft – vom Alten Rom bis zu den Vereinigten Staaten. Köln.

Peter Nitschke

Integration

I. Definition: *Integration* bezeichnet die Entstehung einer Einheit in dem Sinn, dass einzelne Elemente zu einer Gemeinschaft zusammenfinden, die als solche betrachtet immer größer als die Summe ihrer Teile ist. Der Fokus liegt dabei auf der Fähigkeit dieser sich durch Grenzen zu ihrer Umwelt manifestierenden Ganzheit, die Selbstbindungen nach innen zu stärken bzw. zu verbessern, neue Elemente einzubinden und die Fliehkräfte nach außen längerfristig einzuhegen, also gewissermaßen ein neues, weil übergreifendes, identitäres Selbst zu kreieren. Vor allem im Kontext von → *Nation* und → *Staat*, aber auch von → *Gemeinwohl*, → *Repräsentation* und dem gesellschaftlichen → *Frieden*, sind die Funktionalität und die Reichweite von Integration durch die Formulierung und Einhaltung von gemeinsamen Normen und Werten bedingt, die der Gemeinschaft eine systemische Struktur verleihen.

Ausschlaggebend dafür ist die Vorstellung eines dynamisch verlaufenden, nicht abgeschlossenen und die Systemstabilität fördernden Prozesses, der wiederum in Form von Hierarchiemustern, Beziehungsnetzwerken und Transaktionskosten messbar wird. Die dabei wirksamen Gravitationskräfte machen selbst so komplexe Materien wie → *Herrschaft* und → *Macht* im Rahmen des → *Gesellschaftsvertrages* verhandelbar, was letztlich auch die zahlreichen Antagonismen wie Assimilation, Differenzierung, Fragmentierung, Konflikt, Segregation oder Zerfall erklärt, die gemeinhin unter Desintegration subsumiert werden. Die vielen Verwendungszusammenhänge von *Integration*, mehr noch die sich daraus ergebenden vielschichtigen, sich teilweise überlagernden, Bedeutungsinhalte und die hohe Theorieabhängigkeit erschweren aber den Zugang ungemein. Immerhin kann Integration – je nach Sichtweise empirisch oder analytisch-kategorial gewichtet – als Prozess, als funktionales Konzept oder als (End-)Ziel von → *Politik*, d.h. als Resultat eines spezifischen Politikfeldes, verstanden werden. Dabei wird Integration in ihrer Dimensionalität und damit ihrer Sichtbarkeit im Wesentlichen durch das zugrunde zu legende (politische, soziale, systemische und/oder ökonomische) → *Interesse* der involvierten Akteure bestimmt. Überall dort, wo von gruppenspezifischen Vorgängen, der Einspeisung von politikrelevanten Materien in das politisch-administrative Umfeld bzw. dasjenige der → *Regierung* oder der (individuellen wie kollektiven) Bedürfnisbefriedigung im Sinne materieller Teilhabe an → *Kultur* und Gesellschaft die Rede ist, geht es um Integration. Das gilt besonders dort, wo es um den Umgang mit Migration, (nationalen) Minderheiten oder (sozialen) Randgruppen und somit um die Leistungsparameter geht, mit denen der Staat seine Legitimitätsberechtigung erhält. Die Institution der Verfassung wird so – über die von Georg Jellinek formulierte *Allgemeine Staatslehre* (1900) hinaus – zu einem lebendigen Organismus, der seine identitätsstiftende

Wirkung über die Staatsform (z.B. als → *Demokratie*) entfaltet, da er die Gesamtheit des Staatsvolkes als Wesenseinheit adressiert. Ein solches Gebilde ist umso stabiler, je eher die Politik ein Regelwerk formuliert, das nicht nur dem → *Rechtsstaat* entspricht, sondern das insbesondere das Gleichgewicht zwischen Integrationsangebot und individueller Anspruchshaltung wahrt und beispielhaft im Bild der republikanischen → *Freiheit* zum Ausdruck kommt. Von daher sind die aus der Verfassung abgeleiteten Ämter (z.B. das des Bundespräsidenten) und Institutionen (z.B. das Bundesverfassungsgericht) in erster Linie Integrationsaggregate, da sie mäßigend auf den politischen Wettbewerb einwirken. Darüber hinaus helfen sie aber auch, das Konfliktpotential von Politik einzuhegen, das sich unweigerlich aus der Konkurrenz zwischen gesellschaftlichen Teilsystemen (z.B. Wirtschaft und Kultur) und den ihnen je eigenen Funktionslogiken ergibt. In der Konsequenz ist damit die (Lern-)Fähigkeit von Politik angesprochen, da dieser Wettbewerb über die Formulierung von Integrationsangeboten erfolgt, die in einem Prozess der schöpferischen Zerstörung Innovationspotentiale freisetzen sollen, um in Gestalt der → *Reform* verstetigt zu werden. Es ist kein Zufall, dass der Integrationsdiskurs mit den sog. Evolutionisten im 19. Jahrhundert einsetzte und vor dem Hintergrund des sich im Anschluss an den Untergang des Heiligen Römischen Reiches sukzessive herausbildenden Nationalstaats moderner westlicher Prägung an Fahrt aufnahm.

II. Geschichte des Begriffs: Die Frage der Integration ist keineswegs neu und doch erst unter dem Eindruck der französischen Aufklärung und der aufkommenden Industrialisierung in dem Maße gestellt worden, in dem sich das Bewusstsein für die Moderne und den mit ihr einhergehenden Wandel der nationalen Gesellschaft(en) manifestierte. Integration meint vom lateinischen Ursprung (*integratio* zu *integrare*) her Erneuerung, Wiederherstellung oder auch Ergänzung, woraus der allgemeine Sprachgebrauch zahlreiche Assoziationen ableitet, die von den Zuschreibungen sozial/gesellschaftlich über vertikal/horizontal bis europäisch/regional reichen. Gleichwohl ist Integration kein Selbstläufer oder gar ein Naturgesetz, kann sie doch – im Verlauf von Generationen – nicht nur unterbrochen werden, sondern zum Stillstand kommen oder sich ins Gegenteil verkehren, wenn sich die (politischen bzw. sozio-ökonomischen) Rahmenbedingungen ändern. Im Fokus steht also das durch Integration angestrebte Ziel, wobei hier eine deutliche Akzentverschiebung auffällt, betrachtet man etwa die Entwicklung der erkenntnistheoretischen Grundannahmen, die im Umfeld der Französischen → *Revolution* diskutiert werden.

So war Jean Jacques Rousseau in seinem *Gesellschaftsvertrag* (1762) noch davon ausgegangen, dass der Mensch von sich aus die Neigung zur Vergesellschaftung hat, selbst wenn er sich dabei, wie Edmund Burke in seinen *Betrachtungen über die Französische Revolution* (1790) unterstrich, nicht nur von der Vernunft leiten lässt. Für die Vertreter der Aufklärung steht fest, dass sich der Mensch, sobald er den Naturzustand hinter sich lässt und sich der Fähigkeit zur Kultur und damit seiner selbst bewusst wird, sich auch stabile Strukturen – von der Sprache über das Geschichtsempfinden bis hin zum Recht – geben kann, die letztlich der sozialen Interaktion und damit der Identitätsstiftung dienen. Jede Veränderung in dieser Gleichung verstärkt indes die Ambivalenz politischer Ordnungen, wie insbesondere im Widerstreit von Revolution und Restauration deutlich wird, der in Deutschland beispielhaft während des Vormärzes im aufkommenden Konstitutionalismus aufscheint und eine zentrale Rolle bei der Bewusstseinsbildung des Bürgertums spielt. Angesichts der von der Obrigkeit im Anschluss an das Scheitern der Paulskirchenversammlung forcierten Staatsräson, die letztlich auf die Befriedung der Gesellschaft durch altbewährte institutionelle Bindungen setzte, und der durch die Industrialisierung aufgeworfenen Sozialen Frage formt sich zudem das Klassenbewusstsein des Proletariats heraus. Der sich hier abzeichnende Kontrast zwischen den Antipoden *Bürgertum-Arbeiterklasse* einerseits und *Romantizismus-Staatsapparat* andererseits ist auch stilbildend für die Arbeiten von Herbert Spencer, der in der Tradition der marxistischen Geschichtsauffassung und der Abstammungstheorien von Charles Darwin stehend die menschliche Entwicklung als Teil eines evolutionären Verlaufs auffasste. Integration führt demnach nicht nur zu einer neuen Einheit auf einer höheren Evolutionsstufe, sondern bedingt auch immer komplexere Strukturen mit differenzierten Funktionszuschreibungen, die in der Sinnverbundenheit einer Nation über die *Sprache* sowie gemeinsam verstandene *Symbole* zum Ausdruck kommen. Die Objektivität der Betrachtung, die sachgenaue Darstellung der Wirklichkeit, hat das positivistisch anmutende Ziel, die in der Industrialisierung erkennbar werdende unveränderte Fehlbarkeit des Menschen strukturell zu kompensieren. Schließlich bedingt die durch die fortschreitend arbeitsteilig organisierte Gesellschaft möglich werdende ökonomische Leistungssteigerung die Verarmung des Proletariats, das darüber ein eigenes Klassenbewusstsein entwickelt, woraus neue Konfliktpotentiale erwachsen, wie der von Otto von Bismarck geführte Kulturkampf (1871–87) zeigt. Die um die Jahrhundertwende im Naturalismus aufkommende Gesellschaftskritik an den sozialen Verhältnissen, die mit Aufrufen zu mehr Humanität und Toleranz einhergeht, wäre ohne Spencer kaum vorstellbar, appellierte dieser doch an den inneren Zusammenhalt einer Gesellschaft im Werden, die sich ihrer Binnendifferenzierungen erst noch bewusst werden muss.

Für Émile Durkheim ist Integration daher eine Entwicklung, die bei dem Bewusstsein für Gemeinsamkeiten ansetzt und die in der Notwendigkeit einer arbeitsteilig strukturierten, in wechselseitiger Abhängigkeit verhafteten Gesellschaft mündet, wobei er dem Rechtsstaat bzw. dem Zivilrecht und den staatlichen Institutionen Schlüsselrollen einräumte. Die Reichweite von Integration ist für ihn durch die individuellen Handlungen, die allgemeinen Verhaltensnormen, die geltenden Gesetze und das gesellschaftliche Leistungsangebot bestimmt. Auf diese Weise ist der Mensch als soziales Wesen in der Lage, seine räumliche Begrenztheit zu kompensieren und das ihm gebotene Maß an Solidarität in (soziale) Sicherheit umzumünzen. Diese ergibt sich wiederum aus der Vielfalt und der funktionalen Differenzierung einer Gesellschaft, die sich um die Jahrhundertwende in eine rückständige dörflich-ländliche und eine städtisch-urbane, also moderne, Lebensweise untergliedert und deren gemeinsamer Bezugspunkt die Nation darstellt, die wiederum durch den Staat repräsentiert wird, der so zur integrativen Einheit verschmilzt. Diese Sichtweise wird gleichwohl durch die Erfahrungen der beiden Weltkriege und die damit einhergehenden tiefgreifenden gesellschaftlichen Verwerfungen relativiert.

Pitirim Sorokin hatte schon 1950 in seiner Schrift *Kulturkrise und Gesellschaftsphilosophie* darauf hingewiesen, dass Gesellschaftssysteme ihre Integration einmal auf der Grundlage zweckgebundener Interdependenzen und einmal durch auf Logik aufbauende Entscheidungsmuster erfahren. Die Symbiose dient als Vorkehrung, damit Institutionen wie das *Recht* nicht zu reinen Machtinstrumenten werden, die letztlich allein der strategischen Vorteilssuche der politischen Eliten dienlich sind, worauf die Benachteiligten mit Gewalt reagieren. Von einer kommunikativen Macht, wie sie später etwa Jürgen Habermas für die Legitimation von Politik zur Bedingung erklärt, ist bei Sorokin indes noch keine Rede. Im Anschluss an die von Talcott Parsons mitbegründete Handlungstheorie verschieben sich zudem die Gewichtungen. In den 1950er und 1960er Jahren galt Integration als Synonym für eine Systemstabilität, die empirisch überprüfbar wird, indem sich das Verhältnis der einzelnen Elemente des Systems zueinander, die sich hieraus ergebenden Beziehungsmuster und die auf die Einheit abzielenden, im System aber konsensfähigen, Sanktionsmechanismen als messbare Indikatoren bestimmen lassen. Das Systemgleichgewicht bedingt die inhaltliche Identifikation der eingebundenen Akteure und ihrer Interaktionsebenen, sodass deren individueller Bedürfnisbefriedigung entsprochen werden kann, sofern diese den als Basis definierten gemeinsamen Normen und Werthaltungen entsprechen. Soziale Kontrolle dient dem inneren Zusammenhalt, der Konflikt veranschaulicht dagegen die Dynamik, die für die Überlebensfähigkeit der Einheit notwendig ist. Die Identifikation mit der Gemeinschaft baut für Ralf Dahrendorf demnach auf Primärbeziehungen (Familie, Freundschaft etc.), Gewohnheiten (Ritualen) und emotionalen Symbolidentifikationen (Nationalflagge, Hymne, Währung) auf. Sie wird durch Sekundärbeziehungen verstärkt, die sich aus der Tendenz zur Gruppenbildung (Verbände, Zivilgesellschaft) ergeben, die im Rahmen der politischen Repräsentation angestrebt wird. Die hier anklingenden Faktoren wie etwa Stabilität, Gleichgewicht, Konsens, Funktionalität oder Autonomie werden von der politikwissenschaftlichen Modernisierungstheorie aufgegriffen und fließen somit in die Betrachtungen zur Vergleichenden Regierungslehre und den Internationalen Beziehungen ein, als deren gemeinsamer Schnittpunkt insbesondere die Frage nach dem Verhältnis von Integration und Identitätsbildung gilt. Von daher werden hier die Verflechtungen von Staaten, Regierungen und Handlungseinheiten auf der substaatlichen Ebene (im Zeitalter der → *Globalisierung* vornehmlich diejenigen im Kontext der nationalen → *Öffentlichkeit*) in den Blick genommen. Die Integration geht hier in der Regel über die wirtschaftliche Kooperation (von der Freihandelszone über die Zollunion bis hin zum Gemeinsamen Markt und einer Wirtschaftsunion) hinaus, wie besonders die Europäische Union und der sie begleitende Integrationsprozess auf anschauliche Weise zeigen. Umso bemerkenswerter ist, welche Kontroversen der hier geführte Diskurs – ebenso wie die innerstaatlich geführte Diskussion um die Integration von Migranten oder die mit der 2006 von den Vereinten Nationen angenommene Konvention über die Rechte von Menschen mit Behinderungen einsetzende Debatte um die Inklusion – auslösen kann.

III. Aktuelle Dimension: Integration ist kein abgeschlossenes Momentum, sondern immer in einer räumlichen und in einer zeitlichen Dimension zu betrachten. Wo die Migration und die Lern- und Sozialisationsprozesse der Aufnahmegesellschaft aufeinandertreffen, wird die Frage nach einer aktiven Mitarbeit ebenso vorausgesetzt wie Formulierung von Integrationsanreizen (Arbeit, Bildung, Wohnraum) durch die Politik (insbesondere die Parteien und staatliche Institutionen). Integrationsverweigerung ist im Sinne des Gesellschaftsvertrags keine Option, selbst wenn sie mit dem Argument der kulturellen Vielfalt begründet wird. Denn wenn die mit der Integration von Migranten angestrebte strukturelle, kulturelle, soziale und identifikative Einbindung gemeint ist, muss in den Blick genommen werden, dass dieser Prozess generationenübergreifend verläuft. Schließlich sind auch Fragen der → *Sicherheit* angesprochen, wenn dieser Prozess scheitert oder im Phänomen des Islamismus mündet, der offen für den → *Terror* im Nahen Osten wirbt. Ein dabei verstärkt interessierendes Element ist das aus der Entwicklungsländerforschung stammende Konzept des *Nation-Building*, das sich seinerseits der Erfahrungen aus der Zeit der Französischen Revolution, des italienischen Risorgimento oder des amerikanischen *City upon a Hill* bedient, um die Etablierung gefestigter staatlicher Einheiten in den Ländern Asiens, Afrikas und Lateinamerikas respektive deren Scheitern im Sinne eines failed-states zu beschreiben. Im Fokus stehen dabei die Rolle der Kultur bzw. die Formulierung einheitlicher kultureller Standards wie beispielweise der Sprache, denen ein identitätsstiftendes Moment zugeschrieben wird. Ursprünglich aus dem Kontext der Modernisierungstheorien stammend bezog sich *Nation-Building* lange auf die nachholende Entwicklung in den Ländern der Dritten Welt, die an der unterstellten Fortschrittlichkeit der vormaligen Kolonialmächte festgemacht wurde. Von daher standen höchst unterschiedliche Aspekte auf der Agenda, die von der wirtschaftlichen Verflechtung und politischen Zentralisierung über die kulturelle Integration und die bürokratische Kontrolle des politischen Raumes auch die Formierung einer eigenen Bürgerschaft einbezog. Seine *integrative* Wirkung entfaltet das *Nation-Building* vornehmlich über die Formulierung einer maßvollen, die Einheit der Nation beschwörenden, → *Ideologie*, die der politischen Legitimierung und der sozialen Mobilisierung dient, da sich hieraus weitreichende Loyalitätspflichten ableiten lassen. Von daher müssen hier auch die integrativen bzw. abgrenzenden Funktionen von Religion und Ideologie ebenso in den Blick genommen werden wie die Bereitstellung von Verkehrs- und Kommunikationswegen, die über die Raumerschließung den nationalen Netzwerkcharakter betonen. Dies zählt wie die hier ebenfalls tangierte Frage der → *Sicherheit* zu den Kernkompetenzen des Staatsapparates, geht es hier doch auch um die Leistungskontrolle der politischen Eliten gegenüber dem → *Bürger* und damit um das *State-Building*, das den erfolgreichen Abschluss der Integration markiert. Während damit vor allem innerstaatliche Prozessverläufe angesprochen sind, finden sich ganz ähnliche Überlegungen in Bezug auf die Etablierung einer supranationalen, also die Ebene der Nationalstaaten übergreifenden, Ordnung, wie sie David Mitrany schon 1943 in seinem Werk *A Working Peace System* angestellt hatte. Dieser Systematik folgend ist auch die NATO als kollektives Sicherheitssystem vor allem eines: ein militärisches Integrationsmodell, das im Sinne einer erweiterten Responsibilität gedacht werden muss.

IV. Weiterführende Literatur:

Heckmann, Friedrich (2015): Integration von Migranten. Einwanderung und neue Nationenbildung. Wiesbaden.

Dahrendorf, Ralf (1957): Soziale Klassen und Klassenkonflikt. Stuttgart.

Deutsch, Karl W. (1972): Nationenbildung, Nationalstaat. Düsseldorf.

Löffler, Berthold (2011): Integration in Deutschland. Zwischen Assimilation und Multikulturalismus. München.

Wilk, Burkhard (2011): Die politische Idee der Integration. Berlin.

Martin Schwarz

Interesse

I. Definition: Interessen umschreiben eine Vielzahl von zielgerichteten sozialen und ideellen Beziehungen zwischen Individuen, Gruppen oder auch Staaten, die in Abgrenzung zu tradierten Normen und Werten als primäre Handlungsorientierungen angelegt sind. Damit sind die dem Menschen wesenseigenen, weil über die instinktive Neugierde hinausgehend und kulturell angeeignet, Bedürfnisse und Erwartungen angesprochen, die das menschliche Handeln unmittelbar determinieren. Folgerichtig ist das *Interesse* nach Max Weber für die moderne bürgerliche Gesellschaft und ihren hohen Individualisierungsgrad konstitutiv.

Interesse ist ein Allerweltbegriff, der seiner politischen Mehrdeutigkeit wegen reflektiert werden muss. Als bewusste Anteilnahme und Neigung ist Interesse die Basis für soziale, rechtsförmige, psychische oder auch ideelle Beziehungen, die den einzelnen Menschen intuitiv in die Lage versetzen, die eigene Situation und Umgebung zu erfassen. So spiegelt sich das die → *Demokratie* konstituierende politische Bewusstsein im politischen Engagement des Bürgers, da dessen Haltung zur Bedeutung und Reichweite von → *Politik* unmittelbar durch seine Interessen bestimmt wird. Ein Beispiel dafür ist die Behauptung von individuellen Schutz- und Teilhaberechten gegenüber dem → *Staat* bzw. gegenüber der Gesellschaft (etwa im Kontext der → Political Correctness). Der Staat und sein durch das Gewaltmonopol bewehrtes politisches System müssen wiederum den involvierten Individuen wie kollektiven Akteuren die Chance einräumen, ihr emotionales, intellektuelles oder auch aktionales Streben nach Nutzen und Vorteilen in Form von Absichten und Forderungen frei zu artikulieren. Das gilt vor allem dann, wenn Identitäts- und Teilhabefragen tangiert sind. Wohl auch deshalb wird Interesse immer wieder mit Lobbyismus assoziiert, obwohl das weder den entsprechenden Akteuren noch ihren Funktionen und Strategiemustern oder aber dem Interesse an sich als anthropologischer Kategorie gerecht wird, zumal wenn diese – jenseits von Instinkt und Trieb – gesellschaftliche, rationale, materiell-ökonomische oder ästhetische Ausdrucksformen zeitigt. In der Verknüpfung mit → *Macht* ist Interesse nicht nur einer der Schlüsselbegriffe der Politikwissenschaft, sondern auch für Nachbardisziplinen wie Ökonomie, Philosophie, Psychologie, Rechtswissenschaft und Soziologie sowie für interdisziplinäre Ansätze wie die Kultur- und Sozialwissenschaften relevant. Im politischen Kontext ist Interesse vor allem dort virulent, wo es – wie bei den Antagonismen Macht/→ *Herrschaft*, Knappheit/Vielfalt oder auch Konflikt/Konsens – um die Reichweite und Grenzen von Politik geht. Der → *Rechtsstaat*, die Programmatik der Parteien, der Staatshaushalt, selbst das Wesensmerkmal der modernen Demokratie, die Legitimität, sind ohne den freien Wettbewerb der Interessen nicht denkbar.

Dabei ist die Erkenntnis, dass der Mensch ein politisches, von Interessen geprägtes und motiviertes Wesen ist, nicht neu, wie etwa die Ausdeutungen im Kontext der Debatten um die → *Menschenrechte* oder die für die Moderne so charakteristische Differenzierung von Staat, → *Öffentlichkeit* und Privatsphäre zeigt. Von daher repräsentiert die heutige Sichtweise (auch) eine Vielzahl historisch bedingter Erfahrungswerte, die im Grunde in der klassischen Antike ansetzen.

II. Geschichte des Begriffs: Während Interesse generell mit Anteilnahme, Emotionen und Vorteilsstreben assoziiert und mit Synonymen wie Aufmerksamkeit, Leidenschaft, Bedürfnis und Absicht verknüpft wird, stammt der Begriff ursprünglich aus dem Lateinischen (von *inter esse*: dazwischen liegen [auf Raum und Zeit bezogen]; dabei, gegenwärtig sein; verschieden/entfernt sein; teilnehmen). Bedenkt man, wie etwa Platon seinen Protagonisten im *Höhlengleichnis* als von Interessen angetriebenen Menschen darstellt oder wie Aristoteles den → *Bürger* figuriert, könnte der Kontrast zur (Wieder-)Verwendung des Begriffs im Kontext von Humanismus und Renaissance kaum größer sein. Im mittelalterlichen Latein findet sich *interesse* ab dem 13. Jahrhundert nicht nur als Formel im Römischen Recht (als Akronym für Zins/Entschädigung), sondern ab dem 14. Jahrhundert auch als eine spezielle Vergütungsregel für den Klerus im Kirchenrecht. Mit der Übertragung in das Französische (als *interest*, dann *intérêt*) kam es dergestalt zu einer Bedeutungsverschiebung, dass Interesse in Verbindung mit den Frühformen der Ökonomie als Rechtsbegriff für Teilnehmer, Anwesende, Schadensersatz/Nutzen eine subjektive wie objektive Dimension erhielt. Allein das von Petrus Rebuffus überlieferte Traktat *De eo quod interest* (1564) weist 50 juristisch relevante Deutungen von Interesse aus. Der durch die Renaissance bedingte Perspektivwechsel in der Betrachtung des Menschen, die zunehmende Hinterfragung der Autoritäten von Kirche und Staat und der Niedergang des Heiligen Römischen Reiches warfen dagegen neue Fragen auf, sodass *Interesse* von den Wörterbüchern und Lexika der Zeit aufgegriffen und dabei zunehmend politisch gedeutet wurde. In Verbindung mit der Entlarvung von gesellschaftlicher Unmoralität, wie sie im Anschluss an die etwa von Francesco Guicciardini thematisierte Staatsräson diskutiert wurde, fand das Interesse seinen Weg in die Verfassungslehre. Deutlich wird dies um 1640 in England, wo eine Staatskrise zur Auseinandersetzung um das öffentliche Interesse – *public health*, *common wealth* oder *common good* – führte. Einer der Urheber war Henri de Rohan, dessen *De l'Interest des Princes et Estats de la Chrestiente* vermutlich als erstes überhaupt den Begriff *Interesse* im politischen Sinn und im Titel führte und alsbald europaweite Verbreitung fand. Rohan hatte als Bedingung für die Überlebensfähigkeit des Staates dem absolutistischen Fürsten zahlreiche Maßnahmen zugebilligt, die vom Erb- und Lehnsrecht über Heirats- und Friedensverträge bis zum → *Krieg* reichen können. Das politische Kalkül steht gegen die politische Moral, das Ziel ist die *Ordnung* in Staat und Gesellschaft. Thomas

Hobbes warnte in seinem *Leviathan* (1651) eindringlich vor der Bedrohung der Autorität des absolutistischen Staates und verteidigte die Monarchie als Garant für die Überwindung eines Naturzustandes, den er in den divergierenden Einzelinteressen der Beherrschten erkannte. Für Hobbes stand dabei fest, dass die Interessen des aufstrebenden, weil ökonomisch erfolgreichen, Bürgertums und vor allem dessen Forderungen nach mehr politischer Teilhabe die bestehenden Herrschaftsstrukturen insgesamt in Frage zu stellen drohten, mit unabsehbaren Folgen für den Staat und die Gesellschaft. Es waren in der Folge David Hume, Adam Smith und Jeremy Bentham, welche den starken Staat und das zeitgenössische Bild vom Königsheil ein Stück weit relativierten, indem sie auf das ökonomische Potential des freien Wettbewerbs verwiesen. Der staatliche Schutz des Eigentums, des Privaten, der Gleichheit und vor allem der → *Freiheit* war für die Vertragstheoretiker das Bindeglied, mit dem sie die Loyalitätspflichten des Bürgers und damit die einer Kunstfigur grundieren, die je nach Perspektive im Alten Reich als berufsständischer Stadtbürger, in England als *freeman* (auch *burgher*) oder im revolutionären Frankreich als *citoyen* aufscheinen. Ausgangspunkt ist jeweils die Sichtweise von Aristoteles, wonach der Bürger (*polites*) durch seine Rechte das Staatswesen grundiert. Wo Rebuffus das Interesse noch objektiv-juristisch fasste, wird es bei Francis Hutcheson um die moralische Empfindung, die rationale Intention und den normativen Nutzen für das Bürgertum (bei ihm *middle class*) erweitert. Die Selbstliebe und das aus dem → *Gemeinwohl* abgeleitete Wohlwollen unterliegen nunmehr dem öffentlichen Interesse. Mit John Stuart Mill floss die Idee des natürlichen Interessenausgleichs nicht nur in die Verfassungsdebatten in den USA, sondern auch in die Demokratie- und Pluralismustheorien der Moderne ein.

Eine ähnliche Entwicklung nimmt Interesse in Frankreich, beginnend mit dem erstmalig 1694/95 von der Académie française vorgelegten *Dictionnaire Vocabulaire de la langue française*. In der Auseinandersetzung mit dem Absolutismus wird Interesse dort als wertneutral und hierarchiefrei im Sinne von Wichtigkeit definiert. Das *Staatsinteresse* umfasst ganze Politikfelder, etwa die Finanz- und die Familienpolitik, und ist ab der Ausgabe von 1727 an die Staatsräson gekoppelt. Das gute Handeln des Menschen bemisst sich nunmehr an seinem Eigeninteresse und dem Interesse des Gemeinwesens. 1762 sieht Rousseau das Interesse im → *Gesellschaftsvertrag* als Effekthandlung, die sich im gesellschaftlichen, durch konkrete Absichten bestimmten, Verhalten als negatives Partikular- oder als positives, weil von rationaler Vernunft angeleitetes, öffentliches Interesse ausdrückt. Interesse gilt als *esprit* und damit als Koordinatensystem, das durch Gewohnheit, Leidenschaft und empirisch messbare Leistungen bestimmt und somit zu einem naturrechtlichen Baustein der menschlichen Gesellschaft wird. Die *Encyclopédie* griff das folgerichtig in einem Artikel (*intérêt/morale*) auf, der überdies auch eine ästhetische Dimension von Interesse aufzeigte und so das Kulturverständnis der Zeit repräsentiert.

Im deutschsprachigen Raum nimmt Interesse dagegen einen anderen Verlauf, konzentrierte sich die Politik im Alten Reich doch zunächst auf die Lösung der Religionsfrage und dann erst auf den Gegensatz zwischen Staat und privatem Interesse. Die Regierungslehren eines Christian Wolffs oder Samuel von Pufendorfs folgten den politisch-akademischen Diskursen in London, Paris oder St.-Petersburg. Durch die kulturelle Dominanz des Französischen fehlten gar inhaltliche Analogien zu *intérêt* und *esprit*, wie Johann Christoph Adelung 1811 im *Grammatisch-kritischen Wörterbuch der hochdeutschen Mundarten* bekennt. Zugleich ist die Forderung nach der sich auf die Freiheit des Individuums berufenden → *Nation*, spätestens seit der Unabhängigkeitserklärung der USA (1776), auch im Alten Reich populär, wie die differenzierte Aufnahme der Ideen der Französischen → *Revolution* zeigt. Inmitten dieser Umbruchszeit betonte Immanuel Kant den Zusammenhang von Vernunft, Bedürfnis und Interesse. Indem er 1781 in seiner *Kritik der praktischen Vernunft* zwischen dem empirischen Pflicht- und einem Neigungs-/ Triebinteresse differenzierte (kategorischer Imperativ), begründete er außerdem die noch heute gültigen Dimensionen – empirisch, moralisch-praktisch, spekulativ und ästhetisch – von Interesse. Die Auflösung des Alten Reiches (1806) und mehr noch die Erfahrung der Befreiungskriege gegen Napoleon ließen das Interesse indes zum Ventil für die bürgerschaftliche Forderung nach nationaler Einheit, Demokratie und personaler Freiheit werden, wie das *Staatslexikon* von 1839 beispielhaft zeigt. Das Scheitern der Paulskirchenversammlung setzte dem aber ein jähes Ende. Fortan galt die Staatsräson als Richtschnur der Politik und damit der politischen Ordnung, weshalb David D. List ab 1834 und in Anlehnung an den Utilitarismus das national-ökonomische Interesse im Deutschen Bund auf den Zollverein kanalisieren konnte. Der aber stand zunehmend unter dem Eindruck der Industriellen Revolution und ihrer Folgeprobleme, die Thomas Malthus mit dem Blick auf das Bevölkerungswachstum, Karl Marx als Klassenkampf zwischen Proletariat und Kapital und Ferdinand Lassalle im Rahmen der von ihm initiierten Arbeitervereine thematisierten. Das sich hier artikulierende politische Bewusstsein der Arbeiterklasse führte zur Gründung der ersten Parteien, die wie die Gewerkschaftsbewegung in der Sozialen Frage wurzeln und in Wechselwirkung mit der Katholischen Soziallehre bzw. der Protestantischen Sozialethik ihre gesellschaftliche Rolle in der → *Repräsentation* spezifischer Bevölkerungsgruppen fanden. Der in Wahlkämpfen ausgetragene Wettstreit zwischen diesen Strömungen ließ Interesse endgültig zum politischen Faktor werden, der gleichzeitig den modernen Wohlfahrtsstaat (mit-)begründete, bedenkt man die Kontroversen um die Vorstellungswelten von Subsidiarität und *Solidarität*. Das dem sozialen und karitativen Interesse verpflichtete *Ehrenamt* hat wie die sich heute darauf berufende Zivilgesellschaft unterdessen längst eigene Ausdrucksformen (Vereine, Verbände) für die

Auseinandersetzungen mit dem Staat und seiner politischen Administration als Adressaten gefunden. Einen großen Anteil daran hatten vor allem die konfliktreichen Debatten der 1960er Jahre, die neue Formate des Interessenausgleichs etabliert (z.B. die sog. Konzertierte Aktion oder das Mitbestimmungsrecht für Betriebsräte) und so die ohnehin korporatistisch geprägte politische → *Kultur* Deutschlands nachhaltig stabilisiert haben.

III. Aktuelle Dimension: Der Parlamentarische Rat musste bei der Arbeit am Grundgesetz (1948–49) gleich in mehrfacher Hinsicht den Neuanfang wagen, wobei er aus Legitimitäts- und Identitätsgründen an die Revolution von 1848/49 anknüpfte. Ausgangspunkt war die Erkenntnis, dass Rechtssysteme durchaus lückenhaft, mehrdeutig, mitunter sogar interpretationsbedürftig sind, damit sich die *freiheitlich-demokratische Grundordnung* und das sie legitimierende bürgerliche Gerechtigkeitsempfinden entfalten. Die Zweckbestimmung ergibt sich, ganz ähnlich wie schon im Gesellschaftsvertrag, aus dem Anspruch, gesellschaftliche Interessenkonflikte einvernehmlich zu lösen. Das Ergebnis dieser Bemühungen sind die in Art. 1-20 GG garantierten und durch Art. 79 Abs. 3 GG verewigten Grund- und Menschenrechte, die durch das Widerstandsrecht ein besonderes Gewicht erhalten, grundiert dieses doch auch die Staatsziele und die Verfassungsprinzipien. Die im Grundgesetz angelegte Gewaltenteilung sowie das Gebot des Bundes-, Sozial- und Rechtsstaats sind weitere zentrale Elemente eines auf den freien Wettbewerb abzielenden politischen Interessenbegriffs. Dies zeigt sich beispielhaft in Art. 38 Abs. 1 GG, demzufolge eine Wahl nicht nur allgemein, unmittelbar, gleich und geheim, sondern eben auch frei sein muss. Nur dann können die Politik und das politische System ihren Auftrag erfüllen und die Rahmenbedingungen für ein *gutes Leben* schaffen, das dem Ausgleich zwischen konkurrierenden Interessen dient. Eine solche Ordnung resultiert aus der Bindung der gesamtgesellschaftlichen Entscheidungen an die gesellschaftlichen Interessen und wird durch die repräsentative Interessenvertretung in Form der Parteien, des Parlaments und der Verbände sowie eine politisch interessierte/informierte Öffentlichkeit legitimiert. Damit rückt das Problem der Vermittlung von Interessen in den Fokus, da sich hieran die Funktionsweisen des politischen Systems, die Akteurskonstellationen, die Netzwerkbeziehungen, die Handlungsweisen politischer Steuerung und nicht zuletzt auch die Reichweite von politischen Entscheidungen bestimmen lassen. Wo pluralistische Theorie-Ansätze die Notwendigkeit der Öffnung des politischen Systems, der Zurückhaltung des Staates und des Interessenausgleichs betonen (Soziale Marktwirtschaft), weisen dialektische Überlegungen einen anderen Weg. Das Modell des praktischen Diskurses etwa will per Universalisierung alle in Inhalt und Gestaltungsanspruch partikularen und somit nicht konsensfähigen Normen und Interessen aus dem politischen Prozess ausscheiden. So soll das wahre, weil objektiv bestimmbare und verallgemeinerungsfähige, Interesse bestimmt werden können. Obwohl das herrschaftsfrei ablaufen soll, bedarf es Aufklärungsmechanismen, die aber mit pluralistischen Vorstellungen ebenso schwer zu vereinbaren sind wie der Vorschlag, dass sich politische Systeme selbst steuern. Jenseits der Suche nach einer schlüssigen Theorie des politischen Interesses, die etwa den Gegensatz zwischen Konkurrenz und Konkordanz abdeckt, wird der Fokus des politikwissenschaftlichen Arbeitsbegriffs Interesse nach wie vor durch die Brille des Betrachters bestimmt. Das gilt für den öffentlichen Raum, die (inter-)nationale Ebene, den Lobbyismus oder die Mitwirkungsrechte – letztlich also für den gesamten Politikprozess. Im Spannungsfeld von *Policy* und *Politics* stehen Interessen für Probleme und Konflikte, aber auch für die Entscheidung in nationalen, europäischen und internationalen Institutionen. Gerade dort zeigt sich, wie das Konfliktpotential von divergierenden Interessen auf der Grundlage von konsensfähigen Regelwerken strukturiert und die einzelnen Voraussetzungen, Strategien, Instrumente und Adressaten von Interessen in den Politikprozess eingebunden werden. Für deren Verständnis grundlegend bleibt das Verhältnis von Interesse und Vernunft, wie es von Jürgen Habermas analytisch vertieft wurde: das technische Interesse bedingt die modernen Naturwissenschaften, das praktische, intersubjektive Interesse formt den historisch-hermeneutischen Zugang und das emanzipatorische Interesse öffnet den Blick für die Fragen der Mündigkeit. Im Ergebnis erlaubt dieser Interessenbegriff die Analyse einer durch Individualität und Sozialität bestimmten sozialen Praxis, zumal wenn der Faktor Macht – etwa bei der Durchsetzung von Interessen im Nationalstaat, in Bezug auf die → *Globalisierung* und den Grad der internationalen Vernetzung – zum Tragen kommt.

IV. Weiterführende Literatur:

Habermas, Jürgen (2008): Erkenntnis und Interesse. Hamburg.

Koselleck, Reinhart (2006): Begriffsgeschichten. Studien zur Semantik und Pragmatik der politischen und sozialen Sprache. Frankfurt a. M.

Olson, Mancur (2004): Die Logik des kollektiven Handelns. 5. Aufl. Tübingen.

Reinalter, Helmut (Hrsg. / 2007): Politische Ideen und Gesellschaftstheorien seit der Frühen Neuzeit. Wien.

Winter, Thomas / *Blumenthal*, Julia (Hrsg. / 2014): Interessengruppen und Parlamente. Wiesbaden.

Martin Schwarz

Korruption

I. Definition: *Korruption* meint den durch Tausch zwischen mindestens zwei Parteien ermöglichten Missbrauch anvertrauter → *Macht* zum privaten Nutzen oder Vorteil. Diese individuellen oder auch gruppenspezifischen Vorteile sind in ihrer formalen Rechtmäßigkeit und/oder moralischen Berechtigung mindestens als zweifelhaft bewertet, da die sie grundierenden Prozesse als unangemessen gelten oder gar gegen geltendes Recht verstoßen. Die mit der Korruption einhergehende Normenverletzung geschieht in der Regel geheim, ist gegen das öffentliche → *Interesse* gerichtet und schränkt das → *Gemeinwohl* ein.

Das Hauptmerkmal der Korruption, die illegale bzw. illegitime Austauschhandlung, ist, unabhängig von ihrer jeweiligen Erscheinungsform, keineswegs auf traditionale Gesellschaften, autoritäre Regime, Autokratien oder Diktaturen begrenzt. Korruption ist vielmehr eine Frage der → *Kultur*, gerade weil die Korruption das Schenken als konstituierendes Element menschlicher Beziehungen missbraucht, das auch für (post-)moderne Gesellschaftsformen immer noch Gültigkeit besitzt. Wo es in den politischen Prozessen der demokratischen Systemtypen um das Zustandekommen und die Wahrung gemeinwesensbezogener und kollektiv verbindlicher Entscheidungen geht, besteht die Gefahr von (Verteilungs-)Konflikten, die wiederum als idealer Nährboden der Korruption gelten. Ob nun materieller oder immaterieller Art – den Erscheinungsformen der Korruption ist gemein, dass hier verdeckte Abmachungen mit dem Ziel gegenseitiger Nutznießung getroffen werden, die zu Lasten Dritter gehen. Maßgeblich für die Bewertung von Korruption sind damit die Parameter und Normensysteme einer Gesellschaft bzw. eines Staates, die wiederum durch ein mangelndes Problembewusstsein für die (in-)direkten Folgen der aktiven wie passiven Korruption relativiert werden können, wenn entsprechende Kontrollen und Sanktionsmechanismen unzureichend sind oder gar fehlen. Während im Allgemeinen zwischen offener und verdeckter Korruption unterschieden wird, kennt das deutsche Strafgesetzbuch eine Reihe von Tatbeständen, die vor allem die Bestechung bzw. die Bestechlichkeit betreffen. Die Vereinten Nationen differenzieren dagegen zwischen der großen und der geringen Korruption, um so den kulturellen und regionalen Unterschieden in den Mitgliedstaaten in Bezug auf deren Verwaltungsstrukturen und Politikstile respektive dem Zusammenhang von Machtaustrag, (politischer) Moral und Ressourceneinsatz Rechnung zu tragen. Der Fokus liegt dabei auf Einflussformen wie der Begünstigung als Patronage oder Klientelismus, dem Lobbyismus als Überzeugungsarbeit und der Selbstbereicherung der politischen, ökonomischen und gesellschaftlichen Eliten sowie deren umfangreichen, der Verschleierung und dem Selbstschutz dienlichen, Netzwerkbeziehungen. Genau hier setzen zivilgesellschaftliche Organisationen wie Transparency International an, die für einen Bewusstseinswandel werben. Sie sprechen offen die traditionellen, klientelistischen und bürokratischen Hürden an, dank derer Korruption gedeihen kann. Denn in dem Maße, wie der öffentliche Sektor, das politisch-administrative Umfeld oder die Justiz betroffen sind, höhlt Korruption die in der freiheitlich-demokratischen Grundordnung definierten Garantien des bürgerschaftlichen Zusammenlebens wie die Rechtssicherheit oder den Gleichbehandlungsgrundsatz aus und schädigt so das Gemeinwohl.

II. Geschichte des Begriffs: Korruption ist nicht neu. Sie beschäftigt die → *Öffentlichkeit* und erzeugt Betroffenheit, wo eigene Werte, Ansichten, Ideale und Meinungen im Ringen um Vorteile tangiert werden. Und doch ist es zunächst nur eine Feststellung, dass Korruption den → *Staat* von *innen* aushöhlt, den → *Rechtsstaat* zersetzt, die → *Gerechtigkeit* und die → *Demokratie* untergräbt, die staatlichen (Sicherheits-)Strukturen schwächt, Armut fördert, Misstrauen in die politischen Prozesse säht und schließlich dort zur Gewohnheit wird, wo Korruption die politische Apathie fördert. Korruption ist seit jeher durch die Arbeit staatlicher Institutionen, die Beschaffenheit der Entscheidungsverfahren und die Einkommensunterschiede in einer Gesellschaft bestimmt. Erst seit 1999 verpflichtet ein OECD-Abkommen die Vertragsstaaten, die Bestechung von Amtsträgern im Ausland unter Strafe zu stellen. Das heißt aber nicht, dass besonders anfällige Bereiche wie die Infrastruktur oder das militärische Beschaffungswesen seither korruptionsfrei wären. Gerade der Bau von Straßen, Schulen oder Krankenhäusern bzw. die Bereitstellung von Energie und Wasser, z.B. im ländlichen Raum mit seinen hierarchischen Strukturen, ist für Außenstehende schwer zu durchdringen. Der allgemeine Sprachgebrauch knüpft daher nahezu nahtlos an lat. *corrumpere* (bestechen, fälschen, verführen) an. In der Verknüpfung mit lat. *rumpere* (zerbrechen, zerreißen, verderben, vernichten) war Korruption schon in der späten Römischen → *Republik* (133–44 v. Chr.) als rechtliche und soziale Normverletzung geläufig, wie etwa der Jugurthinische → *Krieg* (111–105 v. Chr.) oder die Anklagereden Ciceros belegen. Ob in den Gesellschaften des antiken Ägyptens, Babyloniens, Griechenlands, Indiens, Chinas oder eben Roms: die Klagen über korrupte Richter und andere Amtsträger zeigen bemerkenswerte Ähnlichkeiten. Im Zentrum der Kritik steht stets die moralische Verfehlung, die mit der Korruption einhergeht, und die sich in ihrer Gesamtheit als höchst anschlussfähig für die an der Schwelle von der Antike zum Mittelalter aufkommende christliche Tugendethik erweist. Das *Alte Testament*, genauer das 2. Buch Mose (*Exodus*), thematisiert Korruption – als Abgrenzung zu den christlichen Tugenden Glaube (*fides*), Liebe (*caritas*) und Hoffnung (*spes*) in 1 Kor 13, 1-13 – ebenso dezidiert negativ wie das um 400 v. Chr. in Indien entstandene Mahabharata. Umso interessanter ist die in der spätmittelalterlichen Auseinandersetzung mit dem Führungsanspruch der Kirche aufkommende Debatte um den gerade im Kirchenstaat verbreiteten Nepotismus, den Thomas von Aquin noch mit dem Argument verteidigte, dass dieser der Pflicht der *pietas*, also einer Tugend der Gerechtigkeit, entspräche: Solange → *Herrschaft* auf aristokratischen Familienverbänden beruhte, sicherten auch hohe Kirchenfürsten ihre (Macht-)Stellung dadurch ab, dass sie Verwandte und Freunde in Schlüsselstellungen beförderten und diese sukzessive zu festen Ämtern ausbauten (Nepotenämter). Die Kritik entzündet sich allerdings an der sich im 15.-17. Jahrhundert ausbreitenden Praxis, Kirchengut in Erbfürstentümer zu überführen. Von daher sind es Autoren wie der englische Philosoph und Theologe John Wyclif, die sich mit der Forderung nach einer Neubewertung der Verhältnisse von göttlicher und weltlicher Ordnung hervortun und dabei auch das Thema Korruption aufgreifen. Der Traktat *De Simonia* (ca. 1379/80) lässt Wyclif zu einem Vorläufer der Reformationsbewegung werden, da er die korrupte Amtskirche offen angriff, wofür er posthum als Häretiker verbrannt wurde. In eine ganz ähnliche Richtung zielen die im englischen, französischen, spanischen und habsburgischen Herrschaftsbereich überlieferten Fürstenspiegel des 12. bis 16. Jahrhunderts, die Korruption als Konzept und die damit verbundenen Praktiken aus der Sicht der herrschaftsnahen Gelehrten, Eliten und der Machtträger abhandelten. In der negativen Ausdeutung wird Korruption zur Rechtfertigungsfigur für den Sturz des Tyrannen, der sich bewusst über die Gerechtigkeit als Fundament einer guten, dauerhaften Herrschaft hinwegsetzt. Damit kommt der Bibelübersetzung Luthers eine zentrale Rolle zu, mit der Korruption als moralische Verderbtheit in den deutschen Sprachgebrauch einfließt und die zumindest indirekt auch Einfluss auf die Entscheidung nimmt, dass Papst Innozenz XII. mit der Bulle *Romanum decet Pontificem* (1692) den Nepotismus im Kirchenstaat formal abschafft. Spiegelbildlich dazu sind die vielgestaltigen Versuche im öffentlichen Bereich zu sehen, der Korruption Einhalt zu gebieten, wie das Beispiel von Edward Coke zeigt, der sich nach seiner Ernennung zum Lordrichter (1613) gegen König Jakob I. von England stellte und für die angemessene Entlohnung öffentlicher Ämter warb, um diese so vor Korruption zu schützen. In der Folge wurde Coke 1616 seiner Ämter enthoben. In einer Zeit, in der es noch keine festen Einkommen gab und personale Netzwerke, also Patronage, über das Fort- und Einkommen entschieden, gilt auch das 1621 gegen Francis Bacon eingeleitete Verfahren als beispielhaft. Der Lordkanzler musste sich gegen den Vorwurf verteidigen, er habe sich bei der Vergabe von Lizenzen für Gewerbetreibende persönlich bereichert. Das Geständnis, die anschließende Haftzeit sowie die Begnadigung durch König Jakob I. boten wiederum die Vorlage für die Anklage, die Edmund Burke 1785 gegen Warren Hastings erhob, da dessen korrupte Amtsführung die → *Freiheit* eines ganzen Volkes gefährdet hatte.

Das Frankreich des Ancien Régimes und der Bourbonen-Herrschaft ging in den Jahren nach der Inthronisation von Heinrich IV. (1589) einen anderen Weg, indem der schon im 13. Jahrhundert von Ludwig dem Heiligen eingeführte fiskalische Ämterkauf zum Zweck der Aufbesserung der Staatsfinanzen legalisiert und an bestimmte Qualifikationen gebunden wurde. Der Preis richtete sich maßgeblich nach der Wahrscheinlichkeit, über das gekaufte Amt in den Erbadel aufgenommen zu werden und in den Genuss der Adelsprivilegien (z.B. der Steuerfreiheit) zu gelangen. Der mit der Französischen → *Revolution* einhergehende Gleichheitsgrundsatz bereitete dieser Praxis ein Ende, zumal schon die Aufklärung den Untertan (*populare*) zum Bürger (*publique*) und damit schlussendlich zum Mitträger der → *Souveränität* erklärt hatte, dessen Mitbestimmungsrechte 1789 in der *Déclaration des droits de l'homme et du citoyen* verbrieft wurden. In dem Maße, wie sich in der Folgezeit die politische Chancengleichheit als zentrales normatives Ideal eines verfahrensorientierten Begriffs von Demokratie herauskristallisierte, passten sich auch die Handlungsmuster der Korruption an das neue Umfeld an. Sie bleibt von daher in ihrer Intensität das Synonym des Niedergangs und der Selbstzerstörung einer vormals legitimen politischen Norm, Regel und Ordnung, weshalb Carl J. Friedrich sie in einem Atemzug mit Gewalt, Verrat, Geheimhaltung und Propaganda nennt und als *Pathologie der Politik* (1973) charakterisiert. Er knüpft damit an Émile Durkheim an, der 1893 bzw. 1897 die Anomie als Erklärungsfigur für das Verhältnis zwischen Individuum und Gesellschaft eingeführt und dafür soziale, kulturelle und ökonomische Merkmale bestimmt hatte. Jeder Eingriff in dieses fragile Gebilde – z.B. durch eine → *Reform* – stellt das Gleichgewicht aus Konstanz und Stabilität in Frage. Unter dem Einfluss der Verhältnisse werden die Normen und Werte, die bis dato den Maßstab für ein konsensfähiges Verhalten bildeten, auf den Prüfstand gestellt. Wie Durkheim zeigte, können sie sich verändern. Sie nehmen neue bzw. andere Bedeutungen an oder werden negiert. Was für den Einzelnen als Orientierungslosigkeit beginnt, führt unter Umständen zum Verlust des gesellschaftlichen Ordnungs- und Bezugsrahmens. Daraus lässt sich ein Kausalzusammenhang mit der Korruption herleiten, zumal Robert K. Merton schon 1938 (*Social structure and anomie*) in seiner Auseinandersetzung mit dem Nationalsozialismus den Durkheimschen Impuls aufgriff und das Bild einer Gesellschaft zeichnete, die vom (fragilen) Gleichgewicht der sozialen Strukturen abhängt, welches durch die als legitim erkannten kulturellen Ziele und die hierfür verfügbaren institutionellen Mittel bestimmt wird.

Wo die legalen Mittel zur Zielerreichung fehlen und durch illegale ersetzt werden, so die Quintessenz, wird Korruption zum Gradmesser des Gemeinwohls und damit zum Merkmal der politischen Kultur eines Staates bzw. seiner Gesellschaft(en).

III. Aktuelle Dimension: Einerseits betonen kulturwissenschaftliche Studien die Bedeutung von gesellschaftlichen Werten, die im Rahmen der Sozialisationsprozesse vermittelt und im offenen Diskursaustrag reflektiert werden. Andererseits mehren sich Hinweise, dass die Kommerzialisierung ganzer Lebensbereiche längst auch die politischen Karrieren und Politikstile prägt. Im Kontext der Korruption spielen diese Überlegungen gerade dann eine Rolle, wenn die besagten gesellschaftlichen Wertvorstellungen durch einen so tiefgreifenden politischen Systemwechsel nachhaltig in Frage gestellt werden, wie dies für die Phase der 1943 einsetzenden Dekolonialisierung zu konstatieren ist. Bezeichnete Moritz Julius Bonn mit diesem Begriff ursprünglich die Ablösungsprozesse, die das Ende der kolonialen Herrschaftssysteme einläuteten (*Economics and Politics*, 1932), wurde daraus alsbald ein Synonym für den sich in den nunmehrigen Entwicklungs- und Schwellenländern verfestigenden Klientelismus. Das sich aus dem lat. *clientela* (Gefolge, Schutzverwandtschaft) herleitende Abhängigkeitsverhältnis begründet eine Beziehung zwischen Klient und Patron, das sich letztlich durch die Qualität der Austauschkontakte definiert. Der Ressourcenausstattung des Kunden (z.B. Arbeitskraft, Loyalität und Zustimmung) steht diejenige des Patrons (z.B. das Sozialprestige) oder des Staates (das politisch-administrative Umfeld) gegenüber. In dieser Konstellation kann der Patron seinen Einfluss ausdehnen; er kann ebenso wie der Klient von einer win-win-Situation ausgehen. Vor diesem Hintergrund fällt auf, dass die großen → *Ideologien* des 20. Jahrhunderts Korruption ablehnen, da sie mal als Machtmittel der herrschenden Elite (Sozialismus), mal als Wettbewerbsrisiko (Liberalismus) und mal als Pflichtverletzung (Konservatismus) gesehen wird. Dem gegenüber plädierten einige Vertreter des Funktionalismus in den 1960er und 1970er Jahren für eine begrenzt positive Wirkung, indem sie Korruption als probates Mittel gegen illegitime Herrschaftsformen, als Marktöffner und sogar als Maßnahme zur gesellschaftlichen Befriedung interpretierten. Dies wird aber zunehmend unter Berufung auf das durch den → *Gesellschaftsvertrag* zu begründende Pflichtverhältnis zwischen den politischen Institutionen und dem Volk zurückgewiesen. In Verknüpfung mit den 1993 von Paul A. Sabatier untersuchten Werthaltungen, Überzeugungen und Einstellungen gilt Korruption als Wachstums-, Demokratie- und Entwicklungshemmnis. Das haben auch die in Anlehnung an Samuel P. Huntingtons *The Third Wave* (1991) als vierte Demokratisierungswelle interpretierten Transformationsprozesse in Mittel- und Südosteuropa nach dem Zusammenbruch der früheren Sowjetunion (1989–91) bestätigt. Umso wichtiger sind Sanktionsmechanismen, die Klarheit darüber schaffen, was Korruption ist. Korruption fängt demnach bei Vorteilsnahme und -gewährung an, gefolgt von Amtsmissbrauch und von Untreue/Unterschlagung. Bei den ökonomischen Formen wie Betrug, Kartell, Geldwäsche, Steuerhinterziehung und nicht zuletzt dem Einflusshandel (als korrumpierender Einfluss auf das Umfeld einer Zielperson) verschwimmen die Grenzen zur Organisierten Kriminalität. Obwohl Korruption immer noch als opferloses Delikt gilt, stellt der durch sie intendierte Verlust der politischen Steuerbarkeit die demokratische Output-Legitimation ganzer Systematiken infrage. Von daher kommt dem politischen Skandal eine besondere Bedeutung zu, sensibilisiert er doch noch am ehesten die Öffentlichkeit für die Reichweite dessen, was als politische Landschaftspflege gedacht ist.

Ob in der Kommunalpolitik mit ihren Verflechtungen aus Wirtschaft und → *Politik* oder in Bezug auf Rüstungsexporte: Korruption gedeiht überall da, wo Diskretion vereinbart wird und kritische Nachfragen wie Kontrollen durch die Medien fehlen, weshalb gerade die *Pressefreiheit* hier ein wichtiger Maßstab ist.

IV. Weiterführende Literatur:

Engels, Jens Ivo (2014): Die Geschichte der Korruption. Von der Frühen Neuzeit bis ins 21. Jahrhundert. Frankfurt a. M.

Galtung, Frederik (1974): Zum Beispiel Korruption. Göttingen.

Graeff, Peter (2012): Was ist Korruption? Begriffe, Grundlagen und Perspektiven von gesellschaftswissenschaftlicher Korruptionsforschung. Baden-Baden.

Schweitzer, Hartmut (2009): Vom Geist der Korruption. Theorie und Analyse der Bedingungen für Entstehung, Entwicklung und Veränderung von Korruption. München.

Wolf, Sebastian (2014): Korruption, Antikorruptionspolitik und öffentliche Verwaltung. Einführung und europapolitische Bezüge. Wiesbaden.

Martin Schwarz

Krieg

I. Definition: *Krieg* ist die gewaltsame Auseinandersetzung zwischen bewaffneten Gruppen, die auf die gegenseitige Vernichtung zielen. Physische Gewalt wird angewandt, um die Infrastruktur des Gegners zu zerstören und Menschen zu töten. Der Krieg ist gekennzeichnet durch ein klares Freund-Feind-Bild. Diesem werden dann auch alle normativen Legitimationsmuster zuteil, um die Gewaltanwendungen für die je eigene Sache zu rechtfertigen. Trotz aller Versuche, den Krieg hinsichtlich der Mittel völkerrechtlich einzuhegen, gibt es letztlich keine wirkliche Kontrollmöglichkeit darüber, wie und gegen wen welche Waffen eingesetzt werden. Denn die Sanktionierung hinsichtlich einer Begrenzung der militärischen Mittel bedingt selbst wiederum den Einsatz gewaltsamer Maßnahmen. Insofern tendieren Kriege dazu hinsichtlich ihrer Gewaltmittel außer Kontrolle zu geraten. Die Bezeichnung Krieg für gewaltsame Aktionen setzt voraus, dass es ein Mindestmaß an kämpfenden Einheiten gibt, die erkennbar im Sinne einer Freund-Feind-Konstellation zugeordnet werden können. Es muss mindestens zwei Lager, also kämpfende Gruppierungen, geben, die sich in einem Feindschaftsverhältnis gegenüberstehen. Zugleich ist damit eine gewisse Hierarchie, d.h. Befehlsstruktur, für die kämpfenden Einheiten verbunden. Über Zeitdauer und die Prozessstruktur von Kriegen gibt es keine verbindliche Aussagemöglichkeit, auch nicht, was die Opferzahl anbelangt. Ebenso lässt sich hinsichtlich der Zielsetzung von Kriegen keine allgemeingültige Erklärung abgeben. Letztlich dienen ganz unterschiedliche Begründungsmuster einer Rechtfertigung des Krieges, seien sie ökonomischer, kultureller, religiöser, sozialer oder ideologischer Provenienz. Im Maßstab des Krieges wird geradezu jede Begründung normativ akzeptabel gemacht. Am Ende rechtfertigen sich der jeweilige Sieger und seine Sache selbst. Der militärische Erfolg steht für das angestrebte Ziel und legitimiert den Einsatz der militärischen Mittel, gleichgültig worin diese auch bestehen mögen. Im Krieg werden bestehende Herrschaftsordnungen angegriffen, vernichtet oder stabilisiert. Der Krieg erweist sich damit als dynamisches und zutiefst kontingentes Prinzip menschlicher Existenz, bei dem der Tod nicht nur individuell, sondern erst recht kollektiv betrachtet, eine insgesamt destabilisierende, weil dysfunktionale Komponente im Leben der Menschen einnimmt. Ebenso wie politische Ordnung die → *Herrschaft* von Menschen über Menschen begründet, so zeichnet sich der Krieg durch eine gewaltsame, systematische Vernichtung des Menschen durch den Menschen aus.

II. Geschichte des Begriffs: Krieg gehört mit zu den Konstituenten der menschlichen Existenz. Die Bereitschaft zur Anwendung von massiver Gewalt und deren systematischer Gebrauch folgen einem anthropologischen Grundbedürfnis. Dies nicht einfach nur aufgrund einer Triebstruktur, die emotional eingehegt werden könnte, sondern weil die Begründung für die Gewaltanwendung meist hochgradig komplex, d.h. auch normativ wie funktional zugleich, erklärbar gemacht wird. Die Geschichte der Menschheit ist von daher auch eine Geschichte des Krieges. Die Permanenz der Gewaltanwendungen quer durch Zeit und Raum ist derart offenkundig, dass es hierzu auch immer wieder Versuche gegeben hat, eine Lehre des Krieges an sich zu formulieren. In der Regel sind es militärisch versierte Autoren, die aufgrund ihrer eigenen Kriegserfahrungen a) zu einer Beschreibung der Wirklichkeitsverhältnisse im Krieg gelangen, die aber darüber hinaus sich auch b) um eine Systematik der Ansichten über den Krieg bemüht haben. Das führt zwangsläufig zu grundsätzlichen logischen Prämissen über die Anthropologie und den Stellenwert des Menschen im Umgang mit seiner eigenen Gattung. Auch wenn sich dies oft scheinbar nur als eine Geschichtsdarstellung zu irgendeinem Krieg manifestiert, dokumentieren solche Reflexionen mehr als nur Erfahrungsberichte über Kampfhandlungen. Paradigmatisch ist hier die große *Geschichte des Peloponnesischen Krieges* von Thukydides geworden, in der die jahrzehntelangen Kampfhandlungen (431–404 v. Chr.) zwischen Athen und Sparta im Ringen um die Vorherrschaft in Griechenland nicht nur minutiös festgehalten wurden, sondern zugleich auch ein typologischer Befund über Strategien des Krieges, das Verhalten von Völkern und politischen Regimen in ihrer wechselseitigen Konkurrenz zueinander vorgestellt wird. Thukydides, der selbst zeitweise Befehlshaber auf der athenischen Seite gewesen ist, verdichtet seine Betrachtungen zudem mit grundsätzlichen Interpretationen zum menschlichen Verhalten in extremen Konfliktsituationen, zum Wirken von Leidenschaften in der politischen Popularisierung der Massen und dem taktischen Agieren der jeweiligen politischen Eliten. Für Historiker ist dies eines der ersten großen Werke zur Begründung einer auf Objektivität hin zielenden Geschichtsdarstellung, für die Analysten des Krieges jenseits aller taktischen Finessen mehr noch jedoch eine subtile Beweisführung dafür, dass sich Krieg als zwischenmenschliches Gewaltphänomen nicht von den anthropogenen Bedingungen und Triebstrukturen des Menschen trennen lässt. Insofern müssen Fragen von → *Macht* und Herrschaft im Rahmen der Verfügungsmittel über die jeweiligen Ressourcen eines Volkes, eines Staates etc. immer mit berücksichtigt werden.

Eine Reihe von Autoren, die selbst an Kriegen beteiligt waren oder diese sogar angeführt haben, folgen Thukydides in seiner Systematisierung von Kriegserfahrungen. Dies gilt in der Antike sowohl für die Darstellung von Gaius Julius Caesar zu seinem eigenen Feldzug (58–51/50 v. Chr.) in *De Bello Gallico* wie auch für den jüdischen Festungskommandanten Flavius Josephus, der in römischer Gefangenschaft mit der *Geschichte des Jüdischen Krieges* seine eigenen Kampferfahrungen beim Aufstand der Juden (66–70 n. Chr.) gegen das Römische → *Imperium* verarbeitet hat. Wie schon bei Thukydides werden hier die Kriegsereignisse in all ihrer Schonungslosigkeit und Grausamkeit beinahe schon mit dem kühl kalkulierenden Blick eines neutralen Beobachters geschildert. Damit wird ein Grundprinzip für die Lehre vom Krieg manifest: da massive Gewalt mit systematischer Tötung des jeweiligen Gegners zur Natur der Sache gehört, ist es für die Darstellung des Krieges notwendig, möglichst unvoreingenommen die jeweiligen Standpunkte, Ansichten zu den Kriegszielen und den Ursachen von Kriegen zu analysieren. Empathie, das Mitleiden mit dem Schicksal von Menschen in den Wirren des Krieges, verhindert den Blick auf das Wesentliche.

Das Ziel eines jeden Krieges ist der Sieg im Kampf gegen den Feind. Dafür werden letztlich (fast) alle Mittel gerechtfertigt. Schon die Antike begründet eine Lehre vom Gerechten Krieg. Cicero und Augustinus liefern hierzu die relevanten Argumentationsgrundlagen: gekämpft wird immer gegen einen Feind, der eine elementare Bedrohung für das eigene Volk, die eigene Gesellschaft, Werteordnung und das politische System darstellt. Nicht nur zur Selbstverteidigung wird der Krieg gerechtfertigt, sondern (wie bereits im *Alten Testament*) zur Überwindung des Bösen schlechthin. Damit die Wertschätzung Gottes (*Jahwe*) bestehen kann in einer Welt des Unglaubens, müssen die Anhänger des wahren Glaubens, sein auserwähltes Volk, in den Kampf gegen die Feinde ziehen. In der christlichen Ausdeutung wird die Lehre vom Gerechten Krieg (*bellum iustum*) ab dem Frühmittelalter systematisiert und zur Grundlage der *Kreuzzüge* (von 1096 bis zum Ende des 14. Jahrhunderts) gemacht. Aber auch im Islam, der dritten monotheistischen Religion neben der jüdischen und christlichen Weltauffassung, wird der Gerechte Krieg in Form des Dschihad zum Standardprogramm für militärische Okkupationen gedeutet. Es ist gerade der missionarische Impetus von Christentum und Islam, der beide Religionen in einen jahrhundertlangen blutigen Wettkampf um Regionen rings um die Mittelmeerwelt eskalierend vorantreibt. Was berechtigte Verteidigung und was notwendiger Angriff auf den Feind jeweils historisch darstellt, ist ohnehin eine Frage der Interpretation bzw. der Selbstdeutung durch das herrschende politische Regime. Am Ende bestimmt immer der jeweilige Sieger, warum ein Krieg richtig war. Konkurrierende Interpretationen werden nicht zugelassen bzw. vernichtet. Insofern bleibt in der Ausdeutung von Kriegen vieles relativ, gebunden an das → *Interesse* von Herrschaft in Zeit und Raum.

Die Geschichte des Krieges ist eine Geschichte seiner Erscheinungsformen im Kontext politischer Herrschaft. Die Dimension des Kampfes und die Qualität der Mittel hängen von der jeweiligen Technik in Zeit und Raum ab. Ob ein Heer aus Reitern besteht oder aus Fußsoldaten, ist eine Frage der ökonomischen Ressourcen, die für die Kriegsführung zur Verfügung stehen. Taktik und Strategie entscheiden über den Ausgang der Schlacht. Mitunter reicht eine einzige Schlacht aus, um einen Krieg zu beenden, oft aber summieren sich diverse Scharmützel und Schlachten in einer endlosen Folge von Jahren, sogar von Jahrzehnten wie etwa beim Hundertjährigen Krieg (1337–1453) zwischen

Frankreich und England. Das Grundelement des Krieges besteht aus *Angriff* und Verteidigung. Sämtliche Anleitungen zur effizienten Kriegsführung sind daher der Kunst des Krieges (孫子兵法) gewidmet, wie etwa schon die berühmte Darstellung des chinesischen Generals Sun Tzu aus dem 5. Jahrhundert v. Chr. Für die moderne Konstellation hat die Abhandlung des preußischen Generals Carl von Clausewitz Maßstäbe gesetzt: obwohl sie nicht wirklich eine Theorie beinhalten, sind seine Ausführungen *Vom Kriege* (1832–34) dennoch die bis heute bedeutendste Sammlung von grundsätzlichen Einsichten über Taktik und Strategie moderner Kriegsführung. Das gilt insbesondere für die Relation zur → *Politik*, denn Clausewitz definiert den *Krieg als die Fortsetzung der Politik mit anderen Mitteln*. Im Krieg wird gekämpft – und zwar meist bis zum tödlichen Ende. Der Krieg ist in dieser Hinsicht ein existenzieller Kampf zwischen mindestens zwei Mächten, die sich gegenüber stehen. Im Umkehrschluss zur Definition bei Clausewitz bedeutet dies aber auch, dass die Politik die Fortsetzung des Krieges mit anderen Mitteln darstellt. Von diesem bellizistischen Aspekt zeugt nicht nur das rhetorische Verhalten der Politiker im Parlament, sondern auch das Verständnis von Politik in der Moderne. Nicht wenige Autoren haben hier im Gefolge von Machiavelli für den funktionalen Politik-Begriff ein bellizistisches Verständnis entwickelt. Immer muss gekämpft werden. Berühmt-berüchtigt ist hier die Lehre des deutschen Staatsrechtlers Carl Schmitt, der den *Begriff des Politischen* (1932) im Sinne eines fortgesetzten Kampfes dechiffriert hat. Politik behandelt demnach im Kern ein Freund-Feind-Verhältnis, weshalb im Kämpfen-Können das wesentliche Antriebsmotiv für jede Form der Politik besteht. Ein solches Verständnis führt fast zwangsläufig auch zu einer Ausweitung des Krieges: nicht nur technisch, sondern auch organisatorisch und ideologisch ist der totale Krieg ein Produkt des Ersten und Zweiten Weltkrieges (1914–18 bzw. 1939–45). Neben den kämpfenden Armeeeinheiten wird die ganze Gesellschaft, die → *Nation* und das Volk, in die Kampfhandlungen miteinbezogen. Eine Trennung von Front und Hinterland findet de facto nicht mehr statt. Alle Versuche, im Rahmen des Kriegsvölkerrechts den Krieg auf der Basis von UN-Resolutionen einzuhegen, sind nach 1945 letztlich gescheitert oder blieben bis heute unvollständig.

III. Aktuelle Dimension: Die fortwährende Friedlosigkeit in der Welt, die auch mit dem Ende des Ost-West-Konflikts, dem Zusammenbruch der Sowjetunion (1991), bei statistisch 20–30 Kriegen pro Jahr nicht besser geworden ist, resultiert aus den Begründungen für Kriege sowie einem neuen Typus des Kriegers bzw. des Krieges selbst. Schon Carl Schmitt hatte im nuklearen Zeitalter mit der wechselseitigen Bedrohung des atomaren Overkills in der *Theorie des Partisanen* (1963) den Guerillakämpfer als neuen Typus für bewaffnete Konflikte ausgemacht. Nicht mehr der Soldat, der durch seine Uniform gekennzeichnet, sich an die Spielregeln des Kriegsvölkerrechts zu halten hat, ist der Protagonist des Krieges, sondern der Guerillero, der sich an keinerlei Regeln hält und bewusst alle Normen durchbricht, um sich und seiner Sache zum Erfolg zu verhelfen. In allen Befreiungskriegen in der Dritten Welt ist dies nach 1945 der vorherrschende Typus des Kriegers geworden. Damit haben jedoch auch die Kriege ihre Erscheinung verändert: nicht mehr zwei Armeen, klassisch gekennzeichnet durch ihre Uniformen, stehen sich in einer Entscheidungsschlacht gegenüber, sondern es gibt vielmehr permanente Kampfhandlungen in einer Gesellschaft und in einem jeweils bestimmten Gebiet. Die sog. neuen Kriege sind nicht zufällig überwiegend Bürgerkriege. Sie zeichnen sich durch eine Reihe von Charakteristika aus, die, wie die a) zunehmende Barbarisierung, b) das *small budget* in der Finanzierung, c) die Intransparenz in den militärischen Strukturen und d) die Asymmetrie, nicht wirklich neu sind, jedoch in der Summe dieser Eigenschaften ein neues Profil der Kriege dokumentieren. Gekämpft wird nicht mehr in der offenen Feldschlacht, es stehen sich auch nicht mehr klar erkennbare militärische Formationen gegenüber. Meist ist es eine Armee der Regierung auf der einen Seite und mindestens eine Guerillaformation auf der anderen. Asymmetrisch ist diese Konstellation, weil hierbei mit unterschiedlichen taktischen wie strategischen Mitteln gekämpft wird. Hierbei wird → *Terror* zum systematischen Mittel, sei es durch schockierende Attentate oder durch das Massakrieren von Bevölkerungsgruppen. Nach Samuel P. Huntington ist die neue Form des Krieges meist dadurch bedingt, dass es sich um einen Bruchlinienkrieg handelt. Hierbei agieren nicht nur die unmittelbar beteiligten Kampfgruppierungen in einem Bürgerkrieg, sondern, wie die Kämpfe im auseinanderfallenden Jugoslawien (1991–95) gezeigt haben, eine Mehrzahl von unterstützenden Akteuren aus einem internationalen Kontext heraus, die mit Waffen, Geld und ideologischer Propaganda den Krieg stabilisieren. Bruchlinienkriege finden überall dort statt, wo kulturelle Deutungsformen normativ mit den entsprechend unterschiedlichen politischen Regimeorientierungen massiv aufeinanderprallen. Derzeit ist dies signifikant im Syrischen Bürgerkrieg (seit 2011) oder in der Ostukraine (seit 2014) zu beobachten.

IV. Weiterführende Literatur:

Clausewitz, Carl von (2013): Vom Kriege. 20. Aufl. Hamburg.

Heuser, Beatrice (2013): Rebellen, Partisanen, Guerilleros. Asymmetrische Kriege von der Antike bis heute. Paderborn u.a.

Münkler, Herfried (2007): Die neuen Kriege. 3. Aufl. Reinbek b.H.

Nitschke, Peter (2015): Clausewitz ohne Ende – Oder die Existenzialität des Krieges. In: Krieg und Frieden – Kulturelle Deutungsmuster. Hrsg. v. S. Salzborn u. H. Zapf. Frankfurt a. M., S. 11-33.

Schmitt, Carl (2010): Theorie des Partisanen. Zwischenbemerkung zum Begriff des Politischen. 7. Aufl. Berlin.

Peter Nitschke

Kultur

I. Definition: Im Kontext der → *Politik* und in Abgrenzung zur Natur meint *Kultur* die räumlich wie zeitlich bestimmbare menschliche Fähigkeit zur sozialen und gesellschaftlichen Formierung im Sinne einer Identitätsbildung. Ausgehend von kollektiv verankerten, konsensfähigen Werthaltungen und symbolischen Ordnungen bezieht sich Kultur auf das subjektive menschliche Leistungs- und Beurteilungsvermögen, etwa im moralischen Umgang mit politischer → *Macht*. Im Übrigen wird die (politische) Kultur eines Staates anhand der konflikttheoretischen Verteilungsmuster aller Orientierungen einer Bevölkerung gegenüber dem politischen System als Summe aller Institutionen mess- und vergleichbar, wie etwa schon Almond/Verba in ihrem Werk *The Civic Culture* (1963) gezeigt haben.

Kultur lebt von und durch Symbolik, zumal sie als gesellschaftliches Gedächtnis in Form von Ritualen überliefert und in den Leitbildern von bildender bzw. gestalterischer Kunst, Musik, Literatur oder Pädagogik greifbar wird. Das politikwissenschaftliche → *Interesse* an Kultur resultiert aus einer Reihe von konflikthaften sozialen und politischen Erfahrungen. Das gilt im Anschluss an den Zweiten Weltkrieg ebenso für die Mechanismen der Barbarei eines vorgeblich aufgeklärten Kulturvolkes wie für die im Zuge des Kalten Krieges (1945–90) oder der Dekolonialisierung in den 1950er–1970er Jahren in den Fokus rückenden Faktoren Macht, Hierarchie (inklusive Hegemonie, Unterordnung und Widerstand), Modernisierung, → *Souveränität* und nicht zuletzt (Verteilungs-)Gerechtigkeit. Spätestens seit dem 1993 von Samuel P. Huntington in der Folge von Francis Fukuyamas *The End of History* (1992) skizzierten *Clash of Civilizations* ist Kultur einer der meistdiskutierten Schlüsselbegriffe der Moderne überhaupt. Unter dem Eindruck der → *Globalisierung* und ihrer Folgen wie Entgrenzung, Regionalisierung und Translokalität wird seither die Frage diskutiert, wieviel kulturelle Diversität der identitäre Kern des Menschen mitträgt. Ausgangspunkt hierfür ist die von Paul A. Sabatier 1993 thematisierte Wahrnehmung derjenigen Prädispositionen des politischen Handelns, die als Werte, Einstellungen und Meinungen graduell abgestuft das menschliche Verhalten bzw. das ganzer Gesellschaften beeinflussen. In Verbindung mit der schon von Alfred Weber (*Religion und Kultur*, 1912) und Talcott Parsons (u.a. *The Structure of Social Action*, 1937) entwickelten Erkenntnis, dass Kultur in ihrer Entstehung und Entwicklung im Bezug zur gesellschaftlichen Evolution und damit Anpassungsfähigkeit des Menschen steht, ist Kultur keineswegs statisch. Sie ist vielmehr bis zu einem gewissen Grad auch übertragbar, kann sogar Unterschiede vereinnahmen und neue Identität stiften. Von daher greift die politische Kulturforschung auf so unterschiedliche Autoren wie John Locke, Charles de Montesquieu, Alexis de Tocqueville oder Ernst Jünger zurück. Almond/Verba verweisen auf Aristoteles und dessen Konzept der *civic virtue*, dem sie die Idee von der *civic culture* entlehnen. Die rekurriert wiederum auf den 1944 von Max Horkheimer und Theodor W. Adorno geprägten Begriff der Kulturindustrie und fungiert seit den 1980er Jahren in den Cultural Studies als Indikator für die demokratische Stabilität eines politischen Systems. In dieser Betrachtung löst sich die Kultur von der Kunst, da sich diese auf den Umgang von Individuen und Gruppen mit ästhetischen Konsumformen bezieht. Kultur wird somit zum Inbegriff der kollektiven Identitätsbildungsprozesse, die Almond/Verba zufolge in einer → *Demokratie* die Leistungsmuster des politischen Systems legitimieren und als Orientierungsmerkmale mess- und damit vergleichbar sind. Voraussetzung ist aber das Wissen um die Existenz und die Funktion der Willensbildungs- und Mitbestimmungsstrukturen, durch das sich das Individuum ein Bewusstsein für seine Rechte und Pflichten und somit ein Gefühl für politische Kompetenz aneignet. Das erlaubt eine Zuordnung, da sich der → *Bürger* im sog. parochialen Kulturtyp nur für sein unmittelbares Umfeld interessiert, während er in der Untertanenkultur Leistungen des politischen Systems (z.B. → *Sicherheit*) mit Gehorsam gegenüber der → *Regierung* quittiert und in der bürgerschaftlichen Variante politisches Engagement erwünscht ist bzw. stattfindet.

II. Geschichte des Begriffs: Dass sich die Bedingungen des Menschseins aus der Aneignung der Natur durch Kultur ergeben, ist spätestens seit der Aufklärung fortwährender Gegenstand politisch-philosophischer Diskurse über die menschliche Natur und die Systematiken von → *Staat* und Gesellschaft. Ausschlaggebend ist die in der Renaissance einsetzende Wiederentdeckung der römischen Antike, die mit der Hinterfragung der Allmacht Gottes als alleinigem Kulturschöpfer einhergeht. So hatte schon Cicero die Philosophie als *cultura animi* – als Pflege des Geistes, als Verbesserung/Verfeinerung menschlicher Beziehungen – charakterisiert, während Plinius d. Ä. *terrenus* (zum Erdreich zählend) von *facticius* (das künstlich Hergestellte) trennte. Indem die Urbarmachung von Ackerland immer noch als Kultivierung und das Resultat als Kulturland tradiert wird, ergibt sich eine Analogie zur indogermanischen Wurzel *kuel-* (emsig beschäftigt sein, sich befinden an). Von daher gilt Kultur auch als Synonym für *Zivilisation* (aus lat. *civilitas* zu frz. *civilisation*: Herkunft, Bürgerschaft), die sich überdies im mittelhochdeutschen *höveschheit* spiegelt, sodass sich Kultur in der Verbindung mit lat. *colere* (wohnen, sich aufhalten) als Eindeutschung von lat. *cultura* (pflegen, urbar machen, ausbilden) etabliert hat. Der Mensch hat als Kulturwesen den Naturzustand überwunden, da er sich nicht nur seiner organischen, seelischen und körperlichen Möglichkeiten bewusst ist, sondern auch über die Fähigkeit zur Erziehung, Liebe und Selbstsorge verfügt. Das spiegelt sich in Fertigkeiten wie Kommunikation und Interaktion sowie in moralischen Empfindungen wie → *Gerechtigkeit* und Solidarität. Von daher ist es relevant, dass Kultur und Zivilisation seit dem 18. Jahrhundert zum Gegenstand der von Frankreich dominierten

Auseinandersetzung um die politische und intellektuelle Dominanz in Europa werden und so auch die Herausbildung von → *Nation* und Staat als dem identitätsstiftenden Momentum im Kontext des Heiligen Römischen Reiches prägen.

In Frankreich ist *cultura* im 12. Jahrhundert als *couture* [bestelltes Feld] und bis in das 15. Jahrhundert als *coultivement* für kultische Handlungen zu finden, ehe im 16. Jahrhundert *culture* für die prozesshafte Pflege und den Anbau von Nutzpflanzen, dann für die geistige Natur des Menschen (so bei Voltaire) geläufig und schließlich auf die Verbesserung der Sitten bezogen wird. Unter Rekurs auf *civilitas* (so bei Dante Alighieri) knüpft Mirabeau Kultur in *L'Ami des Hommes* (1756) an Moral, Tugend und Gesellschaft und unterscheidet zwischen der *civilisation* als dem geordneten Gemeinwesen, der Barbarei der Unterschicht und der Dekadenz des Erbadels. Er wird so über die Grenzen Frankreichs hinaus zur Stimme eines dank ökonomischer, wissenschaftlicher und künstlerischer Freiräume aufstrebenden Bürgertums, dessen Forderungen nach politischer Selbstverwirklichung die Interessen des Staates herausfordern. Auch deshalb notiert die *Encyclopédie* 1779 *culture/civilisation* als Ausdruck menschlicher Eigenschaften und Fähigkeiten, die als Absage an das Ancien Régime aus der Fortschrittlichkeit einer kultivierten Lebensweise erwachsen. In Verbindung mit den Idealen der Französischen → *Revolution* und dem Expansionsdrang Napoleons – der von daher nicht zufällig von einer Heiligen Allianz überwunden werden muss – verfestigt sich in Frankreich die Idee einer vom Bürgertum repräsentierten Staatsnation, die über die Setzung von Gesellschaft, Legitimität und Partizipation auch für die Autoren der *Federalist Papers* in den USA anschlussfähig wird. Kultur ist nun nicht mehr allein in Sitten und Gebräuchen präsent, sondern fungiert als universelles Fortschrittskonzept.

Demgegenüber kennt das Alte Reich bis zu seiner Auflösung 1806 schon seit dem Konzil von Konstanz (1414–18) die *nationes*; von einer einheitlichen Rechts- oder Kulturgemeinschaft, wie sie sich in Frankreich herausbildet und der ein Mensch qua Geburt angehört, kann aber auch nach der Reformationszeit keine Rede sein. Während Francis Bacon schon 1605 *cultura animi* mit *culture of the mind* übersetzt, negiert Samuel von Pufendorf noch 1667 die damit intendierte Idee einer Nation, wenn auch unter Verweis auf Aristoteles und Jean Bodin aus rein staatsrechtlichen Gründen. Zwar erkennt Pufendorf die Fähigkeit des Menschen zur Kultur und zur Überwindung des Naturzustandes an und schließt aus *sociabilitas* (Vergesellschaftung) und *dignatio* (Würde des Menschen) auf das geordnete Gemeinwesen als *status civile*, aber ein (Staats-)Gebilde wie das Alte Reich ist für ihn kein Träger einer spezifischen Kultur. Diese Lesart ändert sich erst mit den von Johann Gottfried Herder zwischen 1784 und 1791 fertiggestellten *Ideen zur Philosophischen Geschichte der Menschheit*, in denen er zentral auf das Verhältnis von Kultur und Bildung eingeht, das er zur Voraussetzung für die Geisteshaltung eines

Volkes erklärt. Erst das historische Bewusstsein, das in einer gemeinsamen (Kultur-)Sprache verankert ist, erlaubt einem Volk den Schritt zur Nation, wodurch Herder eine bewusste Unterscheidung zur Staatsnation Frankreich vornimmt, ist diese doch dem Territorialprinzip folgend einer zentralstaatlichen Ordnung verpflichtet. Die Volkskultur, die sich etwa in gemeinsamen Traditionen und in der Siedlungs- und Erziehungsweise äußert, prägt den Kulturangehörigen dahingehend, dass er aufgrund der Abhängigkeit vom gleichen Boden (Ernährung) sowie qua Abstammung, Heirat und Wohnstätte die gleichen und zumeist lokal bestimmten Erfahrungen hat – und diese per Sprache (mit-)teilen kann. (Sprach-)Begriff und kulturelle Erfahrungswelt bilden eine Einheit. Die Schrift dient Herder schließlich als Beleg und Mittel für die Fähigkeit zum Bildungserwerb. Als Initiator von Sturm und Drang sowie als Vater der Romantik figuriert er einen Nationalstaat, der zum einen durch die Konkurrenz zwischen Staats- und Kulturnation geformt wird und zum anderen als politisch verfasstes Gemeinwesen aus freien Bürgern besteht. Von daher ist es nur folgerichtig, dass der mit der Gründung des Deutschen Bundes 1815 einsetzende Konstitutionalismus als Experimentierfeld bürgerlicher → *Freiheit* dient, die allerdings 1849 mit dem Scheitern der Paulskirche abrupt endet. Von daher ist es zunächst Karl Marx, der die aus der Industriellen Revolution resultierende Soziale Frage aufgreift und den Kulturbegriff dadurch politisch auflädt, dass er den Kulturwandel in Form vorbestimmter Entwicklungsstufen bis zu einem höheren Stadium der menschlichen Existenz propagiert, woran dann Autoren wie Charles Darwin oder auch Edward Taylor anknüpfen. Dem gegenüber schlägt Jacob Burckhardt andere Wege ein, gilt seine *Kultur der Renaissance in Italien* (1860) doch deshalb als Schlüsselwerk, da es Kultur als seelischen Gesamtzustand von Zeit und Nation behandelt. Demnach ist Kultur jener Inbegriff von Wissen, Kunst, Glauben, Moral, Gesetz und Sitte – also der angeborenen Fähigkeiten und angeeigneten Kulturtechniken –, die den Menschen als Teil der Gesellschaft auszeichnen. In der Folge wurde Kultur gar mit der → *Herrschaft* der Vernunft über die Naturkräfte und über die menschlichen Gesinnungen gleichgesetzt; eine Hoffnung, die aber spätestens mit dem Ausbruch des Ersten und des Zweiten Weltkrieges einen herben Rückschlag erlitt und nach 1945 in einem regelrechten Kulturpessimismus mündete. Es ist also bezeichnend, dass der als Kulturkampf ausgetragene Konflikt zwischen Staat und Kirche in Preußen (1871–86) mit der konservativen Wende (1878/79) in der Politik von Reichskanzler Bismarck einhergeht. In der Auseinandersetzung mit dem erwachenden politischen Bewusstsein des Proletariats werden Kultur und Zivilisation zu bürgerlich-konservativen Kampfbegriffen, die bis in die Verhaltensformen des Groß- und Bildungsbürgertums hineinreichen und in ihren Extremen als Antisemitismus in Erscheinung treten. Gleichzeitig formen sie einen auf das Deutsche Reich fokussierten exklusiven Nationalismus, indem die Entdeckung der inneren Kultur zum Identifikationsmerkmal der eigenen Nation gerinnt. Auf dieser Basis entstehen auch die in der Vor- und Zwischenkriegszeit in Europa überaus populären Kulturkreis-Konzepte. Unter dem Eindruck von Naturwissenschaften und Imperialismus teilten Autoren wie Nikolaus Danilewski, Oswald Spengler und Arnold J. Toynbee den Menschen samt Kulturleistungen erst nach Typen (Diffusionismus) und diese dann nach (biologischer) Wertigkeit in Kulturstufen und Reifegrade ein. Damit beanspruchten sie nicht nur das antike Kulturerbe für Europa (das Fehlen von Kultur als Indiz für Barbarei). Sie lieferten damit auch die zentralen Argumente für die in den 1930er Jahren aufstrebenden faschistischen und nationalsozialistischen Bewegungen. Im Anschluss an den hier gleichfalls zu nennenden Nord-Süd-Konflikt der 1970er Jahre erhält die Kulturkreis-Idee dadurch neuen Auftrieb, dass in Anbetracht der Phänotypen Multi-, Inter- und Transkulturalität erneut über die Normalität und Reichweite der kulturellen Anpassungsfähigkeit des Menschen diskutiert wird.

III. Aktuelle Dimension: Das Dritte Reich vor Augen hatte Norbert Elias 1939 in *Über den Prozess der Zivilisationen* Politik und Kultur zu Antagonismen erklärt und das deutsche Kultur- und Selbstbewusstsein an die Zivilisation gebunden. Umso dringlicher stellte sich nach 1945 die Frage nach dem ursächlichen Zusammenhang zwischen der funktionalen Stabilität demokratischer Systeme und der politischen Kultur eines Landes. Die bis dato gängigen Ansätze boten keine Anhaltspunkte, um die Akzeptanz und damit die Tragfähigkeit der Werteordnung einer Verfassung bestimmen zu können. Der im 19. Jahrhundert formulierte Kulturbegriff hatte auf eine national grundierte Zivilisation als erstrebenswerte Lebensweise rekurriert. Seine ästhetischen und ethischen Maßstäbe waren ebenso wie seine materiellen Erscheinungsformen und deren soziale Praktiken der Grundstein für ein hierarchisches Weltbild, das besonders deutlich 1996 von John Brockman mit dem Anspruch auf eine kosmopolitischen Lebensführung und eine darauf aufbauende globale Leit- bzw. Dritte Kultur kritisiert wurde. Im Kontrast dazu erarbeitete das Birmingham Centre for Contemporary Cultural Studies schon in den 1960er Jahren ein bedeutungs-, wissens- und symbolorientiertes Kulturverständnis, das dank des interdisziplinären Zugangs neben dem etablierten Klassenbegriff auch Beiträge für die Konzepte von Ethnizität, Jugend- und Subkulturen sowie Gender lieferte.

Ansatzpunkt blieb jedoch die *Sprache*. Hatte Ludwig Wittgenstein schon 1921 deren Intransparenz thematisiert und so den *linguistic turn* angestoßen, etablierte Ernst Cassirer unter dem Eindruck von Phänomenologie und Hermeneutik alsbald das Bewusstsein für die Wahrscheinlichkeit des Auftretens kultureller *Codes* und der sie bedingenden sozialen Praktiken. Wie von Marcel Halbwachs in den 1920er Jahren im Ansatz des kollektiven Gedächtnisses grundiert und von der Systemtheorie aufgegriffen, galt *Kultur* nun als Zeichen- und Symbolsystem, das sich in seiner Ordnung, kulturellen Verschlüsselung und Wertehierarchie dechiffrieren und sinnstiftend auf kulturspezifische

Anwendungen übertragen lässt. Analog dazu etablierten sich in den 1960er Jahren mit dem Behaviorismus, dem Neomarxismus und den Interventionalisten Strömungen, die sich dem Phänomen Kultur mit je eigenen Instrumentarien annäherten. Anlass waren der politische Aktivismus der 1960er Jahre und die Frage, ob dieser mit der politischen Sozialisation in Familie, Schule, Altersgruppen und der Zivilgesellschaft als Lernorten demokratischer Erziehung korreliert. Im Ergebnis bedürfen Erfolg, Hierarchie, Konfliktlösung, Motivation, Glaubwürdigkeit, Vertrauen und Identität einer anderen Perspektive, damit generationenübergreifende Erfahrungen wie politische Krise, Revolution und → *Krieg* in den Kontext der politischen Kultur gestellt und zum Gradmesser für die Legitimität politischer Einstellungen und Handlungskonzepte werden können. Für Michel Foucault ist in diesem Zusammenhang Sprache nicht mehr Ausdruck der nationalen Gemeinschaft, sondern – wie dies etwa im Kontext der → *Political Correctness* diskutiert wird – wirklichkeitserzeugend, was im Zusammenspiel aus Diskurstheorie und Dekonstruktivismus im cultural turn mündet. Wenn die Zeichen des Anderen – in Bezug auf Gegenstände, Werte, Bauwerke, Kleidungsgewohnheiten, Ernährungs- und Erziehungsfragen oder die gesellschaftliche Stellung der Frau – zum identitären Bekenntnis werden, dann bedarf es auch einer Erneuerung der Geistes- und Gesellschaftswissenschaften in Form der interdisziplinär und multiperspektivisch ausgerichteten Kulturwissenschaften. Diese eröffnen neue Zugänge, wenn es etwa um die Unvereinbarkeit zwischen Selbsterhaltung und kulturell abweichendem Verhalten geht, wie das Huntington in *Culture Matters* (2002) auf die kulturellen Bruchlinienkonflikte bezogen hat, oder wenn es den Gegensatz von Multikulturalismus und Verfassungspatriotismus betrifft. Kultur ist längst ein Ausdrucksmittel, das in Anbetracht der Nivellierungstendenzen der Globalisierung ein besonderes Gewicht erhält. Trotz der berühmten Metapher, dass die methodologische Annäherung an die politische Kultur eines Landes dem Versuch gleichkomme, einen Pudding an die Wand zu nageln (Max Kaase), gibt es auf der Basis von Almond/Verba doch konsensfähige Interpretamente, etwa hinsichtlich des Kulturerbes als mentaler und durch kollektive Interessen determinierter Konstruktion aus den Kategorien Orientierungsmuster (Almond) und empirischem Anschauungssystem (Verba). Religion, Sprache, Herkunft, Sitten und Gebräuche stehen also keineswegs zufällig und genau wie die Menschenwürde unter dem besonderen Schutz des Grundgesetzes, was sich folgerichtig auch in den Regelungsgegenständen und Kompetenzen der Bildungs- und Kulturpolitik auf der nationalen bzw. europäischen Ebene niederschlägt.

IV. Weiterführende Literatur:

Deichmann, Carl (2015): Der neue Bürger. Politische Ethik, politische Bildung und politische Kultur. Wiesbaden.

Moebius, Stephan (Hrsg. / 2012): Kultur. Von den Cultural Studies bis zu den Visual Studies. Eine Einführung. Bielefeld.

Pickel, Susanne / *Pickel*, Gert (2006): Politische Kultur- und Demokratieforschung – Grundbegriffe, Theorien, Methoden. Eine Einführung. Wiesbaden.

Salzborn, Samuel (Hrsg. / 2009): Politische Kultur. Forschungsstand und Forschungsperspektiven. (Politische Kulturforschung, Bd. 1) Frankfurt a M.

Werz, Nikolaus / Koschkar, Martin (Hrsg. / 2016): Regionale politische Kultur in Deutschland. Fallbeispiele und vergleichende Aspekte. Wiesbaden.

Martin Schwarz

Macht

I. Definition: Etymologisch geht der Begriff *Macht*, der wie kein anderer ein Grundbegriff der → *Politik* ist, auf das alt- und mittelhochdeutsche *maht* zurück, welches seinerseits dem gotischen *magan* entstammt und können und vermögen beinhaltet. Mit Macht wird eine asymmetrische soziale Beziehung ausgedrückt, in der der Mächtigere gegenüber dem weniger Mächtigen über mehr Handlungspotenzial verfügt und darum weiß. Wohl kaum eine Machtdefinition erfreut sich größerer Bekanntheit als Max Webers Bestimmung. In seinem posthum veröffentlichten Werk *Wirtschaft und Gesellschaft* (1922) schreibt er: „Macht bedeutet die Chance, innerhalb einer sozialen Beziehung den eigenen Willen auch gegen Widerstreben durchzusetzen, gleichviel worauf diese Chance beruht.“ In dieser mittlerweile klassischen Definition wird Macht zum zentralen Merkmal von Politik erhoben, weswegen Politik in der Folge als „Streben nach Machtanteil oder nach Beeinflussung der Machtverteilung“ verstanden wird.

II. Geschichte des Begriffs: Geschichtlich nimmt das Fragen nach der Macht in Thukydides' acht Büchern über den Peloponnesischen Krieg (431–404 v. Chr.) ihren exemplarischen Ausgang. Die antike Seemacht Athen will in ihrem Krieg gegen Sparta die Insel Melos zur Aufgabe ihrer Neutralität bewegen und droht ihr an, sich entweder der Macht des stärkeren Athen zu fügen oder aber erobert und zerstört zu werden. Begründet wird diese Drohung damit, dass es üblich sei, ja geradezu in der menschlichen Natur liege, dass der Stärkere gegenüber dem Schwächeren Macht ausübe. Gegenüber diesem anthropologischen Argument, wonach es naturhaft und gleichsam determiniert sei, dass der Mächtige sein Gegenüber zwingen, unterwerfen und selbst im → *Frieden* dominieren werde, führt Platon seine gegenteilige Theorie ins Feld.

Er widerspricht entschieden der Auffassung, dass es naturgegeben sei, das eigene Machtpotenzial zwangsläufig auszuspielen. Platon zufolge zeichnet es den Menschen gerade aus, eine innerpsychische Machtverteilung anzustreben, in der die unterschiedlichen Seelenteile in Balance gebracht werden. In seinen sokratischen Dialogen, in denen die psychische Verfasstheit des Menschen und die Verfassung einer wohlgeordneten Polis in ihren Grundlagen untersucht werden, geht es ihm im Kern um → *Gerechtigkeit*, wie auch der Untertitel der *Politeia* (4. Jahrhundert. v. Chr.) ausweist. Gerechtigkeit ist nach Platon nur zu erlangen, wenn Macht eingehegt und gemäßigt wird. Allein eine angemessene Machtverteilung wird jedermann gerecht.

Macht überhaupt und politische Macht im Besonderen werden für Platon dadurch legitimiert, dass sie sich in den Dienst eines nach Gerechtigkeit strebenden Handelns stellen. Jegliches Machtstreben dagegen – sei es im einzelnen Menschen oder in der Polis –, das in seiner Maßlosigkeit die Oberhand über die Vernunft erringt, führt nach Platon zu Ungerechtigkeiten. Die basale Ungerechtigkeit besteht darin, dass wir Menschen uns nicht unserem Ordnungszentrum der Vernunft unterstellen, ja dass wir es übergehen oder allenfalls funktionalisieren, um möglichst „rational", sprich in der Mittelauswahl effektiv, unserer Leidenschaftsnatur zu Diensten zu sein. Diese gleichsam anthropologische Verkehrung einer wohlgeordneten Machtverteilung öffnet jedem zügellosen Machtstreben Tür und Tor. Die jeweiligen Beziehungsgefüge – im Menschen, zwischen Menschen oder auch zwischen Staaten – sind in der Folge nicht von Ordnung geprägt, sondern von Unordnung, nicht von Gerechtigkeit, sondern von Ungerechtigkeiten: In der innermenschlichen Machtverteilung werden sich die einzelnen Seelenteile im Zusammenspiel ihrer originären Kompetenzen nicht gerecht, in der Beziehung zwischen den Menschen werden die sich maßlos durchsetzenden Starken den unterdrückten Schwachen nicht gerecht, und im Verhältnis der Staaten untereinander drückt sich die Ungerechtigkeit in der Dominanz des ungezügelten und maßlosen Mehr-haben-Wollens von Unterdrückerstaaten aus.

Macht, die sich der Vernunft entwindet und sich verselbständigt, und Machtansprüche, die allein dem eigenen → *Interesse* dienen oder um der Macht selbst willen angestrebt werden, sind Platon zufolge vernünftiger Menschen unwürdig und letztlich illegitim. Als ungehemmte Machtansprüche verfolgen sie kein gemeinsames Wohl und keinen Ausgleich von Interessen, ja sie torpedieren das → *Gemeinwohl* ebenso wie die ethische und politische Sorge um eine gelungene Existenz. Anthropologisch ist es für Platon die *pleonexia*, das maßlose Mehr-Haben-Wollen, die als ausgreifend gierige Hydra in der innerpsychischen Machtverteilung den Führungsanspruch erhebt. Als Motor jeglichen Machtstrebens macht sie vor den Rechtsansprüchen anderer keinen Halt. Vielmehr stellt die Wucht ihrer ungebremsten Interessendurchsetzung, die sich bis ins Tyrannische steigern kann, die Ursache aller Ungerechtigkeiten dar. Exemplarisch findet diese Denkfigur entfesselter Machtfixierung in den Worten des Thrasymachos ihren Ausdruck. Sein durchsetzungsfixiertes Machtverständnis gibt die Typik vor, in deren Bahnen sich das Machtverständnis vom Melier-Dialog des Thukydides über Thomas Hobbes bis hin zum zeitgenössischen Machtbegriff der realistischen Schule in den Internationalen Beziehungen entwickelt.

„Ich halte [...] ein fortwährendes und rastloses Verlangen nach immer neuer Macht für einen allgemeinen Trieb der gesamten Menschheit, der nur mit dem Tode endet." Dass das Leibfundament und die animalische Grundstruktur menschlicher Existenz in dieser Sichtweise den Ton angeben, zeigt sich in aller Klarheit im politischen Denken von Thomas Hobbes. In seinem *Leviathan* (1651) bildet die Vernunft nicht mehr das metaphysisch inspirierte Ordnungszentrum menschlichen Daseins, sondern das Vernunftvermögen wird auf seinen instrumentellen Charakter reduziert. Als Fähigkeit des *reckoning with consequences* dient es allein dem Nutzen maximierenden und Verlust minimierenden Berechnen von Folgen.

Der Mensch – für Hobbes eine rein physikalische *matter in motion* – wird von *fear and desire* angetrieben. Dabei ist es die Furcht vor einem gewaltsamen Tod, die Hobbes' anthropologischen Ausgangspunkt markiert. Die menschliche Sorge um das bloße Überleben steht im Zentrum seines politischen Denkens. Angesichts einer Zukunft, die den Menschen als beständige Drohkulisse vor Augen tritt, und angesichts ihrer Sorge um existenzielle → *Sicherheit* streben Menschen nach Macht. Macht bedeutet daher, sich sichern zu können, verfügen zu können, ja letztlich → *Freiheit*. Freiheit als Unabhängigkeit von äußeren Hindernissen bedarf ihrer Sicherung durch Macht. Wer mächtiger ist, ist unabhängiger, und wer unabhängiger ist, ist freier.

Vor diesem Hintergrund formuliert Thomas Hobbes in seiner Schrift *Vom Menschen/Vom Bürger* (1658) in existenzieller Zuspitzung: „Macht ist [...] ein Gut, weil sie uns Mittel zu unserem Schutz gewährt; auf dem Schutz aber beruht unsere Sicherheit." Macht dient als existenzielles Sicherungs- und Versicherungsmittel.

Angesichts der von Hobbes in den Vordergrund gerückten menschlichen Konkurrenzsituation eines jeden gegen jeden handelt ein jeder rational, wenn er seine Machtressourcen ausbaut und seine Machtmittel vermehrt. Dabei ist es vollkommen unerheblich (siehe hierzu Max Weber), worauf die eigene Macht beruht. Ob Stärke, Klugheit, viele Freunde, Geld, Waffen oder auch Überredungskünste, alles kann als Machtmittel instrumentalisiert werden. Jedoch ist in der von Hobbes beschriebenen Vergleichswelt allein der komparative Vorteil von Bedeutung. In einer Gesellschaft von Millionären ist kein Millionär gegenüber dem anderen mächtig. Ein Reicher ist nur im Vergleich zu Armen mächtig, nicht aber im Vergleich zu ebenso Reichen.

Da das Wettrüsten ums Macht-haben-Wollen enorme Kosten verursacht, ist es nach Hobbes rational, entweder wechselseitig abzurüsten oder sich einer → *Herrschaft* zu unterstellen, der sich alle fügen. So ist es zweckdienlich, sich unter einen *Leviathan* zu begeben, dessen Herrschaft alle bindet. Als Inhaber des Machtmonopols, was im Letzten auf das Gewaltmonopol hinausläuft, befriedet dieser Leviathan, der → *Staat*. Er befreit vom Macht akkumulierenden Wettrüsten und gewährt Sicherheit – für Hobbes die elementare Aufgabe eines jeden Staates, selbst von Staaten, die noch kein → *Rechtsstaat* sind. Per → *Gesellschaftsvertrag* übertragen alle Staatsangehörigen dem Staat die letztinstanzliche → *Souveränität*.

In Absetzung zu diesem politischen Machtdenken, das Thomas Hobbes paradigmatisch ausformuliert hat, wird in den letzten Jahrzehnten zunehmend Hannah Arendts Machtverständnis reflektiert. In ihrer Schrift *Macht und Gewalt* (1970) moniert sie, „daß unsere Fachsprache nicht unterscheidet zwischen Schlüsselbegriffen wie Macht, Stärke, Kraft, Autorität und schließlich

Gewalt". Schließlich bezeichnen sie unterschiedliche Phänomene, weswegen die Begriffe überhaupt nur existieren. Während in der Denktradition von Thukydides, Hobbes und Weber Gewalt als letzte physische Steigerungsform von Macht gesehen wird und Gewalt – so Heinrich Popitz – als „Verletzungsmacht" begriffen werden kann, so weist Hannah Arendt geradezu auf den Gegensatz von Macht und Gewalt hin. Wer sich ohnmächtig fühlt, neigt nach Arendt zur Gewalt. Wer in der Welt nicht Gehör findet und wer nicht mit anderen machtvoll handeln kann, greift oftmals zum stummen Mittel der Gewalt.

Damit greift Arendt Aristoteles' Grundgedanken auf: Wo Gewalt herrscht, regiert nicht mehr Politik. Gewalt ist für Aristoteles stumm, sie zwingt und bedarf keiner Worte. Politik hingegen ist darauf gerichtet, andere zu überzeugen, um gemeinsam mit ihnen zu handeln und die öffentlichen Angelegenheiten zu gestalten. Hier spricht Aristoteles von *dynamis*, von handelnder Gestaltungsmacht. Entsprechend ist → *Krieg* im aristotelischen Politikverständnis auch nicht die Fortsetzung der Politik mit anderen Mitteln – wie etwa für Clausewitz –, sondern kriegerische Gewaltakte sind Ausdruck von Hilflosigkeit. Sie zeigen das Versagen der Politik an, gerade wegen der anderen Mittel.

Während Gewaltmittel, wie alle Werkzeuge, dazu dienen, menschliche Stärke zu steigern und zu vervielfachen, entsteht Macht nach Arendt „zwischen Menschen, wenn sie zusammen handeln". Im Zusammenhandeln bildet sich Macht, die wegen ihrer puren Gegenwärtigkeit allerdings flüchtig und stets zerbrechlich ist. Sobald die Menschen auseinander gehen, droht Macht sich zu verflüchtigen. Daher bedarf es politisch gesehen möglichst dauerhafter Institutionen, die die originäre Handlungsmacht kontinuierlich mit Leben erfüllen und in ihrer Potenz aufrechterhalten. Macht heißt im Französischen *pouvoir* und im Englischen *power*, womit der fundamentale Unterschied zur Gewalt, die in beiden Sprachen mit *violence* bezeichnet wird, zu Tage tritt.

In Anlehnung an Montesquieu, dessen politisches Denken dem Macht hervorbringenden *Geist der Gesetze* gewidmet war, thematisiert Arendt Macht als Gruppenphänomen. Macht besitzt in dieser Hinsicht niemand. Sie ist weder individuell aneigenbar noch ist sie, wie ein Gewaltarsenal, instrumentell verfügbar. Als Einzelner ist jeder politisch ohnmächtig par excellence. Allein im Beziehungsgeflecht mit anderen kann er handeln, und aus dem Zusammenhandeln der Gruppe erwächst Macht. So ist Macht ein Weltphänomen und nicht, wie Gewalt, ein physikalisch erklär- und einsetzbares Naturphänomen. Um in der Welt mächtig zu werden, sie mit anderen gemeinsam zu gestalten, ist es erforderlich, in stetigem Gespräch Verständnis zu erlangen, sich zu beraten, Deutungen zu erläutern, Interpretationen zu klären, Meinungen zu bilden, Zustimmung einzuholen und schließlich Unterstützung für abgestimmtes Handeln zu organisieren. Sich abstimmen und abstimmen ist der Kern von Politik.

Im deutschsprachigen Raum, in dem die Begriffe Macht und Gewalt nicht in dieser Klarheit unterschieden werden, waren es Hannah Arendt und Ernst Vollrath, die in den vergangenen Jahrzehnten auf dieses an Montesquieu orientierte Machtverständnis aufmerksam gemacht haben. Gegenüber dem auf die Innerlichkeit bezogenen Wollen, das über Rousseau mit dessen Begriff der *vouloir* politiktheoretisch Karriere gemacht hat, rehabilitieren Arendt und Vollrath die weltbezogene *pouvoir*, die auf das ganz konkrete Handeln-Können verweist. Die den Menschen auszeichnende Sprach- und Handlungsbegabung anthropologisch ernst zu nehmen und im Tun, also handelnd und sprechend, auch zu verwirklichen, ist diesem Machtbegriff eingeschrieben.

III. Aktuelle Dimension: In diesem nach wie vor aktuellen Sinne ist Macht für Hannah Arendt die weltbezogene Fähigkeit, neue Realität zu schaffen. Aus den unzähligen Möglichkeiten, die jeder Gegenwart innewohnen, gilt es, handelnd eine Wirklichkeit hervorzubringen. Eben darin liegen die außerordentliche Herausforderung und die so schwierige Kunst jeder Politik: Menschen zum Handeln zu verbinden und Welt gestaltende Macht hervorzubringen. Dass für diesen zivilisatorischen Kraftakt freiheitliche Verfassungen den Handlungsraum abstecken und dass die Verfassungen selbst durch die Macht der politischen Institutionen erhalten werden, bildet den inhaltlichen Kern der nach wie vor aktuellen Machtverteilungslehre von Montesquieu. Gerade was die neu auszugestaltende Machtverteilung in der Europäischen Union anbelangt, so steht dort nicht nur Montesquieu geistig Pate, sondern auch Edmund Burke. Seine Einsicht, wenn er am Ende des 18. Jahrhunderts Montesquieus Machtverständnis aufgreift und von *acting in concert* spricht, ist höchst aktuell. Und dass die Einsicht der amerikanischen Autoren der *Federalist Papers*, die betonen, *that all government rest on opinion*, ebenso aktuell ist, liegt auf der Hand. Jede → *Regierung* tut gut daran, ihre Machtbasis zu pflegen und sich kontinuierlich um Zustimmung und Unterstützung der Regierten zu bemühen. Wer stattdessen Regierungspolitik mit bloßer Gewalt durchsetzen will und sich nicht um die innere Annahme des Regierungshandelns durch die Regierten bemüht, wird sich mit den Folgen von Machterosion und Machtverfall auseinandersetzen müssen. Politik droht dann zu bloßer Herrschaft zu degenerieren, und das Gemeinsame, was bestenfalls als Handlungsmacht gerade Bürgerinnen und → *Bürger* einer → *Republik* verbindet, droht in herrschaftskategorialer Politikwahrnehmung zwischen Herrschern und Beherrschten zerrieben zu werden.

Wenn Macht das Können beinhaltet, neue Realität zu schaffen, so sind beide Machtverständnisse auch in der Gegenwart politisch bedeutsam. Bezogen auf das Machtverständnis von Max Weber, wonach es in der Politik darum geht, Einfluss zu gewinnen und Durchsetzungsmacht zu erlangen, reicht ein Blick in jede Tageszeitung, um die Taktiken und Strategien nachzuvollziehen, die politische Akteure in ihrem Kampf um Macht anwenden. Wer dabei insbesondere skrupellose Politiker und durchtriebene Machtmenschen vor Augen hat, sei zur geistigen Durchdringung auf Machiavellis Analysen verwiesen. Die Schilderungen in seinem *Il Principe* (1532) geben in exemplarischer Weise Einblick in die daher auch machiavellistisch genannten Techniken des Machterwerbs, der Machterweiterung und der Machtsicherung. Wer diese Einsichten auf die aktuelle Weltpolitik überträgt und die ausgefeilten Analysen der (neo-) realistischen Schule der Internationalen Politik zu Rate zieht, dürfte wiederum dem Machtverständnis zuneigen, das Macht im Letzten auf Gewaltandrohung gründet. Sei es, dass die internationale Staatenwelt als rechtlich verbundene Staatengesellschaft gesehen wird oder als Staatenwelt im anarchischen Naturzustand, was drückt sich im globalen Wettrüsten anderes aus als das von Thomas Hobbes beschriebene Wettrennen um Macht?

IV. Weiterführende Literatur:

Anter, Andreas (2013): Theorien der Macht zur Einführung. 2. Aufl. Hamburg.

Arendt, Hannah (2014): Macht und Gewalt. Aus d. Englischen v. G. Uellenberg. Mit einem Interview v. A. Reif. 24. Aufl. München.

Breier, Karl-Heinz (2007): Hannah Arendt interkulturell gelesen. Nordhausen.

Thukydides (2000): Geschichte des Peloponnesischen Krieges. Hrsg. v. H. Vretska u. W. Rinner. Stuttgart.

Weber, Max (1985): Wirtschaft und Gesellschaft. Grundriss der verstehenden Soziologie. Hrsg. v. J. Winckelmann. 5., revid. Ausg. Tübingen.

Karl-Heinz Breier

Menschenrechte

I. Definition: *Menschenrechte* sind fundamentale und von Natur aus – weil angeboren, unveräußerlich und unantastbar – zustehende Rechte und Ansprüche, durch die der Mensch zum politischen Subjekt wird und die ihm unabhängig von einer Staatsangehörigkeit eigen sind. Das kann am ehesten dadurch eingelöst werden, dass die Menschenrechte eine moralische Verpflichtung, ja Handlungsanleitung, sind, die jedermann zu jeder Zeit einlösen und gewähren muss. Wo sie im Rahmen einer Verfassung Gültigkeit haben, ist zwischen den Grund- und den Bürgerrechten zu differenzieren, da letztere auf die aktive Mitwirkung im → *Staat* abzielen, sodass sich hierauf nur Staatsbürger berufen können.

Gegenüber der älteren Ausdeutung, die sich auf den frühneuzeitlichen Naturrechtsdiskurs stützt, hat sich seit 1945 eine staats- und verfassungsrechtliche Interpretation durchgesetzt, die sich im Wesentlichen auf die 1948 von den Vereinten Nationen verabschiedete Deklaration der Menschenrechte bezieht. Vor dem Hintergrund der traumatischen Erfahrungen des 20. Jahrhunderts gelten die Menschenrechte seither als Synonym für die Weltfriedensordnung und unterliegen von daher einer Reihe von Kodifikationen, die allesamt aber eher eine normative und weniger eine rechtsverbindliche Wirkung haben. Das gilt auch für die regionalen Ausdeutungen, die es mittlerweile unter Verweis auf den Entstehungskontext der Deklaration gibt und die für sich in Anspruch nehmen, viel eher die jeweilige → *Kultur* und deren Traditionen abbilden zu können. Zu nennen ist hier vor allem die vom Europarat erarbeitete *Europäische Menschenrechtskonvention* von 1950. Diese wird nicht nur durch den in Straßburg ansässigen Europäischen Gerichtshof für Menschenrechte flankiert, sondern bindet inzwischen auch die *Europäische Union* und ihre Mitgliedstaaten. Sie geht damit weit über die Möglichkeiten vergleichbarer Projekte hinaus, zumal diese – wie etwa die *Afrikanische Charta der Menschenrechte* (1986), die *Kairoer Erklärung der Menschenrechte im Islam* (1990), die *Asiatische Menschenrechtscharta* (1994) oder die *Arabische Menschenrechtscharta* (2008) – jeweils eigenen Zielsetzungen folgen. Ihre Entstehung reflektiert maßgeblich die von den Vereinten Nationen 1976 auf den Weg gebrachten *Internationalen Pakte* über bürgerliche, politische, wirtschaftliche, soziale und kulturelle Rechte, die zunehmend als okzidental dominiert abgelehnt werden, was wiederum maßgeblich auf das sie grundierende Völkerrecht zurückzuführen ist. Das gilt übrigens auch für die Konventionen, die spezielle Menschenrechte (Kinder, Frauen, Behinderte) explizit herausstellen.

Im Übrigen sind die Menschenrechte dort, wo sie Verfassungsrang haben, nicht zwangsläufig an die Staatsbürgerschaft geknüpft. Um sie in Anspruch nehmen zu können, müssen sich Betroffene auf dem Territorium eines Staates befinden, der diese Rechte dadurch anerkennt und schützt, in dem er als → *Rechtsstaat* für sie bürgt. Sollte das nicht der Fall sein, müsste eben dieser Staat zumindest Mitglied in einer entsprechenden internationalen Institution sein oder Betroffenen den Zugang dorthin gewähren. Nur dann würde dieser Staat den Anspruch einlösen, dass die Menschenrechte eben auch formale (wie informelle) Spielregeln sind, welche der Gesellschaft und dem Menschen konsensfähige Beschränkungen auferlegen, indem sie spezifische Verhaltensmuster vorschreiben und Erwartungshaltungen formulieren. Diese sind nicht von ungefähr als Schutz- und Abwehrrechte gegenüber dem Staat konzipiert und im Gegenzug durch die Erfüllung staatsbürgerlicher Pflichten (wie z.B. die Wehr- oder Steuerpflicht) untermauert. Von daher ist es kein gutes Signal, wenn ein Staat wie Venezuela (2012) aus dem Interamerikanischen Menschenrechtssystem austritt. Überall dort, wo die Menschenrechte in Form von Bürgerrechten relevant sind, sich also auf die demokratischen Freiheits- und Teilhaberechte der Bürger beziehen (z.B. in Form des aktiven/passiven Wahlrechts) bilden sie eine Schnittmenge mit der Staatsbürgerschaft. Dabei spielt es keine Rolle, ob diese nun durch den Geburtsort (*ius solis*) oder die Abstammung (*ius sanguinis*) erworben wurde. In der Verbindung mit den Menschenrechten wird die Staatsbürgerschaft zum modernen → *Gesellschaftsvertrag*, der einen wichtigen Anteil an der Bestimmung der Stellung des Einzelnen und seines Verhältnisses zum Staat hat. Der Grad ihrer Einhaltung lässt sogar Aussagen darüber zu, wie es um die personale und politische→ *Freiheit* in einem Land bestellt ist, weshalb zivilgesellschaftliche Nichtregierungsorganisationen wie Amnesty International oder Humans Rights Watch eine wichtige Rolle bei der Überwachung der Menschenrechte und bei der Dokumentation bzw. Aufklärung von Verbrechen gegen die Menschlichkeit spielen.

II. Geschichte des Begriffs: Die Menschenrechte stehen in einer langen Tradition der Auseinandersetzung um die rechtliche Absicherung der Freiheit des Einzelnen gegen Willkür und staatliche Gewalt. Ihre Wurzeln reichen aber zurück bis in die Zeit der feudalen und absolutistischen Ständeordnungen des Mittelalters und der Frühen Neuzeit. Folgerichtig sind sie nicht nur eng mit dem Aufstieg und der inhaltlichen Ausgestaltung des souveränen Territorial- und späteren Nationalstaates verbunden, sondern erfahren auch in den durch die Industrielle → *Revolution* angestoßenen ideologischen Auseinandersetzungen und im Kontext der Durchsetzung des säkularen Staatsverständnisses wichtige Impulse. Dass Menschenrechte angeborene, unverzichtbare und unantastbare Rechte sind, ist das Resultat eines in der frühneuzeitlichen Naturrechtslehre und in den frühliberalen Vertragstheorien wurzelnden Diskurses um das Recht und den Staat an sich. Für die Vertreter der Aufklärung ist der Mensch ein freies und gleiches, zur Selbstbestimmung aufgefordertes Subjekt, das allein Kraft seiner Vernunft befähigt ist, soziale Beziehungen einzugehen, Kultur hervorzubringen und diese im Rahmen der Entwicklung eines in der Vernunft verankerten Staatsmodells soweit auszugestalten, dass es die Freiheitsrechte des Menschen institutionell absichert. Voraussetzung dafür ist die von Samuel von Pufendorf 1672 notierte Erkenntnis, dass das göttliche Gesetz dort durch die menschliche Vernunft ersetzbar ist, wo es um die bloße, weil überprüfbare, Kausalität der Natur geht. Derentwegen hat der Mensch zwar das Recht auf alles zur Selbsterhaltung Notwendige, nimmt dieses absolute Recht aber um des Friedens willens nicht wahr. Pufendorf knüpft damit an weitaus ältere Diskurse an, hatte doch schon die antike Stoa eine die Grenzen der Polis überwindenden Gleichheit der Menschen betont und damit dem aufkommenden Christentum wichtige Impulse gegeben. Die maßgeblich in der Auseinandersetzung um die Gottesebenbildlichkeit/-ähnlichkeit und damit Gotteskindschaft des Menschen aufscheinenden Parallelen werden jedoch ebenso wenig politisch gefasst wie die Debatte um den durch die Heilsverheißung transzendierten, weil unverfügbaren, Wert des Menschen. Es bedurfte erst der Kräfte der Reformation und der Religionskriege, damit zentrale Forderungen nach Gewissensfreiheit und Toleranz formuliert werden konnten. Auf der Gegenseite formierte sich mit dem Absolutismus eine politische Vorstellung, die sukzessive die mittelalterlichen Konzeptionen von → *Herrschaft* und → *Macht* relativierte und durch die Schaffung einer direkten Rechtsbeziehung zwischen Untertan und Fürst eine Herrschaftsgewalt hervorbrachte, die Jean Bodin mit dem Attribut der → *Souveränität* versah. In der Konsequenz bildete sich als Absage an die alte Ständeordnung mit ihrer auf Herrschaftsverträgen basierten Freiheitsgewährleistung eine individualrechtliche Formulierung der grundlegenden (Untertanen-)Rechte heraus. Die Allmacht des absolutistischen Staates wurde zur alleinigen Instanz für die (Lehns-)Rechte der Individuen. In England dagegen kommt es schon im Vorfeld der Glorious Revolution von 1688/89 zu grundlegenden Rechteerklärungen, die das Machtverhältnis zwischen König und Parlament auf eine neue Basis stellen und den → *Bürger* in seiner Rechtsstellung gegenüber dem Staat stärken. Ausgehend von der *Petition of Rights* (1628), führt der Weg über die *Habeas Corpus Akte* (1679) zur Abfassung der *Bill of Rights* (1689), mit der vor allem der königlichen Willkür gewisse Schranken auferlegt wurden. Die Naturrechtslehre hat diese dann aufgegriffen und weiterentwickelt bzw. vor allem aber mit Blick auf das Volk verallgemeinert. In Ergänzung dazu hatte John Milton schon 1644 (*Das verlorene Paradies*) die Gewissens-, Rede- und Ausdrucksfreiheit als prinzipielle und verbindliche Einschränkungen der Staatsgewalten angesprochen. Folgerichtig hatte Hobbes im *Leviathan* (1651) die Übertragung dieser natürlichen Rechte an die Fähigkeiten des Souveräns gekoppelt, das Recht des Einzelnen auf Leben nicht nur zu garantieren, sondern dieses auch mit den notwendigen Machtmitteln umzusetzen. Für John Locke geht es in den *Two Treatises of Government* (1690) um ein Selbsterhaltungsrecht, das sich primär aus dem Recht auf Eigentum ableitet, dem er die vorstaatlichen Rechte des Individuums auf Leben und Freiheit gegenüberstellt. Wo Hobbes also die Gültigkeit des Vertrages an die Qualitäten des Souveräns knüpfte, ging Locke von einem Vertragsabschluss aus, der nicht mehr suspendiert werden kann, sondern die eingesetzte → *Regierung* auf den Schutz aller Vertragsbestandteile verpflichtet, da allein dieser den Daseinszweck des Staates ausmachte. Wo die Menschen die unveräußerlichen Freiheitsrechte von Natur aus besitzen, können sie, so die Logik der Aufklärung, nicht neu geschöpft werden. Sie müssen aber, so später die Lesart bei Montesquieu Mitte des 18. Jahrhunderts, eine konstitutionelle Anerkennung erfahren, woraus er die institutionellen Vorbedingungen ableitete, die im weiteren Verlauf das Prinzip der Gewaltenteilung begründeten und so der Aufklärung wichtige Impulse gaben. Der Gedanke der gleichen Freiheit aller lässt das Individuum, nachdem es erst einmal – in Analogie zum Platonschen Höhlengleichnis – den Naturzustand hinter sich gelassen und sich seiner Stellung (*polites*) bewusstwerdend als kulturschaffendes Wesen bewährt hat, zu dem freien, auf sich selbst bezogenen Träger sämtlicher politischer Rechte werden, den Jean-Jacques Rousseau dann mit seinem *Gesellschaftsvertrag* adressiert hat. Diese Freiheitsrechte sind nicht nur bedingungs- und voraussetzungslos, sie sind auch nicht an die Erfüllung sozialer Pflichten gebunden. Die Freiheit der Person und der Privatsphäre, die Garantie der Gewissens-, Presse-, Meinungs-, Vereinigungs- und Versammlungs-, die Sicherung der Eigentums- und Vertragsfreiheit und nicht zuletzt die Rechtsgleichheit der Grundrechtsträger werden zu zentralen Elementen der Revolution in den USA wie derjenigen in Frankreich. Das noch von Locke thematisierte Recht auf Leben, Freiheit und Eigentum greift Rousseau auf, indem er den Staat auf dessen Anerkennung und Absicherung verpflichtet. In der Praxis ist es die im Zuge der Französischen Revolution verlautbare *Erklärung der Allgemeinen Menschenrechte*, welche als Absage an die gesellschaftlich-politischen Bedingungen des Ancien Régime gedacht ist.

Die mit dem Deutschen Bund einsetzende Phase der Konstitutionalisierungen und die hier zum Zuge kommenden Ideen des Vormärzes (1830–48) begriffen die Grundrechte nicht primär als subjektive Abwehrrechte, sondern als Prinzipien einer der Vernunft folgenden Staatsgestaltung. Dem folgend entwickelten sich die Menschenrechte von Anfang an dergestalt, dass sie dem Staat bzw. der Staatsräson und den sich hieraus herleitenden Staatszwecken untergeordnet waren. Forderungen nach sozialen Menschenrechten bzw. nach der Teilhabe an der Staatsgewalt im Sinne von politischen Mitwirkungsrechten blieben zunächst im Hintergrund und lassen sich unter dem Eindruck der durch die Industrielle Revolution bedingten Sozialen Frage allenfalls indirekt in der Staatsrechtslehre nachweisen, die zur Zeit des Vormärzes die Diskussion bestimmt. Die Herausbildung neuer sozialer, gesellschaftlicher und ökonomischer Abhängigkeitsverhältnisse zeigt zudem, dass die Forderung nach Freiheitsrechten und sozialer → *Gerechtigkeit* dann einen gewissen Kontrast ergeben, wenn die soziale Basis dafür nicht ausreichend gegeben ist. Stattdessen dominierte die Sichtweise Hegels die Wahrnehmung und Auslegung der Menschenrechtsfrage, die als subjektive Besitztitel des Einzelnen gegenüber dem

Staat interpretiert und abgelehnt wurden, da der Gedanke einer an universellen Normen orientierten Fundierung des deutschen Rechts zurückgewiesen wurde; eine Wahrnehmung, die noch über die Zeit des Ersten Weltkrieges Bestand haben sollte. Dabei hatten schon die Verfassungen von Baden, Bayern und Württemberg seit 1818/19 einen Grundrechtskatalog enthalten; ein Trend, dem sich die übrigen Glieder des Deutschen Bundes bis 1850 anschlossen. Das Scheitern der Paulskirchenversammlung ist bezeichnend. Der hier als Teil der Reichsverfassung konzipierte Grundrechtskatalog war somit Makulatur, entsprechende Passagen fehlten in den *Verfassungen des Norddeutschen Bundes* (1867) und *des Deutschen Reiches* (1871). Allenfalls in den Bereichen, wo es den Staatszielen dienlich schien, erlaubte der Gesetzgeber grundrechtsgleiche Gewährleistungen, etwa durch die Gesetze über die Gewerbefreiheit und die Sicherung der Bekenntnisfreiheit (beide 1869). Erst die Weimarer Verfassung bot den Rahmen für einen umfassenden, auch soziale und wirtschaftliche Aspekte wahrenden, Grundrechtskatalog, der gleichwohl von zeitgenössischen Autoren wie Carl Schmitt wegen der vermeintlichen Defizite im Notstandsfall als zu weitgehend bzw. zu politisch abgelehnt wurde. Dessen ungeachtet zog das Grundgesetz von 1949 gleichsam einen Schlussstrich unter die Debatte, indem als Bekenntnis zur Paulskirche und zu Weimar Art. 1 Abs. 3 GG ausdrücklich und erstmalig alle staatliche Gewalt unmittelbar bindet, und die Menschen- bzw. Grundrechte unter den besonderen Schutz der Justiz gestellt wurden. Von daher ist das der wohl umfassendste Schutz, den die Menschenrechte erfahren können, sieht man einmal in der Perspektive von der Reichweite der *Charta der Grundrechte* ab, die seit 2009 in den *Vertrag von Lissabon* integriert ist und ausgerechnet von Großbritannien – auch das ein Resultat unterschiedlicher politischer (Verfassungs-)Kulturen – in dieser Form als zu weitreichend abgelehnt wird.

III. Aktuelle Dimension: Besonders im Kontext des Zweiten Weltkrieges ist bewusst geworden, welchen Schutz die Menschenrechte brauchen und wie groß von daher die Notwendigkeit ist, einen auch völkerrechtlich bewehrten Garantiemechanismus zu etablieren, selbst wenn der dafür zuständige Internationale Strafgerichtshof (ICC) erst seit 2002 arbeitsfähig ist. Ausgangspunkt war dabei die Frage, welche Rechte jedem einzelnen Menschen völkerrechtlich unter allen Umständen zukommen sollen. Die Entwicklung hatte bis dahin mehrere Etappen gesehen, beginnend im 16. Jahrhundert mit Bartolomé de Las Casas, die von der Sklaven(halter)frage in den amerikanischen Südstaaten (und ihren Nachwehen in Form der Bürgerrechtsbewegung eines Martin Luther King) über die Euthanasiekliniken des Dritten Reiches bis hin zu den Menschenrechtsverletzungen im Rahmen der Dekolonialisierungskriege reichen. Ganz zu schweigen von den Verbrechen gegen die Menschlichkeit, die im Namen einer Ideologie (z.B. die Killing Fields der Roten Khmer in Kambodscha) oder einer Religion (z.B. der Islamistische Terrorismus) begangen werden, die dank des Internets auf eine globale → *Öffentlichkeit* reflektieren und dabei die Debatte um den *Kampf der Kulturen* befeuern. Das gemeinsame Bindeglied ist die Tatsache, dass es hier stets um das Verhältnis des Staates zu seinen eigenen Staatsangehörigen sowie die ihnen aus der Staatsangehörigkeit erwachsenden Rechte und Pflichte einerseits und die Aufrechterhaltung der Souveränität des entsprechenden Staates andererseits geht. Gerade letzteres erweist sich als die wohl größte Herausforderung, wenn ein Staat zwar die *Charta der Vereinten Nationen* und alle hier verankerten Völkerrechtsprinzipien formal annimmt, sich dann aber gegen die Menschenrechte und ihren Träger, das Volk als eigentlichen Souverän, wendet. Umso wichtiger ist Art. 1 der *Charta der Vereinten Nationen*, demzufolge die Menschenrechte ausdrücklich auch den Schutz der Rasse, des Geschlechts, der Sprache, der Religion, etc. beinhalten. Je genauer dieser Art. 1 und seine Auslegung gefasst wird, umso präziser wird das so gezeichnete Bild des Menschen, selbst wenn es nach wie vor sich teilweise widersprechende Lesarten davon gibt, was Menschenrechte eigentlich sind. So hält die bürgerlich-rechtsstaatliche Grundrechtstheorie an der eher klassischen Sichtweise fest, wonach der Staat die Gewährleistung, → *Sicherheit* und Regulierung der Freiheitsrechte übernimmt und dafür mit dem Gewaltmonopol einsteht. Dem gegenüber steht die vor allem von Niklas Luhmann modifizierte Systemtheorie, nach der die Grundrechte nichts anderes sind als Ordnungsprinzipien für sehr spezifische, weil staatlich zu schützende, Lebensbereiche, sodass rechtliche Freiheit erst durch Intervention und Kontrolle zu einer erlebbaren Realität wird. Für Autoren wie Rudolf Smend als Vertreter der Werttheorie der Grundrechte sind die selbigen konstituierend für diejenigen Gemeinschaftswerte, aus denen die Impulse für den staatsbildenden Integrationsvorgang erwachsen, indem sie für die gemeinsame Kultur-, Erlebnis- und nicht zuletzt für die Wertegemeinschaft stehen. Begründet werden kann das mit dem *Regimecharakter* der Menschenrechte. Diese zielen auf spezifische Prinzipien, beinhalten vornehmlich universal auszudeutende, weil dem → *Gemeinwohl* verpflichtete, Normen im Sinne von Rechten und Pflichten, stellen Regeln im Sinne von Verhaltensvorschriften auf und verfügen zumindest auf der internationalen Ebene über eine institutionalisierte Binnenstruktur. Solange aber Organisationen wie der sog. Islamische Staat und Staaten wie Nordkorea die Menschenrechte schlicht ignorieren oder gar als feindliches Konzept ablehnen, bleiben diese als zivilisatorische Konstruktion relativ. Womöglich wird gerade deshalb so kontrovers über die Frage der *Responsibility to protect* debattiert, da diese an scheinbar unverrückbare Grundsätze in den internationalen Beziehungen rührt. Umso wichtiger sind → *Reformen* wie die des Menschenrechtsrates der Vereinten Nationen, die aber nicht über eines hinwegtäuschen können: Die Menschenrechte funktionieren nur so lange, wie die Menschen auch an sie glauben.

IV. Weiterführende Literatur:

Busche, Hubertus (2014): Die Humanitäre Intervention in der ethischen Beurteilung. Tübingen.

Frick, Marie-Luisa (2017): Menschenrechte und Menschenwert. Zur konzeptionellen Belastbarkeit der Menschenrechtsidee in ihrer globalen Akkommodation. Weilerswist.

Maier, Hans (2015): Menschenrechte – eine Einführung in ihr Verständnis. Kevelaer.

Maus, Ingeborg (2015): Menschenrechte, Demokratie und Frieden. Perspektiven globaler Organisation. Berlin.

Ringkamp, Daniela (2015): Menschenrechte zwischen moralischer Begründung und politischer Verwirklichung. Eine Neubetrachtung der Adressierung von Menschenrechtspflichten. Münster.

Martin Schwarz

Nation

I. Definition: Die *Nation* ist eine moderne Bestimmung für die Zustandsbeschreibung, was ein Volk ist. Eben mehr als nur eine gesellschaftliche Ansammlung von Individuen. Zugleich wird damit festgelegt, in welcher Weise sich ein Volk von anderen Völkern unterscheidet. Dazu gehört eine Reihe von typologischen Merkmalen, die sich durch a) Volkszugehörigkeit, b) Sprache, c) → *Kultur*, d) Verfassungsgrundsätze sowie e) Geschichte und Traditionen kennzeichnen lassen. Mit der Nation wird zugleich die Qualität und Quantität des Staates angezeigt. Nation und → *Staat* bilden in der modernen Form eine Einheit. Allerdings ist dies ein Idealtypus, der zwar für das Völkerrecht eine verbindliche Rahmensetzung erlangt hat, jedoch gerade deswegen auch in der Vergangenheit wie der Gegenwart z.T. sehr umstritten ist. Bis auf weiteres ist jedoch der Nationalstaat das beherrschende Strukturprinzip für die internationale Politik und für das moderne Völkerrecht. Daran gekoppelt ist die Frage der → *Souveränität* ebenso wie die der → *Macht* und → *Herrschaft* in einem Land. Mitglied bei den Vereinten Nationen kann nur werden, wer die Synthese des Staates mit der Nation zu einer legitimen Wirkungseinheit gebracht hat: *one nation = one people = one vote = one state*, so die Formel.

II. Geschichte des Begriffs: Die Modernität des Nationalbegriffs zeigt sich allein schon darin, dass es hierfür in der Antike keine Entsprechung gibt. Ein Volk ist in der Geschichte der Griechischen Stadtstaaten ein Demos gewesen, aber eben keine Nation. Auch die Römische Republik kennt zwar den Volksbegriff, aber keine Nationen. Die *gentes* sind Abstammungsgemeinschaften im ethnografischen Sinn und dementsprechend ist auch über das ganze Mittelalter hinweg bis in die Frühe Neuzeit das *ius gentium* ein Recht der Völker, nicht der Nationen. Erstmals taucht der Begriff *nationes* im Hochmittelalter bei der Organisation der ersten Universitäten des Abendlandes auf, als man die auswärtigen Studenten dahingehend taxierte, aus welchen Nationen sie stammen. Die Nation (von lat. *natio* = Geburt/Volksstamm/Art, Gattung, Klasse, Sippschaft) thematisiert die Herkunft eines Menschen im Rahmen einer volksspezifischen Abstammungsgemeinschaft. Damit wird das nationale Kriterium über die familiare Hausgemeinschaft der Antike bzw. des Mittelalters gesetzt – und zwar als eine klassifizierende Abgrenzung gegenüber anderen gruppenspezifischen Abstammungsgemeinschaften (wie Stamm, Clan etc.). Unterstellt wird hierbei eine spezifische Identität, die sich für ein jeweiliges Volk als Abstammungsgemeinschaft anzeigen lässt.

Die Zuschreibung der Nation als Abstammungsgemeinschaft wird verbunden mit der Festlegung auf einen bestimmten Raum hin, der von dem jeweiligen Volk (als Nation) zeitüberdauernd bewohnt bzw. beherrscht wird. Mit dem Raum (Territorium) wiederum werden bestimmte Praktiken des Volkes, kulturelle Handlungen, Organisationsprinzipien der (politischen) Ordnung, Kodifizierungen des Rechts, Sitten und Gebräuche, moralische Vorlieben und Vorurteile verbunden. Die Nation avanciert in dieser Hinsicht zu einem Klassifikationsprinzip, quasi einem Sammelbecken für Stereotype, mit denen sich ein Volk sowohl in seiner Selbstzuschreibung wie auch in der Fremdzuschreibung durch andere Völker verstehen und interpretieren lässt.

Lange Zeit verbleibt der Begriff lediglich in der Zuordnung von kulturellen Stereotypen, meist bei Reisebeschreibungen, wie sie etwa in der Renaissance von Machiavelli bei seinen diversen Gesandtschaftsmissionen mitgeteilt werden. Insbesondere die Reiseberichte englischer Adliger von ihrer sog. *Grand Tour* auf den europäischen Kontinent sind im Verlauf des 17. Jahrhunderts voller Impressionen, in denen mittels stereotyper Zuschreibungen kulturelle Bilder von den Deutschen, den Franzosen oder etwa den Italienern gemacht wurden. Eine politische Dimension ist mit dieser Verwendung des Nationalbegriffes noch nicht intendiert gewesen. Das ändert sich in und mit der Aufklärung. Jean-Jacques Rousseau ist der erste Theoretiker, der in seiner Lehre vom → *Gesellschaftsvertrag* (1762) das Volk als eine Nation versteht. Die bis dato gebräuchliche Verwendung vom Volk als einem politischen Körper (*body politic*) wird nun durch das Kriterium der Nation als politischer Rahmen für das Volk ersetzt. Schon Montesquieu hatte bei seiner Beschreibung und Klassifizierung von Staaten und ihren Regeln in seinem Standardwerk zum *Geist der Gesetze* (1748) kulturelle Differenzen im Sinne nationaler Besonderheiten betont. Die Nation wird in den Debatten der Aufklärer typologisch zum Politikum, um damit den Volksbegriff in seiner bisherigen Form, nämlich als Begriff eines Untertanenverständnisses für die Obrigkeit, aufzulösen und durch eine positive Konnotation für den republikanischen Anspruch anschlussfähig zu machen. Der Staat als wahre → *Republik* kann nur realisiert werden, wenn das Volk aus seiner Untertanenrolle gegenüber dem Monarchen erwacht, sich von den Fesseln der Alleinherrschaft befreit und zur Nation wird. Rousseau liefert hierzu in seiner Theorie zentrale Argumentationspunkte. Insofern ist es kein Zufall, dass die *Französische Revolution* sachlogisch die angestrebte Synthese zwischen Staat und Nation im Endergebnis bestätigt. Die erste moderne → *Revolution* findet in genau dem Land 1789 statt, das bereits vorher schon auch als Parademodell des Ancien Régime eine Einheit von Staat, Territorium und Volk darstellte. Nur mit dem Unterschied, dass das Volk ein Untertanenvolk unter der Herrschaft des einen (absoluten) Monarchen von Gottes Gnaden war und seit der Revolution eine große Nation (*La Grande Nation*).

Auch wenn dies zweifellos eine stilisierte Selbstzuschreibung ist, war die Wirkung in den folgenden zwei Jahrhunderten enorm. Fast jedes Volk versucht sich seither mit Bezug auf die Französische Revolution als Synthese einer Staatsnation darzustellen.

Allerdings gibt es einige Abweichungen von diesem Idealtypus und vor allem zwei signifikante Gegenmodelle: 1) den Typus des Multi-Nations-State, 2) die Kulturnation. Für den Typus (1) sind die USA paradigmatisch geworden: die Vereinigten Staaten von Amerika sind historisch nicht nur eine Vereinigung z.T. recht unterschiedlicher Kolonien, die sich seit der Unabhängigkeitserklärung von 1776 erfolgreich von der britischen Krone ihre Eigenständigkeit erkämpft haben, sie basieren zugleich auch auf dem Arrangement höchst differenter Einwanderergruppen aus den verschiedensten Nationen des alten Europa. Dieses Modell ist typisch geworden für die Neugründung von Staaten in Übersee, die ihre Entstehung im Verlauf des 19. Jahrhunderts als Einwanderungsgesellschaften begonnen haben und es bis auf den heutigen Tag vom Selbstverständnis her auch geblieben sind (vorrangig hier Australien und Kanada). Die Kennzeichen einer föderalen Verfassungsstruktur sind diesen *Multi-Nations-States* logischerweise zu Eigen. Die Vielheit von Nationen, die auf ein und dem gleichen Raum ihren gemeinsamen Staat ausleben, lässt sich am besten in einem Föderalsystem verwirklichen.

Der andere Typus (2) als Gegenmodell zur Französischen Revolution ist die Version der Kulturnation, die Johann Gottfried Herder in seinen *Ideen zur Philosophie der Geschichte der Menschheit* (1784–91) entwickelt hat. Dies ist quasi die deutsche Antwort auf die Französische Revolution mit ihrer Synthese von Staat und Nation. Für Herder als einem klassischen Vertreter des Idealismus macht es wenig Sinn den Staat mit der ihm immanenten Gewaltstruktur deckungsgleich mit der Nation werden zu lassen. Die Nation ist in dieser Perspektive mehr als das, was der Staat hier bieten kann. Ein Volk ist unabhängig von dem Raum, in dem es lebt, immer dann ein Volk, wenn es sich zu einer gemeinsamen Identität in Form der Sprache, der Geschichte, auch der Religion bekennt. Die Kultur ist für Herder der zentrale Leitbegriff für diese Faktoren. Es mag viele deutsche Staaten geben, wie es sie historisch zu Herders Epoche auch gab, entscheidend ist, ob und wie sie sich mit ihren Völkern zu einem Gesamtvolk verbinden lassen. Die gemeinsame Kultur ist das verbindende Element für eine Nation, nicht die Frage der Herrschaft (durch einen Staat). Im Grunde zeichnet damit Herder idealerweise das Modell des Heiligen Römischen Reiches Deutscher Nation nach, das immerhin über 1.000 Jahre Bestand hatte. Ein Zusammenschluss von Territorialstaaten als einer rechtlichen und damit auch kulturellen Einheit. Doch in diesem Gebilde gab es keine wirkliche Souveränität, weder für den einzelnen Fürstenstaat, noch für den Kaiser im Reich.

Die wechselseitig limitierte Herrschaft erwies sich gegenüber dem Machtzuwachs, den der französische Staat durch die Revolution des Volkes sowohl in der Legitimation der Interessen der Bürger als auch hinsichtlich der Funktion der Apparate des Staates bekommen hatte, als das historisch weniger geeignete Modell. Mit dem Siegeszug der napoleonischen Heere quer durch Europa setzt sich das französische Paradigma der Synthese von Staat und Nation als moderne Form der Regelung von Herrschaft durch. Strittig blieb allerdings in der Diskussion, auf welcher Basis diese Legitimierung der Nation beruhen solle. Im Rahmen einer Welle der Nationalstaatsgründungen des 19. Jahrhunderts zeichneten sich hierfür zwei unterschiedliche Begründungsansätze ab: a) die Nation als Demos, b) die Nation als Ethnos.

Der französische Gelehrte Ernest Renan hat in seinem Vortrag zur Frage *Was ist eine Nation?* (1882) für das Modell (a) die wegweisende Antwort gegeben: eine Nation ist eine Solidar- und Willensgemeinschaft, die auf dem gemeinsamen → *Interesse* des Volkes basiert, das sich hier mit einem geeinten Willen zusammenfindet. Da das Volk in dieser Perspektive aus der Summe von Individuen besteht, ist nicht deren Abstammung entscheidend, sondern der gemeinsam artikulierte Wille. Für die Entwicklung der → *Demokratie* in ihrer modernen Version ist dies ein zentrales Kriterium.

Demgegenüber ist die Begründung für das Modell (b) die Dimension der Abstammungsgemeinschaft. Der Ethnos wird gekennzeichnet durch die Form der Herkunft der Menschen, die zusammen ein Volk ergeben. Im Grunde eine Blutsgemeinschaft, die sich auch in ihren kulturellen Handlungen entsprechend artikuliert. Religion, Sprache, Geschichte, Traditionen sind beim ethnizistischen Kode einer Nation elementare Bezugsgrößen für die Sinnstiftung. Meist wird bei einer solchen Modellierung der Nation die eigene nationale Existenz als eine quasi naturgegebene Größe aufgefasst. Wenn die Nation als Ethnos begriffen wird, dann geht es immer um die Anfänge der Nation in der Geschichte eines Volkes bzw. eines Landes. Nationalgeschichte ist dann die scheinbar natürliche Form für die Entstehung von Staat und Volk zu einer gemeinsamen Kultur, im übergeordneten Sinne sogar zu einer Zivilisation. Im Rahmen der ethnischen Komponente hat diese Ausdeutung dann meist auch eine rassistische Dimension. Der Rassegedanke ist Teil des Ethnos-Prinzips. Bevor die Nationalsozialisten sich diesen Aspekt für ihre Ideologie zu Eigen gemacht haben, war dies in dem *Essai sur l'inégalité des races humaines* (1853–55) des französischen Diplomaten Joseph Arthur de Gobineau bereits als Weltanschauungsmodell systematisch angelegt worden. Gobineau propagiert die Höherwertigkeit der arischen Rasse und begründet damit ein für die Wirkungsgeschichte des Nationalismus im 20. Jahrhundert äußerst problematisches und konfliktreiches Legitimationsschema. Zentraler Indikator ist hier für die Nation die Aus- und Abgrenzung basierend auf der völkischen Vorstellung einer angeblichen Homogenität der einzig wahren Rasse. In mehrfacher Hinsicht ist dieser Interpretationsansatz vor allem in der ersten Hälfte des 20. Jahrhunderts zu einem ideologischen Leitbild bei der Neubegründung von Staaten nach der Katastrophe des Ersten Weltkrieges geworden: nicht nur bei den sog. faschistischen Bewegungen in Italien, Spanien und besonders in der Variante des Nationalsozialismus in Deutschland, sondern auch in Japan unter der Diktatur des Militärs sowie beim panarabischen Nationalismus in der Phase der Entkolonialisierung nach dem Ende des Zweiten Weltkrieges.

III. Aktuelle Dimension: Im Grunde hat sich ein übersteigerter Nationalismus stets als Feind des Nationalgedanken erwiesen. Die Behauptung einer Höherwertigkeit der je eigenen Nation hat noch stets zu Völkerhass und in der Folge zu oft gewalttätigen bis hin zu umfassenden militärischen Konfrontationen geführt. Insbesondere in Europa ist nach dem Ende des Zweiten Weltkriegs mit der Aussöhnung zwischen Frankreich und Deutschland und der Implementierung der Europäischen Integration das Modell eines überstaatlichen Demos zu einer die Nationalstaaten überwindenden Perspektive geworden. In ihrer heutigen Form steht die Europäische Union für eine supranationale Steuerungseinheit, bei der es zwar noch Nationalstaaten als Mitglieder gibt, die Entscheidungsfindung jedoch sukzessive hinsichtlich der Kompetenzen an Europa abgegeben werden. Dieser Prozess setzt von seiner Logik her jedoch voraus, dass der nationale Souverän (also das jeweilige Staatsvolk) seine demokratischen Teilhaberechte ebenso an eine supranationale Instanz wie etwa dem Europäischen Parlament abgibt. Genau dies geschieht jedoch nicht und so changiert das an sich supranationale Gebilde der Europäischen Union zwischen Anspruch und Wirklichkeit mit beschränkter Durchsetzungsfähigkeit. Das gleiche Grunddilemma stellt sich auch für die Vereinten Nationen oder etwa die NATO: solange die Nation als Staat entscheidet, bleibt die Souveränität auch hinsichtlich der exekutiven Mittel und vor allem im Hinblick auf die Finanzierung dieser Mittel an den steuerzahlenden Bürger der jeweiligen Nation gekoppelt. Das in den 1990er Jahren ausgerufenen Paradigma vom *Ende des Nationalstaates* findet also gerade nicht statt, sondern genau das Gegenteil erfährt in der Gegenwart des 21. Jahrhunderts seine Neuauflage: Im Zeitalter der → *Globalisierung* rufen vor allem sozial benachteiligte Gruppierungen lautstark nach der Solidarität der Nation. Insbesondere bei autoritär und antidemokratisch ausgerichteten Regierungen wie in Russland oder in China ist der Nationalgedanke das revitalisierte Leitbild.

IV. Weiterführende Literatur:

Anderson, Benedict (2005): Die Erfindung der Nation. Zur Karriere eines erfolgreichen Konzepts. 3. Aufl. Frankfurt a. M./New York.

Jansen, Christian / *Borggräfe*, Henning (2007): Nation – Nationalität – Nationalismus. Frankfurt a. M.

Renan, Ernest (1995): Was ist eine Nation? In: Was ist eine Nation? Und andere politische Schriften. Hrsg. v. dems. Wien/Bozen, S. 41-58.

Wehler, Hans-Ulrich (2011): Nationalismus. Geschichte – Formen – Folgen. München.

Peter Nitschke

Öffentlichkeit

I. Definition: *Öffentlichkeit* ist ein Begriff, mit dem die allgemeine Zugänglichkeit zu politischen Inhalten für die Allgemeinheit bzw. ein Publikum umschrieben wird, ohne dass dieses notwendiger Weise mit dem → *Staat* gleichgesetzt werden muss. Gleichwohl ist es dessen Aufgabe, die Öffentlichkeit zu wahren, wo es im Sinne des öffentlichen Wohls um Beschlussfassung und Urteilsfindung geht und wo das Öffentliche mit den Notwendigkeiten von Transparenz und → *Gerechtigkeit* korreliert. Die Öffentlichkeit hat allerdings auch ihre Grenzen, zumal wenn es um das Geheime oder auch um das Exklusive geht. Die Größe des Publikums respektive die Reichweite der Publizität bestimmen von daher in der Wahrnehmung, was angesichts der Vielfalt der Inhalte unter Öffentlichkeit subsumiert werden kann.

Die Öffentlichkeit und mehr noch das hier adressierte, nach Vernunftgründen strebende und sich der eigenen Begrenztheit bewusste Publikum stehen in einem schwierigen Austauschverhältnis zur → *Politik*, da deren Machtstrukturen und Herrschaftsfunktionen, zumal wenn sie in das repräsentative Moment einer → *Demokratie* eingebunden sind, einer dauerhaften Legitimitätserfordernis unterliegen. Die Legalität des Regierungshandelns bemisst sich nicht von ungefähr auch daran, wie sehr die für die Öffentlichkeit konstituierenden Grundrechte wie die Meinungs-, Versammlungs-, Vereinigungs- und Pressefreiheit des besonderen Schutzes eines durch die Gewaltenteilung gezähmten Leviathans bedürfen. Erst das Parlament und die im Grundgesetz verbrieften Wahlgrundsätze begründen die spezifischen Partizipationsrechte und -pflichten, anhand derer der Freiheitsgrad der Gesellschaft messbar wird. Vor diesem Hintergrund erklären sich auch die beiden wechselseitig bedingenden Verständnisebenen, wenn es um Öffentlichkeit im politischen Sinne geht. Einmal ist damit die bewusste Abgrenzung des Staates von der Privatsphäre der Bürgerinnen und → *Bürger* gemeint. Zwischen diesen beiden Betrachtungsebenen fungieren die Akteure der Zivilgesellschaft (Vereine, Verbände, NGOs etc.) gewissermaßen als Vermittler. Dann meint Öffentlichkeit in den diversen Zuschreibungen das konkrete Staatshandeln, etwa wenn es um den öffentlichen Raum (→ *Sicherheit*), den öffentlich-rechtlichen Rundfunk (Medien), öffentliche Güter (Staatseigentum) und nicht zuletzt öffentliches Recht (Strafverfolgung und Justiz) geht. Und drittens meint Öffentlichkeit die notwendige Kontrolle des Staates und seiner Institutionen durch die Medien (Zeitung, Radio, Fernsehen, Internet), die einerseits die öffentliche Meinung etwa in Form von Umfragen (Demoskopie) spiegeln und andererseits die Öffentlichkeit aufgrund der in den Rundfunkstaatsverträgen und Pressegesetzen definierten Bildungsfunktion informieren. Sollten die Rechte der Öffentlichkeit aber in Zweifel gezogen werden, hat der Demos das ausdrückliche Recht zum Widerstand, sofern er dabei auf die Ausübung von Gewalt und → *Terror* verzichtet, da der Staat – so die seit dem → *Gesellschaftsvertrag* gültige Diktion – zum Schutz der Öffentlichkeit der alleinige Träger des Gewaltmonopols ist. Im Grunde spiegeln diese Deutungszugänge die Vielschichtigkeit eines Begriffes als historische Kategorie wieder, die sich konkret ab dem 18. Jahrhundert herausbildet, sich dabei aber auf ältere Wurzeln berufen kann.

II. Geschichte des Begriffs: Die heutige Debatte um die Rechte der Öffentlichkeit gegenüber der Politik und die hier erhobene Forderung nach mehr Transparenz und Offenheit in der für das staatliche Regierungshandeln notwendigen Informationsverarbeitung knüpft an eine Entwicklung an, die unmittelbar mit der Aufklärung im 18. Jahrhundert einsetzt. Die Reduzierung auf die Politik ist dabei eine Erscheinung der Moderne, da der Begriff der Öffentlichkeit zuvor auf das gesamte gesellschaftliche Leben bezogen worden war, während er sich nun im Gefolge der Diskurse zum Naturzustand und zur Vertragstheorie, vor allem aber im Anschluss an die Französische → *Revolution*, zu einem der zentralen und wohl wirkmächtigsten politisch-sozialen Schlüsselbegriffe entwickelte. Daher spiegelt der heutige Sprachgebrauch ein Phänomen wider, das mit der Ausweitung der Öffentlichkeit auf die Gesamtheit des Volkes bzw. der → *Nation* in Verbindung steht. Das aufkeimende politische (Selbst-)Bewusstsein des Bürgertums und dessen Emanzipationsstreben gegenüber dem Ancien Régime verstärkte den Druck auf die vormals absolutistischen Staatskonzeptionen, sich gegenüber der Forderung nach Mitsprache und Mitgestaltung zu öffnen. Deutlich wird das beispielsweise in den sich in dieser Zeit etablierenden Zeitungen und Verlagen, die ein bildungsorientiertes Publikum adressieren und im Zusammenspiel mit der sich aus den Musenhöfen der Renaissance herausbildenden, von Frankreich her auf Europa übergreifenden, neuzeitlichen Salonkultur die Voraussetzungen dafür schaffen, dass es trotz *Zensur* so etwas wie ein staatsbürgerliches Bewusstsein geben kann. Gleiches gilt im Übrigen für die Speakers‘ Corner in England und das hier gepflegte Recht der freien Rede für freie Bürger im öffentlichen Raum sowie für die Verfassungsdebatte der USA, die in den späten 1780er Jahren von den *(Anti-)Federalists* in Form von Zeitungsartikeln und öffentlichen Reden geführt wurde. Aber auch wenn diese Prozesse bis heute die politische → *Kultur* des westlichen Demokratiemodells prägen, so reicht das hier transportiere Bild von Öffentlichkeit doch sehr viel weiter zurück. In der wohl ältesten und damit ursprünglichsten Zuschreibung (aus ahd. *offanlih* zu mhd. *offenlich*) ist die tatsächliche Offenheit, also Zugänglichkeit bzw. die allgemeine Wahrnehmbarkeit all dessen angesprochen, das nicht im Geheimen und Verborgenen stattfindet. Das erklärt auch die starke Besetzung als wahr, gerecht, die sich bis in Redewendungen des heutigen Sprachgebrauchs hinein erhalten hat. Gerichte tagen – wiederum in Weiterführung weitaus älterer Formen der Rechtsfindung, etwa der griechischen Agora oder des nordischen Things – öffentlich; die Feme als Geheimgericht ist bis heute negativ besetzt. Das erklärt auch, dass der Aspekt der Öffentlichkeit spätestens im 17. Jahrhundert den Bedeutungsgehalt des lat. *communis* inkorporiert, wenn es um das öffentliche Wohl, die Sicherheit, die Figur der Gerechtigkeit oder das → *Gemeinwohl* als öffentlichen Handlungsauftrag geht. John Locke spricht hier vom *law of opinion*, selbst wenn Niccolò Machiavelli als eigentlicher Begründer der politischen Interpretation von Öffentlichkeit gilt, die es – durchaus bewusst im Sinne des antiken Brot und Spiele – im Sinne des Regierungshandelns zu beeinflussen, nicht aber politisch zu beteiligen, gilt. Im Gefolge der Aufklärung kommt es im 18. Jahrhundert dann zu der bis heute nachwirkenden Verschiebung: In dem Maße, wie nun der *publicus* als Adressat des Staates wahrgenommen wird und in der Figur des Bürgers eine rechtliche Aufladung erfährt, wird die Öffentlichkeit zum Gegenbegriff, für dessen inhaltliche Schärfung das Private dient. Dem Staat, der sich im Zuge der Westfälischen Friedensordnung nach 1648 als anstaltlich organisierte Institution mit der Zuschreibung modern herausbildet und sich im Gefolge des Konstitutionalismus des frühen 19. Jahrhunderts ersten, wenn auch durchaus noch zaghaften, (Selbst-)Beschränkungen ausgesetzt sieht, dient diese Form der Öffentlichkeit der eigenen Legitimation. Sie ist aber zugleich auch die Folie für das Erwachen der Nationen, für das Ludwig Börne in seiner Zeitung *Die Waage* ab 1818 den *Völkerfrühling* als liberales Schlagwort für den Kampf um bürgerliche Freiheitsrechte und die nationale Einheit in den Staaten Europas prägt. Während die Flug- und Schmähschriften des späten Mittelalters noch anonym erschienen und auch so mancher Zeitgenosse von Börne seinen Beitrag zum politischen Diskurs lieber unter Pseudonym veröffentlicht, zeichnet sich in der Folge des Vormärzes und der Revolution von 1848 die politische Aufladung des öffentlichen Raumes ab. Die Fokussierung des Staates auf das konkrete Regierungshandeln, wie es die Stein-Hardenbergschen Reformen im Preußen der Jahre 1807–1819/20 exemplarisch organisieren, schafft Freiräume für eine bürgerliche Kultur- und Warengesellschaft, in der Politik zunächst in den Salons und dann in den Parlamenten betrieben wird. Die Staatsräson wird zum Bindeglied und zur Identifikationsfigur, die Öffentlichkeit zur Appellationsinstanz, wenn es um politische Mitspracherechte oder um die Bewältigung der sich aus der Industrialisierung ergebenden Sozialen Frage geht, die wiederum den zunächst elitären Kreis des Publikums über die Einbeziehung der Werktätigen zum Massenphänomen werden lässt. Ein starkes Wirkungsmoment kommt dabei sicherlich der von Immanuel Kant schon 1795 in der Schrift *Zum Ewigen Frieden* formulierten Maxime zu, wonach nur das als Recht gelten darf, was auch im Lichte der Öffentlichkeit Bestand hat. Dass sich Kant hier auf die Rechtsprechung bezieht, während nahezu zeitgleich die englischen Utilitaristen – und in deren Gefolge die US-amerikanische Debatte – ganz andere Kräfte am Werk sieht, ist eine der Besonderheiten, die bis heute den Bedeutungsgehalt von Öffentlichkeit in der politischen Kultur Deutschlands prägen. Eine andere wird erst im Vergleich sichtbar. Die Tatsache, dass sich die Staaten des

Deutschen Bundes erst 1871 unter dem Dach des Kaiserreiches als verspätete Nation konstituieren, verhindert zwar nicht die Herausbildung von Parteien und Gewerkschaften, über die das individuelle wie kollektive → *Interesse* gegenüber dem Staat artikuliert werden kann. Ein Bewusstsein für die politische Wirkungsmacht dieser Form der Öffentlichkeit, wie sie beispielsweise in Frankreich Émile Zola mit seinem Artikel *J'accuse* (1898) erkennen lässt, ist damit in Deutschland nur bedingt verbunden, zumal nachdem Otto von Bismarck die *Sozialistengesetze* und den *Kulturkampf* zur Festigung des Staates stilisiert hatte. In der Folge bleibt die Öffentlichkeit ein Format des Bürgertums; ein eigenes proletarisches Bewusstsein ist bis heute eher diffus geblieben, so dass selbst der im Kommunismus angelegte revolutionäre Impetus *Proletarier aller Länder, vereinigt euch!*, der ja an eine staatsübergreifende Identität appelliert, in Deutschland verhallt. Stattdessen etablieren sich nun neue Formate von Öffentlichkeit: die der Parteien und Verbände, die der staatstragenden Institutionen (→ *Regierung*, Parlament) und die von den Medien transportierte bzw. generierte. Die zeitgenössische Staatslehre, so etwa Friedrich J. Stahl, band die Öffentlichkeit an das Gemeinwohl, woraus sich unter Wahrung der Staatsräson jener Obrigkeitsstaat des Wilhelminischen Zeitalters entwickelte, der u.a. von Paul Klee (*Zwei Männer*, 1903) oder von Heinrich Mann (*Der Untertan*, 1914) charakterisiert wurde. Von dort war es nur noch ein kleiner Schritt für einen Medienunternehmer wie Alfred Hugenberg, der dank seiner Zeitungen die öffentliche Meinung in der Weimarer → *Republik* dominierte und von daher als einer der wichtigsten Wegbereiter für die ideologische Propaganda des Nationalsozialismus gilt. Deshalb war es nach 1945 eine der ersten Maßnahmen der Alliierten in den Besatzungszonen, den Zeitungsmarkt durch Lizenzierungen und den Rundfunk gemäß der Reeducation-Vorgaben neu zu ordnen. Während der deutsche Medienmarkt heute im Wesentlichen von den Unternehmen Springer, Bertelsmann und Bauer dominiert wird, hat sich seit den 1980er Jahren ein privater Senderbereich für das Fernsehen etablieren können. Der technische Fortschritt und mehr noch die → *Globalisierung* lassen es aber immer wahrscheinlicher werden, dass das Internet zur bestimmenden Medienform wird. Damit geht aber auch ein neuerlicher Funktionswandel einher: heutzutage sind es die Medien, welche die Themen definieren und durch die Massenkommunikation den Charakter der Öffentlichkeit maßgeblich prägen.

III. Aktuelle Dimension: Das Bewusstsein für die Strukturen und Funktionen des liberalen Modells bürgerlicher Öffentlichkeit, wie es sich in Großbritannien und in den USA herausbildete, dort in den jeweiligen Kulturindustrien verstärkt und im Anschluss an den Zweiten Weltkrieg auch in der Bundesrepublik wieder grundiert wahrgenommen wurde, bedingt, so etwa Jürgen Habermas (1962), eine Sphäre der zum Publikum versammelten Privatleute. Ihre öffentliche Meinung, die sie im Bewusstsein für ihre Verantwortung als Bürgerinnen und Bürger im republikanischen Staatsmodell artikulieren, vermittelt dem Staat als Adressaten die Bedürfnisse der Gesellschaft. Die Öffentlichkeit dient also dem delibertiven und gewaltfreien Wettstreit der Meinungen, belebt die politische Konkurrenz und festigt so eine diskursive Gesellschaft von innen heraus, die um die Tragweite der in ihrem Namen erlassenen Gesetze – und deren Begrenztheiten – weiß. Das Parlament ist zwar einerseits ein in der Verfassung fußendes Staatsorgan, aber andererseits öffentliche Plattform für die gesellschaftlich relevanten Themen. Endgültig deutlich wird diese Form der Öffentlichkeit, wo die Interaktionen der Staatsorgane untereinander und mit den Bürgerinnen und Bürgern dem öffentlichen Raum verpflichtet sind, da sie hieraus ihre Legitimität beziehen. Für Habermas sind die sich daraus ergebenden Tendenzen klar erkennbar: Die Öffentlichkeit selbst befindet sich in einem sozialen und in einem politischen Funktionswandel begriffen. Indem sie immer neue Sphären der Gesellschaft erschließt, in die immer mehr Partikularinteressen einfließen und wo immer neue Problembereiche artikuliert werden können – wobei der Zusammenhang mit dem technologischen Fortschritt und der Globalisierung eine besondere Rolle spielt – verliert sie ihre Kritik- und Kontrollfunktion, wird zur demoskopisch bestimmbaren und auf einen konkreten Zeitausschnitt reduzierbaren politischen Ordnungsgröße.

Problematisch wird das Verständnis von Öffentlichkeit, wo es mit den Aufgaben des Staates korreliert. Wo von Öffentlichkeit im Sinne einer plural strukturierten Gesellschaft die Rede ist, besteht die Notwendigkeit, den hier anklingenden Bezug auf das Gemeinwohl nicht völlig der Beliebigkeit des politischen Prozesses (Wahlkämpfe und Regierungsprogramme bzw. die Erfordernisse von Koalitionsverträgen) zu überlassen. Von daher entfalten die in der Verfassung enthaltenen Grund- und → *Menschenrechte* in Bezug auf die Öffentlichkeit eine eigene Wirkungsmacht, welche selbst das durch die Technisierung beförderte Recht auf informelle Selbstbestimmung regelbar erscheinen lässt, das wiederum als Replik auf das ursprünglich von Marshall McLuhan geprägte, dann aber durch Andy Warhol (1968) berühmt gewordene Diktum der 15 Minuten Ruhm (*15 minutes of fame*) fungiert. Wenn alles Private somit Politisch ist, wie es hier anklingt, dann verändert sich das bisherige Verständnis von Öffentlichkeit dahin gehend, dass sie – ob nun durch Formate des Reality-TV, die Sozialen Netzwerke im Internet oder selbst Diskurse wie der zur → *Political Correctness*– auch konstruiert werden kann. Im Zusammenspiel mit dem Trend zur Anonymität wird Öffentlichkeit relativ, was wiederum im Sinne der von Noelle-Neumann beschriebenen Schweigespirale eine neue Herausforderung für die Politik und damit die Parteien und die sie reflektierenden Medien darstellt. Das sich seit dem 18. Jahrhundert verfestigende Bild von Öffentlichkeit lebt davon, dass Informationen über Kommunikationsbeziehungen ausgetauscht werden und somit einer Allgemeinheit zur Verfügung stehen. Die Multiplizierung der Informationen und die gleichzeitige Pluralisierung der Lebensformen bzw. der sie repräsentierenden Kommunikationssysteme bedingen eine Segregation der Kommunikation, die dieses an den

Beharrungskräften der staatlich-administrativen Bürokratie geschulte Prinzip nachhaltig in Frage stellt. In der Folge wird die Öffentlichkeit nicht mehr als homogenes Ganzes, sondern als heterogenes Gebilde von Arenen (im Sinne von Encounters, öffentlichen Veranstaltungen, TV-Shows etc.) wahrgenommen, die unterschiedlichste Zugänge voraussetzen und zugleich eine kaum noch zu überblickende Vielzahl an Akteuren, Themen und Meinungen generieren. Öffentlich ist heute zunehmend nur noch das, was veröffentlicht ist.

IV. Weiterführende Literatur:

Gerhardt, Volker (2012): Öffentlichkeit. Die politische Form des Bewusstseins. München.

Göhler, Gerhard (1995): Macht der Öffentlichkeit – Öffentlichkeit der Macht. Baden-Baden.

Habermas, Jürgen (1962): Strukturwandel der Öffentlichkeit. Untersuchungen zu einer Kategorie der bürgerlichen Gesellschaft. Neuwied.

Hoffjahn, Olaf / *Arlt*, Hans-Jürgen (2015): Die nächste Öffentlichkeit. Theorieentwurf und Szenarien. Wiesbaden.

Ottmann, Henning / *Barisic*, Pavo (Hrsg. / 2016): Demokratie und Öffentlichkeit. Geschichte – Wandel – Bedeutung. (Staatsverständnisse, Bd. 94). Baden-Baden.

Martin Schwarz

Political Correctness

I. Definition: *Political Correctness* oder auch PC ist der aus dem angelsächsischen Sprachraum stammende Ansatz, gesellschaftlichen Minderheiten vermittels einer verbindlich wirkenden Kodifizierung von bestimmten Sprachmustern einen politischen und gesellschaftlichen Schutz vor sprachlicher Diskriminierung, emotionaler Kränkung und entsprechenden Handlungen zu bieten. Dieser Schutzansatz ist jedoch nicht juristisch bindend. Da diese Minderheiten im Rahmen der aktuellen PC-Debatte nicht eindeutig definiert werden können, entwickelt sich PC entlang der (Selbst-)Wahrnehmung von gesellschaftlichen Randgruppen, Subkulturen und Milieus, die von einer Mehrheitsgesellschaft durch jeweils zugeschriebene stereotype Merkmale als solche charakterisiert werden oder aber sich selbst gerade dadurch identitätsstiftend definieren. Zu den bekanntesten Beispielen zählen die Frauenbewegung und die sie flankierende Gender-Debatte, die Diskussion um die Inklusion von Behinderten in das Bildungssystem und die Arbeitswelt mitsamt dem Diversity-Ansatz, die Gewährung von (Autonomie-)Rechten für ethnische und religiöse Minderheiten und die über den Gleichheitsanspruch geführte Diskussion um die völlige Gleichstellung von homosexuellen Lebensweisen bis hin zur sogenannten *Ehe für Alle*. Dabei geht es generell um die jeweilige Sichtbarkeit bzw. Einordnung in der öffentlichen Meinung. Der Begriff political correctness selbst ist schon älter und wurde im späten 18. Jahrhundert in den damals noch jungen USA geprägt. Der Ansatz, über die juristische und politische, also öffentliche, Sprache gesellschaftliche Normen durchzusetzen, reicht indessen bis zur Gründung der Französischen → *Republik* und den durch Maximilien de Robespierre propagierten *Tugendterror* zurück, mit dem die Jakobiner über die Grenzen Frankreichs hinaus die Ideale der → *Revolution* mit dem von Rousseau formulierten → *Gesellschaftsvertrag* zu verbinden suchten. In dieser Tradition stehen im Übrigen auch die Totalitarismen des 20. Jahrhunderts, da der Nationalsozialismus wie auch der Kommunismus dem jeweiligen ideologischen Sprachgebrauch geschuldete und äußerst wirkmächtige, dabei art- und systemverwandte, Ausdrucksformen hervorbrachten. Diese Erfahrung und mehr noch die Notwendigkeit einer kritisch-reflektierenden Auseinandersetzung damit beispielsweise im Rahmen der politischen Bildung zählen denn auch zu den zentralen Erfahrungen und Herausforderungen eines jeden demokratischen Systems bzw. der seit 1945 gültigen und durch die Umbrüche der 1990er Jahre wieder in Frage stehenden politischen (Welt-)Ordnung.

II. Geschichte des Begriffes: Die Ursprünge von Political Correctness liegen in den Nachwirkungen der US-amerikanischen *Civil-Rights-Bewegung* der 1950er und 1960er Jahre, die tiefgreifende Veränderungen in der US-amerikanischen Gesellschaft einleitete. Die ersten Anklänge finden sich schon in den

Entscheidungen des *Supreme Courts* in den USA, der seit 1942 sogenannte *fighting words* ausdrücklich von der Redefreiheit ausnimmt, also beleidigende und diskriminierende Äußerungen, für die im öffentlichen Sprachgebrauch nun Substitute gefunden oder aber neue Wortschöpfungen kreiert werden mussten. Der gleiche Vorgang findet im Übrigen, wenn auch unter den Vorzeichen des Nationalsozialismus, seit 1945 in Deutschland statt, wo die öffentliche Sprache vom vergewaltigenden Vokabular und Sprachduktus des Dritten Reiches gereinigt werden muss. Das erklärt wohl auch ansatzweise, warum die PC-Debatte insgesamt, zunächst noch über die Auseinandersetzung mit dem in den 1970er Jahren angestoßenen Gender-Ansatz und dessen geschlechtsspezifischer Sprache, solch eine Breitenwirkung hat entfalten können, wobei die Übergänge zwischen PC- und Gender-Ansatz längst als fließend oder sogar als sich gegenseitig bedingend gelten können.

Ausgehend von der 1954 vor dem Supreme Court erzwungenen Abschaffung der *separate-but-equal-Doktrin* – bis dahin die Basis der legalen Apartheid im staatlichen Erziehungssystem – konnte die mit der Erklärung der → *Menschenrechte* unvereinbare Rassentrennung in den USA schrittweise überwunden werden. Dazu bedurfte es aber zweier Verfassungsänderungen (1961 und 1964), der Verabschiedung von insgesamt fünf *Civil Right Acts* (1957–68, darunter das Wahlrecht für Schwarze), der Aufhebung des Verbots von *interracial marriages* (1967) und der parallel verlaufenden Einrichtung von staatlichen (Regierungs-)Einrichtungen zum Schutz vor Diskriminierungen. Maßgeblichen Anteil daran hatte Martin Luther King, der in seinen Reden und Schriften eine Synthese aus Mahatma Gandhis Ansatz des gewaltlosen Widerstands (Satyagraha) und den Pazifismus-kritischen Ansichten von Reinhold Niebuhr vollzog. Gerade weil er sich nicht dem gewaltsamen Weg von Malcom X (ermordet 1965) oder der 1966 gegründeten (und 1982 aufgelösten) Black Panther Party anschloss, wurde King mit dem Friedensnobelpreis (1964) geehrt, nur um dann wenige Jahre später aus rassistischen Gründen ermordet zu werden. Diese Entwicklungen haben die Rassenfrage in den USA insoweit relativiert, dass schließlich mit Barack Obama der erste schwarze US-Präsident in das Weiße Haus (2009–17) einziehen konnte. Mehr noch: Eng verbunden mit der nun juristisch abgesicherten rechtlichen Gleichstellung und inspiriert durch die südafrikanische *Black-Consciousness*-Bewegung begannen auch andere gesellschaftliche Minderheiten, eben diese Gleichstellung nun in der Sprache respektive im geschriebenen Sprechakt sowie in der Kulturindustrie einzufordern. Sinnbildhaft dafür sind etwa die das Sujet bewusst überzeichnenden *Blaxploitation*-Filme der 1970er Jahre oder die heutige Kritik am sogenannten *white washing* aktueller Hollywood-Produktionen. Unter dem Eindruck des *Vietnam-Krieges* (1955–75), der greifbaren Erfolge von Kings Engagement und der von San Francisco ausgehenden Hippiebewegung veränderte sich zudem die Bürgerrechtsbewegung in den USA. Sie öffnete sich nun für die seinerzeit und zum Teil noch heute hochkontrovers debattierten Ideen wie das Recht auf individuelle Selbstverwirklichung, das Selbstbestimmungsrecht von Frauen (inklusive des Rechts auf Abtreibung) sowie die Rechte von Homosexuellen und setzte sich – in der Kommunismus-Rezeption u. a. von Marx, Lenin und Trotzki – kritisch mit den bürgerlichen Idealen, Zwängen und Tabus der US-amerikanischen Mittelschicht auseinander. Das Ende des bis heute als Trauma nachwirkenden Vietnam-Krieges und mehr noch die ökonomischen Realitäten der 1980er Jahre ließen diese Stimmen jedoch wieder leiser werden. Es bedurfte erst der als *Race Riots* bekannt gewordenen Unruhen beispielsweise von Miami (1980), Los Angeles (1992) und Ferguson (2014), um auf die nach wie vor prekäre Situation von Schwarzen in den USA aufmerksam zu machen, die demnach überproportional von oftmals weißer Polizeigewalt betroffen sind. Als vergleichbar damit gilt hinsichtlich der Situation von Homosexuellen der HIV-Schock der 1980er Jahre, der die ohnedies schon bestehenden und heutzutage durch die jährlichen *Gay-Pride*-Paraden ironisch kommentierten Stigmatisierungen noch verstärkte und der immer noch in seiner diskriminierenden Art nachwirkt, obwohl die Krankheit nicht nur Homosexuelle betrifft.

Mitte der 1980er Jahre waren es dann erneut die US-Universitäten, die in der kritischen Auseinandersetzung mit der damaligen Reagan-Administration und wie schon in der Phase der 1968er-Bewegung zum Ausgangspunkt einer breiten gesellschaftlichen Debatte wurden. Ausschlaggebend dafür waren offenkundig die Erfolge von schwarzen Schriftstellern wie Toni Morrison (Pulitzer-Preis 1988, Literaturnobelpreis 1993) und anderen Kunst- und Kulturschaffenden wie Spike Lee, einem der Mitbegründer des *New Black Cinema*, die aber in den universitären Lehrplänen nicht vorkamen. Zum Auslöser der Diskussion u. a. an der *University of California* wurden denn auch Pflichtkurse zur *Western Civilization*, in denen ausschließlich weiße Vertreter der Kulturgeschichte und Repräsentanten der Aufklärung behandelt wurden. Die Protagonisten dieser neuen, sich zumindest teilweise dem aus dem Poststrukturalismus resultierenden Postkolonialismus zurechnenden und sehr heterogenen Bewegung forderten ein Bewusstsein für das Fortbestehen rassistischer Strukturen in den verschiedenen gesellschaftlichen Lebensbereichen (→ *Politik*, Ökonomie, → *Kultur*, Sport und Freizeit) ein und propagierten ein emanzipatorisches → *Interesse* an der Neufassung des kulturellen Gedächtnisses. Dazu wurde auch die existierende Ordnung gezählt, die es unter Berufung auf Johan Galtung als Ausdruck einer europäisch-männlichen Hegemonie und aufgrund ihrer inhärenten *strukturellen Gewalt* zu überwinden galt. Nur dann konnte und kann ihren Opfern – je nach Sichtweise über die Kategorien Geschlecht, Rasse, Ethnie, sexuelle Orientierung, körperliche oder seelische Behinderung etc. definiert – → *Gerechtigkeit* widerfahren, wenn jedwedes *Anderssein* gesellschaftlich akzeptiert wird. Für dieses Ziel sollte zunächst der akademische Lehrstoff überarbeitet und um weibliche bzw. nicht-weiße Autoren aus Afrika, Asien und den beiden Amerikas erweitert werden. Es ging daneben von Anfang an aber auch schon um die Formulierung von Sprach- und Verhaltenskodizes (*speech* und *conduct codes*), mit denen diese Minderheiten aufgrund ihrer keineswegs schicksalhaften, sondern fremdverursachten Opferrolle sprachlich in den Diskurs einbezogen werden sollten. Dabei spiegeln diese Codes in ihrem moralischen Rigorismus die puritanische und sich auf den Calvinismus berufende Tradition der *Pilgrim Fathers* wider, die Max Weber zufolge den Nationalcharakter der USA ganz maßgeblich geprägt hat. Das Ziel von PC konnte daher nicht nur die gleichberechtigte gesellschaftliche → *Integration* sein. Es ging vielmehr um die Etablierung einer Identitätspolitik zur Verwirklichung der kulturellen Selbstbestimmung. Im Rekurs u. a. auf Hegel wurde damit argumentiert, dass eine Veränderung der Parole, also der sprachlichen Wahrnehmung, den Sprechenden unmittelbar in die Lage versetzt, veränderte Denk- und Sprachmuster hervorzubringen. In seiner *Phänomenologie des Geistes* beschreibt Hegel den menschlichen Bildungsgang als „Arbeit am Begriff". Menschen begreifen ihre soziale Wirklichkeit über die von ihnen verwandten Begriffe, so dass den kategorialen Erschließungsmustern (z.B. Raum und Zeit) eine große, nämlich wirklichkeitskonstituierende, Bedeutung zukommt. Vor diesem Hintergrund gilt es, insbesondere in der → *Öffentlichkeit* sorgsam mit Sprache umzugehen, sie in ihrem Verletzungspotenzial wahrzunehmen und somit sprachliche Diskriminierungen auch dort zu vermeiden, wo sie nicht durch juristische Sanktionsmaßnahmen definiert sind. Auf diese Weise sollen Minderheiten vor Herabsetzung und Missachtung geschützt und gegenüber der Mehrheitsgesellschaft in ihren Selbstbehauptungsrechten gestärkt werden.

III. Aktuelle Dimension: Die Protagonisten der Political Correctness berufen sich vor allem auf den schon angesprochenen Poststrukturalismus. Seine Vertreter – wie etwa der Psychoanalytiker Jacques Lacan, die Philologin Judith Butler, der Ethnologe Claude Lévi-Strauß oder die Philosophen Roland Barthes, Jacques Derrida, Michel Foucault und Jürgen Habermas – hinterfragen den Einfluss von Sprache und Literatur auf die Beschaffenheit der Gesellschaft. Ausgehend von der These, dass Sprache und Literatur eine Gesellschaft weitaus mehr prägen würden als Regierungsform oder Politik streben sie die Neubewertung der Sprache als ein zu objektivierendes Zeichensystem an und rufen zur Formulierung einer möglichst diskriminierungsfreien Sprache auf. Auf diese Weise soll eine → *Reform* der gesellschaftlich verfestigten und den Fortschritt hemmenden Machtstrukturen erreicht werden. Eine wirkliche gesellschaftliche Reform kann es im Sinne von PC also nur geben, wenn es gelingt, Sprache und Literatur im gewünschten Sinne auch *linguistisch* umzustrukturieren. Dabei geht es hier maßgeblich um die Beziehung zwischen Sprache und der konkreten Ausübung von → *Macht*, da die Sprache selbst ebenso wie die Normen des Sprachgebrauchs positiv wie negativ konnotierten regulativen Zwängen unterliegen. Diese entscheiden wiederum über Begriffskarrieren, Argumentationsmuster, rhetorische Anforderungen und nicht zuletzt noch die zentralen kommunikationsethischen Standards. Das Verhältnis von *Sprachstruktur* und *Sprachpraxis* bestimmt demnach als Teil des demokratischen Prozesses nicht nur den Machtzugang sowie deren Verteidigung und Ausübung. Es geht auch um die politische Wirkungsweise der Sprache und damit um die Bedingungen, unter denen innergesellschaftliche Identitätsbildungsprozesse stattfinden. Demnach sind Sprachverwendungsmuster im Sinne von Almond/Verba ein zentrales Bindeglied zur Analyse der politischen Kultur eines Staates, die nicht zuletzt durch den Konkurrenzkampf um die adressatenorientierte Durchsetzung von Deutungsrahmen, Handlungskonzepten und Begrifflichkeiten bestimmt ist. Gerade weil das Mittel der Sprache hier als Beispiel für eine Spielart von *soft power* dient, die mit einer gewissen Zielsetzung auf Überzeugungen und Meinungen einwirkt, hat sich nahezu zeitgleich mit PC eine (konservative) Gegenbewegung formiert, die diese Vorgehensweise als *Zensur* und als Einschränkung der verfassungsrechtlich geschützten Rede- und Meinungsfreiheit zurückweist. Angesichts des aus ihrer Sicht übermäßigen oder ideologischen Gebrauchs von PC sehen sie traditionelle Werte wie → *Nation*, → *Staat* und Familie in Gefahr. PC wird so zur Chiffre einer Zurückweisung spezifisch linker Antidiskriminierungsanstrengungen. Die Ablehnung der Versuche einer PC-gerechten Veränderung der institutionellen Ordnung wird wiederum von der Gegenseite als Ausdruck der Unterdrückung und der kulturellen Dominanz kritisiert. Beide Strömungen fokussieren auf den politischen Prozess, dessen Fachbegriffe, die Terminologien der politischen Institutionen, die ideologischen Grundhaltungen der beteiligten Parteien und ihrer Akteure sowie auf das der Vermittlung dienliche Alltagsvokabular. Da das aber beispielsweise ein Bildungssystem voraussetzt, dass die Betroffenen aus ihrer (wirklichen oder zumindest doch vermuteten) Sprachunfähigkeit befreit, hat die PC-Debatte längst auch die Bereiche des schulischen und beruflichen Ausbildungswesens erreicht, da diese, wie etwa die Bildungsinhalte des Kerncurriculums, letztlich politischen Setzungen unterliegen. Schließlich müssen die im Sinne des PC zu vermeidenden Ausdrücke und Redewendungen durch neue, den ursprünglichen Konflikt neutralisierende, Begriffe ersetzt werden, die es in den allgemeinen wie fachspezifischen Sprachgebrauch einzuführen gilt.

Auf diesem Wege stellt die schon von der Bürgerrechtsbewegung beklagte *Machtasymmetrie* in den modernen Demokratien ein nach wie vor zu überwindendes Hindernis dar, weil hier die notwendigen Privilegien zur Erzeugung politischer Texttypen – Gesetze, Partei- und Wahlprogramme, Regierungserklärungen etc. – aus PC-Perspektive zum Nachteil der Minderheiten determiniert sind. Im Sinne von PC müssen diese Hürden aber abgeschafft werden, um eine möglichst breite Partizipation am Willensbildungsprozess zu erreichen. Damit hat PC längst die klassischen Formate der *Zivilgesellschaft* überwunden; sie ist in den westlichen Demokratien und ihren zunehmend individualistischen Gesellschaften zum festen Bestandteil der politischen Debatte geworden. Ihre Protagonisten verstehen sich als legitime Anwälte der gesellschaftlichen Minderheiten, in deren Namen selbst wie beschrieben Eingriffe in Grundrechte propagiert werden, da sie – so die PC-Lesart – den alleinigen und durch den höheren Zweck gerechtfertigten Anspruch auf die *Toleranzmaxime* haben. So wird etwa die durch die UN-Behindertenrechtskonvention und die sich daraus ergebende Inklusionsdebatte gerade in Deutschland seit 2009 zum Anlass genommen, ein über Jahrzehnte gewachsenes und sich auf das → *Gemeinwohl* berufendes Förder- und Fürsorgesystem ersatzlos aufzukündigen, mit der Diktion, den laut PC *anders Befähigten* besser gerecht zu werden.

Sofern es eine Schnittmenge zwischen den beiden Positionen geben kann, dann wohl die: PC wirkt im Sinne einer moralisch aufgeladenen Selbstbeschränkung, die nicht nur die öffentliche Meinung und die Mitwirkungsmöglichkeiten an deren Formulierung reguliert. PC bestimmt vielmehr längst auch – wie im Falle der sog. *Affirmative Action* oder positiven Diskriminierung – die Entscheidung, worüber bzw. in welcher Art und Weise über bestimmte Themen gesprochen werden kann. Wenn also Studierende nur deshalb einen der raren Studienplätze an einer renommierten und deshalb begehrten US-Universität erhalten, weil sie im Sinne des PC einer der vielen Minderheiten der US-amerikanischen Gesellschaft angehören, oder wenn Arbeitnehmer nur deshalb einen Arbeitsplatz erhalten, weil sie durch ihre Behinderung der Erfüllung der gesetzlichen Quotenbestimmung dienlich scheinen, wird das anhaltende Vermittlungsproblem politischer Entscheidungen umso deutlicher. Politik lebt von Vermittlung, auch und gerade in Zeiten der Political Correctness, denn nur so kann das etwa im Grundgesetz angelegte Spannungsverhältnis aus Würde und Gleichheit mit Leben erfüllt werden.

IV.Weiterführende Literatur:

Choi, Jung Min / *Murphy*, John W. (1992): The Politics and Philosophy of Political Correctness. Westport, Conn.

Münch, Ingo von (2017): Meinungsfreiheit gegen Political Correctness. Berlin.

Schwartz, Howard S. (2016): Political Correctness and the Destruction of Social Order. Chronicling the Rise of the Pristine Self. Cham.

Martin Schwarz

Politik

I. Definition: In der *Politik* geht es um unsere Existenz, um die nackte Existenz wie auch um die gelungene Existenz. Es geht ums Überleben und um das gute Leben. Um das Überleben zu sichern und das gute Leben zu erlangen, sind viele Mittel recht, bisweilen auch alle. Von daher – von den Mitteln her gedacht, die eingesetzt werden – gilt Politik oftmals als schmutziges Geschäft und als amoralisches Treiben, in dem skrupellose Machtpolitik betrieben wird. Ein jeder versucht, sein → *Interesse* durchzusetzen, und in diesem Streben nach Selbstdurchsetzung kommt es allein auf Machterwerb, Machterweiterung und Machterhalt an. Dies führt zu der politischen Frage nach den Grenzen der → *Macht*. Soll dieses Wettrennen um Machtansprüche und → *Herrschaft* grenzen- und regellos vonstattengehen, oder gelingt es handelnden Menschen, eine politische Ordnung zu gründen, die als verfasste Ordnung dem Streben nach Macht festgelegte Grenzen setzt?

Stets geht es in der Politik um die Ordnung des Zusammenlebens, um verbindliche Regeln ebenso wie um die Verfahren und Lebensbereiche, auf die sich das politische Beraten, das politische Entscheiden und das politische Verantworten beziehen. Die herausragende Ordnungsfrage ist die nach der Verfassung. Und alles, was mit grundlegenden Ordnungs- und Verfassungsfragen zu tun hat, wird im englischsprachigen Raum mit *Polity* bezeichnet. Denn die Verfassung bildet die Grundlage des Zusammenlebens und allen politischen Handelns. Auch wenn Menschen – je nach → *Kultur* und → *Nation* verschieden – unterschiedliche Lebensweisen pflegen: Eine jede Lebensweise bedarf einer Ordnung. Sie gibt den institutionellen Rahmen vor und sie steckt die Bereiche ab, innerhalb derer sich die Tätigkeit der Politik und alle damit verbundenen Verfahren und Prozesse vollziehen. Diese Dimension der Politik, wo es meist um strittige und konflikthafte Handlungs-, ja Aushandlungsprozesse geht, wird in der angelsächsischen Sprache *Politics* genannt. Was die vielfältigen Lebensbereiche jedoch betrifft, in denen politisch gehandelt und über deren Ausgestaltung politisch entschieden wird, so spricht die politische Wissenschaft von einzelnen Politikfeldern. Für diese Dimension unterschiedlicher Politikfelder, z. B. Innen-, Verteidigungs-, Bildungs- oder Umweltpolitik, hält die englische Fachsprache den Begriff *Policy* bereit.

II. Geschichte des Begriffs: Es gibt kaum einen Begriff, der mehr Vorurteilen unterworfen ist, als der Begriff der Politik. Sei es die Vorstellung, dass Politik – verstanden als Innenpolitik – ein garstig Lied sei und durch und durch aus Lug und Trug bestehe, oder sei es die Annahme, dass Politik – verstanden als Außenpolitik – zwischen leerer Propaganda und nackter Gewalt hin- und herschwanke, man kann sich schnell darauf berufen, dass damit bereits alles gesagt sei. Schließlich wisse ja ein jeder, was mit Politik und den politisch Handelnden, den Politikern, gemeint sei. Allerdings macht es einen Unterschied, ob man von politisch Handelnden oder *den* Politikern spricht. Dem Handelnden scheint allein über den Begriff des Handelns eine Würde zuzukommen, die dem Politiker in der oft verächtlichen Verwendung des Begriffs kaum zugestanden wird. Während ein politisch Handelnder offensichtlich mit seinem Tun identifiziert wird, wird ein Politiker implizit auf seine blanken Interessen reduziert, die er auf Biegen und Brechen und bisweilen mit schäbig-durchtriebenen Mitteln durchzusetzen trachte. Mit dem Begriff *Politiker* assoziieren wir ein anderes Vorverständnis als mit dem Begriff *politischer Mensch*.

Für die Griechen der Antike ist der Mensch – wie Aristoteles es ausdrückt – ein *zoon politikon*, ein politisches Lebewesen. Bereits in den Eingangskapiteln seines acht Bücher umfassenden Lehrbuchs zur *Politik* weist Aristoteles auf diese anthropologische Verortung hin. Im weitesten Sinne wird dort der Mensch als Weltwesen gesehen, als ein Wesen, das die Welt, in der es lebt, selbst gestalten kann. Menschen haben an unterschiedlichen Existenzbereichen teil, und wer sich in die gemeinsame Welt begibt, an der Welt teilhat und mit seinesgleichen sprechend und handelnd die öffentlichen Angelegenheiten bedenkt und erörtert, wer zu bestimmen, zu beeinflussen, zu entscheiden und zu gestalten sucht, ist politisch tätig. Er erfährt sich als Teil der Welt, zu der er über seine politische Praxis eben auch gehört, und diese im Tätigsein erfahrene Zugehörigkeit zur Welt erfüllt, ja erfüllt mit Freude. In dieser Perspektive ist Politik wie keine andere Tätigkeit dem Menschsein zugehörig, weswegen die amerikanischen Gründungsväter *the pursuit of happiness* als originär menschliches Streben nach Glück in den Kanon ihrer Verfassungsgrundsätze aufgenommen haben. Selbst wenn dieses Recht auf Streben nach Glück vielfach nur auf das Moment einer privatistischen Existenz verkürzt und verengt wird, so sollten wir uns vergegenwärtigen, dass mit happiness auch, und bisweilen wesentlich, *public happiness* gemeint ist. Es geht im weitesten Sinne um das die eigene Existenz bestätigende Gefühl, als *somebody* wahrgenommen zu werden und nicht als *nobody* überflüssig zu sein.

Im Phänomen der Weltlosigkeit, in dem unter den Bedingungen totaler Herrschaft Menschen als handelnde Wesen überflüssig gemacht werden, hat Hannah Arendt das Antipolitische in seiner Reinform analysiert. Es sind dies die „Höhlen des Vergessens" – wie sie die Konzentrationslager nennt –, die in größtem Gegensatz zum hellen Raum des Politischen, zur → *Öffentlichkeit* der antiken Polis stehen. Die Polis als kategorialer Herkunftsort von Politik ist der institutionell gesicherte Ort politischen Handelns, Urteilens und Erinnerns. Hier geben sich die Polites als Welt verantwortliche Wesen zu erkennen, und in diesem Handlungsraum treten sie als Personen in Erscheinung. Eben weil Menschen nicht über den archimedischen Punkt verfügen und weil sie an ihren geschichtlichen Ort und an ihre konkrete Existenz gebunden sind, leben sie in einem Beziehungsgeflecht, und es ist ihnen allenfalls ein perspektivischer Zugang zur Welt möglich. Nicht die *eine* Wahrheit, die in ihrer Konsequenz die Menschen von der Politik „erlösen" würde, macht die Substanz von Politik aus, sondern es sind gerade die unzähligen Hinsichten, die vielfältigen Interessen, die vieldeutigen Meinungen, die den – nicht unernst gemeinten – Spielraum der Politik eröffnen. Politik findet zwischen Menschen statt, und dies nannten die Römer der Antike *inter homines esse*, unter Menschen zu sein, zu leben. Bloß *vivere*, sprich organisch am Leben zu sein, unterscheidet die Menschen nicht von allen anderen belebten Wesen in der Natur. Aus dieser anthropologischen Erfahrung, eben ein politisches Wesen sein zu können, rührt die Hochachtung der antiken Welt gegenüber der Politik. Und nur weil die Politik allzu oft als Dienerin der Philosophie, als Magd der Theologie oder, modern gesprochen, als Funktion der Ökonomie angesehen wird, hat der britische Politikwissenschaftler Bernard Crick ein Buch mit dem Titel *In Defense of Politics* (1962) geschrieben. In ihm verteidigt er die Politik als Tätigkeit, die freien Menschen würdig ist. Die tiefe Freude, nicht nur behandelt zu werden, sondern im Rahmen der eigenen Möglichkeiten sein Leben selbst in die Hand zu nehmen und das eigene Leben und Zusammenleben mit anderen gestalten zu können, gehört für ihn zum unverzichtbaren Kern von Politik.

Ein politischer Mensch zu sein, bedeutet, gemeinsam mit Seinesgleichen das erfahrbare Lebensumfeld zu gestalten, und darin zeigt sich eine anspruchsvolle Lebensweise. Genau genommen heißt dies erst, erwachsen zu sein. Wer unmündig ist, unaufgeklärt und in existenziellen Dingen unwissend, der gilt als nicht erwachsen. Ihm wird nichts zugetraut, ja er selbst traut sich nichts zu, weshalb er eines Vormunds bedarf, der für ihn die Dinge regelt. Doch was ist, wenn weder ein Monarch monarchisiert noch ein Diktator diktiert, ja wenn wir selbst nicht nur die Adressaten, sondern – wie Jürgen Habermas formuliert – auch die Autoren, sprich die Urheber unserer politischen Angelegenheiten sein wollen? Dann sind wir selbst gefordert, eben herausgefordert, uns selbst zu regieren. Und dies ist die schwierige Aufgabe von Politik.

Während Politik jederzeit in der Herrschaftskategorie gedeutet werden kann, derzufolge es Herrschende und Beherrschte, Befehlende und Gehorchende gibt, wo also das Trennende im Vordergrund steht, so gibt es auch eine Sichtweise auf Politik, in der das Gemeinsame betont wird. Politik wird dabei nicht als Herrschaftsverhältnis, sondern als ein Freiheitsverhältnis erfahren. Von dieser Erfahrung freien Zusammenlebens unter einer gemeinsamen Verfassung stammt der Begriff der Politik. Als athenischer → *Bürger* gehörte man zwei Lebensbereichen an: Als Idiotes, deren Besorgungen hauptsächlich auf das Eigene gerichtet sind, gehörten die Menschen dem Oikos an, und als Polites, denen in erster Linie die Sorge um das Gemeinsame galt, waren die Bürger der Polis zugehörig. Der Oikos war der private Existenzbereich, in dem alles Lebensnotwendige organisiert und alles Lebensnützliche produziert wurde, und die Polis war der öffentliche Erscheinungsraum, in dem zu Politik begabte Wesen ihre spezifisch menschliche Begabung aktiv und geradezu existenziell ausleben konnten. Dazu war es notwendig, dass alle, die sich diese Lebensweise freien Sprechens, fachkundigen Beratens, kontroversen Diskutierens, gemeinsamen Entscheidens und ebenso gemeinsamen Verantwortens geradezu gönnten, sich unter eine gemeinsame Verfassung begaben. Der Begriff Polis war damit der Inbegriff von politischer Ordnung, und zwar einer ausgewiesen politischen Ordnung. Die Polis bot der Bürgerschaft ihren schützenden institutionellen Rahmen, in dem die freien und unter der Bürgerordnung rechtlich gleich gestellten Bürger ihr Zusammenleben gestalteten. Zudem bezeichneten die Entdecker der Politik mit dem Begriff der Polis jene herausgehobene öffentliche Welt, in der alle strittigen und offenen Fragen gemeinsamer Lebensführung in existenziellem Ernst verhandelt wurden. Hier hatten die hitzigsten Debatten und erbittertsten Wortgefechte ihren Ort, aber diese Praxis gemeinsamen Streitens verband auch die Bürger in ihrer Selbstauslegung und Wirklichkeitsinterpretation untereinander. Von ausgeprägtem Wirklichkeitssinn, über praktische Urteilskraft bis hin zu virtuoser Lebenskönnerschaft standen all jene Qualitäten in höchstem Ansehen, die darauf ausgerichtet sind, auf gleicher Augenhöhe mit den Mitbürgern das gemeinsame wie das eigene Wohl zu fördern. Politik ist so gesehen eine hohe Kunst, und für weltbezogene Wesen, die die Welt, in der sie leben, als Tätigkeitsraum wertschätzen, ist sie gar die höchste Kunst, weswegen Aristoteles die darauf bezogene Wissenschaft, die politische Wissenschaft, als höchste und ehrwürdigste bezeichnete.

Sich selbst zu regieren und auch regiert zu werden, wurde als eine gemeinsam zu erbringende Leistung angesehen, weswegen damals wie auch heute die gesamte Bürgerschaft für ihre Politik, die sie betreibt und die aus ihr hervorgeht, einzustehen hat. Politik zu betreiben, bedeutet immer zu entscheiden. Zu handeln ist nach Aristoteles eine Bewegung in der Zeit, und von daher sind das jeweilige Ziel und die Richtung des Handelns von großer Bedeutung. Demnach ist alle Politik zielbezogen und normativ. Wer verbindliche Entscheidungen trifft, gibt seinem Handeln eine Richtung, und zwar eine bestimmte. Dies hat zur Folge, dass alle anderen – ursprünglich möglichen – Handlungsoptionen ausgeschlossen und verschlossen werden. Insofern gestaltet und konstituiert Politik Wirklichkeit.

Dolf Sternberger hat in seinem Werk *Drei Wurzeln der Politik* (1978) drei Grundverständnisse von Politik erörtert: „Politik erwächst nach Begriff und Erscheinung aus drei getrennten Wurzeln", aus der (a) aristotelischen Wurzel, aus der (b) machiavellistischen Wurzel und aus der (c) augustinischen Wurzel. Während (a) im aristotelischen Verständnis Politik von der gemeinsamen Lebensordnung her bestimmt wird und der gesellschaftliche → *Frieden* durch eine verfassungsmäßige Regelung des Streits angezielt und gewonnen wird, definiert sich Politik (b) im machiavellistischen Sinne als Technik des Machtstrebens. Ein → *Staat*, wie ihn Machiavelli im *Il Principe* (1532) darstellt, dient nicht in erster Linie dem gelungenen menschlichen Zusammenleben, sondern mit seiner imperialen Stoßrichtung dient er der Herrschaft über Menschen. Politik wird in dieser Sichtweise vom menschlichen Streben nach Macht und Einfluss gespeist, und es gilt als erfolgreiche und damit gute Politik, wenn man das Zusammenleben nach den eigenen Vorstellungen gestaltet. Wer sich durchsetzt, ist politisch erfolgreich, und die jeweiligen Mittel, sich durchzusetzen, sind dabei vielfältig. Vom Überzeugen, Überreden über das Bedrohen oder gar Zwingen bis hin zur Gewaltanwendung und zum Vernichten des Kontrahenten reicht das Spektrum. Der jeweils andere ist entweder Gegner oder Freund, und von daher kommt es entscheidend darauf an, Freund und Feind klar zu unterscheiden. Der Frieden, der etwa durch listige, grausame oder gar kriegerische Mittel erreicht wird, ist dabei ein hegemonialer Frieden, gekennzeichnet durch Unterdrückung des Streits.

Neben diesen beiden Wurzeln der Politik, die entweder auf Vereinbarung und Verfassungskonsens oder aber auf Herrschaft und Unterdrückung abzielen, ist Politik (c) im eschatologischen Sinne auf die letztendliche Veränderung, auf die erlösende – in marxistischer Ausprägung revolutionäre – Umgestaltung alles Bestehenden ausgerichtet. Metaphorisch gesprochen stehen in dieser gleichsam endzeitlichen Auseinandersetzung die Kinder des Lichts den Mächten der Finsternis gegenüber, und unter Politik wird die alles entscheidende Schlacht verstanden: der Gottesfürchtigen gegen die Gottlosen oder der Ausgebeuteten gegen ihre Ausbeuter. Frieden ist hier der absolute Frieden, der die Erlösung vom Streit zum Endziel der Geschichte erhebt.

Angesichts dieser fundamental unterschiedlichen Sichtweisen auf das Politische stellt sich die Frage, ob unter den Bedingungen der → *Globalisierung* nicht auch diese von Sternberger zur Sprache gebrachten Grundverständnisse von Politik die Weltpolitik prägen. Will man etwa einen Konflikt oder gar einen → *Krieg* vertraglich lösen, wie es dem Verständnis westlicher Zivilisation entspricht, oder setzt man auf Überwältigung, wie z. B. die Annexion der Krim durch Russland zeigt. Oder wie verhält sich die Staatengemeinschaft zum Eroberungsfeldzug des sogenannten Islamischen Staates, der theologisch aufgeladen allen Kämpfern das Paradies verspricht? Angesichts dieser hochbrisanten Konflikte ist es von grundlegender Bedeutung, was die jeweilige Partei überhaupt unter Politik, auch unter Außenpolitik, versteht.

Was hingegen die Innenpolitik anbelangt, so schließen sich nach griechischem Verständnis Politik und Gewalt kategorisch aus. Denn Politik befasst sich im Kern mit der gemeinsamen Lebensführung, und von daher ist der Politik das freie Wort vorbehalten. Politik ist eine eminent geistige Angelegenheit, in der sich die Bürger über ihre Sprache miteinander verbinden. Politik gründet im besten Falle in der Vernunft, in der vernünftigen Beratschlagung ebenso wie in möglichst vernünftigen Entscheidungen. Doch im Gegensatz zur unerbittlichen Wahrheitssuche der Philosophie gibt sich die Politik mit dem Fürwahrhalten zufrieden. In der Politik regieren die Meinungen, und es ist diese Meinungsgebundenheit – *all government rest on opinion* – mit all ihren Ausschlägen und Schwankungen, die aus der Sicht der Philosophie die Politik als bloß menschlichen Bereich degradiert. Wer in der Politik gestalten will, bedarf der Gestaltungsmacht, und um gestaltungsmächtig zu werden, müssen Politiker Meinungen gewinnen. Ihr Terrain ist das Feld der Meinungen, und dort regiert die Rhetorik. Mögen Philosophen – aus guten Gründen – größte Skepsis gegenüber dem kaum durchschaubaren Dickicht der Meinungen haben, es ist gerade dieses weltliche Wirklichkeitsdickicht, in dem politische Menschen sich bewegen und in dem sie um stete Zustimmung für ihre Politik werben.

III. Aktuelle Dimension: In seinem Aufsatz *Politik als Beruf* unterscheidet Max Weber zwischen Politikern, die *für* die Politik leben, und Politikern, die *von* der Politik leben. Wer für die Politik lebt, lebt für seine politischen Überzeugungen und für sein politisches Handeln. Er entscheidet sich für eine nicht selten anstrengende Lebensweise, die bei allem hartnäckigen Bohren dicker Bretter gleichwohl Erfüllung in sich tragen kann. Wer hingegen von der Politik lebt, richtet sich im Subsystem der Politik ein und macht es sich dort bequem. Hier ist Politik nicht mehr am Engagement und an der Qualität des eigenen Handelns orientiert; sondern wer von der Politik lebt, ist dem Verwaltungsapparat und der Bürokratie viel näher als der politischen Arena der Argumente. Ihm geht es nicht um anstrengenden politischen Disput, nicht um die Strahlkraft überzeugender Argumente in der politischen Debatte und auch nicht um den sachbezogenen politischen Erfolg. Er denkt in Kategorien von Alimentierung und Versorgungsansprüchen. Beide Haltungen, die Max Weber in *Politik als Beruf* analysiert, sind in der politischen Wirklichkeit anzutreffen. Jedoch von der Originalität des Begriffes und vom Wortursprung her gedacht, sind nur Menschen, die *für* die Politik leben, anspruchsvolle und verantwortliche Politiker. Sie sind weniger auf sich fixiert als vielmehr an der Welt orientiert.

In dieser Spannung bewegt sich alles politische Tätigsein: Einerseits ist Politik darauf ausgerichtet, das eigene Interesse zu artikulieren, ins Spiel zu bringen und in der Welt wirklichkeitsmächtig zur Geltung zu bringen und durchzusetzen. Andererseits jedoch ist Politik an dem Zustand und an der Beschaffenheit der Welt orientiert. In welcher Welt wollen wir eigentlich leben? Diese Frage als mundiale Herausforderung zu begreifen, bedeutet politisch zu handeln. Alle Politik ist an unser Handeln gebunden, und wenn es gelingt, im Anderen nicht nur den Gegner oder gar den Feind zu sehen, sondern in Freundschaft zur gemeinsamen Welt Mithandelnde zu gewinnen, so wird der Sinn von Politik klar. Als Handelnde, die Wirklichkeit nicht etwa nur *vor*finden, sondern die Wirklichkeit geradezu hervorbringen und *er*finden, können wir Menschen als zu Politik begabte Wesen politische Gestaltungsmacht entwickeln. Wenn dieses Gestalten auch zukünftigem Gestalten immer noch Raum gibt, so ist Freiheit als der Sinn von Politik verstehbar.

IV. Weiterführende Literatur:

Arendt, Hannah (1993): Was ist Politik? Fragmente aus dem Nachlaß. Hrsg. v. U. Ludz. München.

Crick, Bernard (1992): In Defence of Politics. 4. Aufl. Chicago.

Sternberger, Dolf (1978): Drei Wurzeln der Politik. Frankfurt a. M.

Vollrath, Ernst (1987): Grundlegung einer philosophischen Theorie des Politischen. Würzburg.

Vollrath, Ernst (2003): Was ist das Politische? Eine Theorie des Politischen und seiner Wahrnehmung. Würzburg.

Karl-Heinz Breier

Rechtsstaat

I. Definition: Der *Rechtsstaat* und mehr noch die ihn symbolisierende Justitia versinnbildlicht die Bindung von → *Staat*, Gesetz und Gesellschaft an das Recht. Demnach bedürfen sämtliche formellen Ausdruckformen von → *Macht* und → *Herrschaft*, durch die der Staat mit dem Volk als Adressaten interagiert, der Gesetzesform, also einer im politisch-administrativen Umfeld formulierten und den Prinzipien der Gewaltenteilung folgenden Willensbekundung, die zudem dem Anspruch der → *Gerechtigkeit* genügen muss. Von daher gilt der Rechtsstaat auch als Synonym für die freiheitlich-demokratische Grundordnung in Deutschland und als Interpretament für die Figur der wehrhafte → *Demokratie.*

Der Rechtsstaat verleiht dem Staat und seinem rechtsförmigen Handeln somit einen Zweck, der durch die Verfassung inhaltlich präzisiert und greifbar wird, da hier eine für das Verständnis von → *Politik* fundamentale Synthese aus Staatsprinzip und Staatsorganisation, also aus formellen wie materiellen Elementen, vollzogen wird. Die Verfassung, in der sich auch die → *Kultur* des politischen Gemeinwesens manifestiert, liefert von daher recht genaue Handlungsanleitungen für die funktionsspezifischen Institutionen, mittels derer der Staat als Organ des Rechts die Handlungsfähigkeit des Rechtsstaates ermöglicht bzw. garantiert. Da es im Sinne der Rechtsstaatsidee nicht ausreicht, dass der Staat und die Formen und Techniken des Staatslebens übereinstimmen, verfügt die Institution Rechtsstaat über gleich mehrere Legitimationsansätze, die letztlich auch die Sichtweise auf den Rechtsstaat und seine Handlungskompetenzen – mal konstitutiv, mal politisch – determinieren. So fragt etwa die Sozialphilosophie nach dem allgemein Besten als Handlungsmotiv, während der Utilitarismus die Verantwortung des Staates für die Verwirklichung des Rechts betont und darin die Gewähr für das → *Gemeinwohl* sieht. Weitere Ansätze erkennen im Staat letztlich nur das Werkzeug der jeweils stärksten Interessen respektive analysieren die durchaus konfliktträchtige Dialektik zwischen Macht und Recht, womit die Notwendigkeit anerkannt wird, dass das Recht nicht um seiner selbst willen befolgt wird. Diese Sichtweise relativiert auch die letztlich einer → *Utopie* gleichkommende Vorstellung, wonach so etwas wie ein lückenloser, allein dem Recht verpflichteter Normativismus, möglich ist. Wollte man einen Querschnitt all dieser Ansätze bilden, so bestünde er in der Erkenntnis, dass der Primat des Rechts die Mechanismen von Machtbildung und -ausübung bedingt, die in einer Demokratie den Spielregeln der Gewaltenteilung unterliegen und interessanterweise in ihrer Reichweite dadurch begrenzt sind, dass der Staat sich gegenüber dem Bürger unzweideutig, verständlich und bestimmt äußert. Für den Bürger steht dabei vor allem der Vertrauensschutz im Fokus, soll doch das staatliche Handeln in seinen unterschiedlichen Erscheinungsformen vorhersehbar und frei von Willkür sein. Von daher ist der Rechtsstaat insbesondere an das Prinzip der Verhältnismäßigkeit gebunden, wonach erforderliche Eingriffe in die → *Freiheit* des Einzelnen nur insoweit erfolgen, wie das dem → *Interesse* des Betroffenen und der Allgemeinheit entspricht. Außerdem ist allgemein anerkannt, dass der Rechtsstaat nur dann seine Aufgaben erfüllen kann, wenn gleich zwei Bedingungen erfüllt sind. Zum einen muss der Staat sich selbst in der Verfassung Beschränkungen auferlegen, die beispielsweise dem Bürger in Form der Grundrechte gesicherte, weil der privaten Sphäre verpflichtete, Freiheitsräume zubilligen, die notfalls durch unabhängige Gerichte bestätigt werden können. Und zum anderen kann der Rechtsstaat nur dann funktionieren, wenn der → *Bürger* akzeptiert, dass es hier um einzig um die Konfliktregulierung geht, der gegenüber Lebens- und Schicksalsverwerfungen nur bedingt lösbar sind.

II. Geschichte des Begriffs: Der Rechtsstaat scheint nahezu zeitgleich mit der Figur des sich seiner Geschichte und seiner Sprache bewusst werdenden Staatsbürgers auf, wobei insbesondere die Parallelität zur Französischen → *Revolution* und zur Gedankenwelt der Aufklärung ins Auge fällt. Einer der ersten Autoren, die den Begriff in diesem Sinne verwenden, war James Harrington, dessen *The Commonwealth of Oceana* (1656) nicht von ungefähr zur Zeit des Interregnums und damit der Regentschaft des Lordprotektors Oliver Cromwell erschien und welches – typisch für eine zeitgenössische Utopie – das Bild eines Staates zeichnete, der allein dem Recht verpflichtet sein sollte. Dieses Recht steht hier sinnbildlich für das Begriffspaar bürgerliche Freiheit (Autonomie) und Sicherheit (innerer → *Frieden*), welches die monarchisch-aristokratische und bürokratische (Willkür-)Herrschaft in die Schranken weisen soll. Ganz ähnlich fällt das Urteil bei Immanuel Kant aus, dessen *Metaphysik der Sitten* (1797) nicht nur die Forderung enthielt, dass Freiheit durch spezifische Gesetze zu garantieren sei. Kant erteilte vielmehr der bis dato gültigen und von Friedrich II. von Preußen als einem der profiliertesten Repräsentanten des aufgeklärten Absolutismus propagierten Interpretation eine Absage, wonach allein der Staat der Glückseligkeit des Bürgers verpflichtet sei und von daher die alleinige Verantwortung für materielle Gerechtigkeit, sozialen Ausgleich und das gute Leben habe. Dieser Anspruch ist aber in Folge der Französischen Revolution nicht mehr zeitgemäß und wird von daher auch von Wilhelm von Humboldt zurückgewiesen, dessen Forderung nach einer Limitierung des absolutistischen Interventionsstaates auf ausgewählte Staatszwecke in die damaligen Verfassungsdebatten einfloss. Seine *Ideen zu einem Versuch, die Grenzen der Wirksamkeit eines Staates zu bestimmen* (1792) lesen sich als politisches Programm einer Umbruchszeit, die nahezu alle Lebensbereiche erfasste und für das aufstrebende Bürgertum zahlreiche Anknüpfungspunkte bot. Die aus Frankreich nach Europa drängenden Ideale Freiheit, Gleichheit und Brüderlichkeit finden, im Verbund mit einem Wirtschaftsliberalismus englischer Prägung, ihren Niederschlag in den politischen Programmen des Vormärzes (1830–48). Dazu zählen insbesondere die Forderungen nach Grundrechten, der Verwirklichung der Gewaltenteilung und der Bindung der staatlichen Gewalt (Exekutive und Judikative) an eine parlamentarische Gesetzgebung (Legislative), der Durchführung von Verwaltungsreformen mitsamt der Einführung einer Verwaltungsgerichtsbarkeit und nicht zuletzt der Umsetzung des Gesellschaftsvertrages in Verfassungsform.

Für Adam Müller als Vertreter der politischen Romantik, der sich in *Die Elemente der Staatskunst* (1811) auf Klassiker wie Platon und Aristoteles beruft, ist das der einzige Weg, damit sich der Staat mit den ihm anheimgestellten Machtmitteln nicht gegen den Bürger wendet. Die Überlegung, wie das Recht vor Missbrauch geschützt und damit die die *polis* grundierende Weltordnung des *nomos* gewahrt werden kann, bildet den roten Faden, der sich durch die Fürstenspiegel, Regimentstraktate und Lehrbücher der Politik des ausgehenden Mittelalters, der Renaissance und bis in die Frühe Neuzeit hinein in diversen Lesarten wiederfindet. Recht als Regelsystem mit durch Sanktionen bewehrten Normen ist somit keine Erfindung der Neuzeit, zumal schon Augustinus zwischen dem ewigen, dem natürlichen und dem menschlichen, weil zeitlich begrenzten, Recht differenzierte. Es wird aber zur Folie einer Auseinandersetzung um die Eigenschaften des Menschen selbst, weshalb schon bei Thomas Hobbes die Unterscheidung von anderen Formen des sozialen Zusammenlebens wie etwa Brauch, Sitte, Konvention und vor allem der Moral erfolgte. Das Recht wird so zum Symbol dafür, dass der Mensch den Naturzustand überwinden – nach heutiger Diktion die Befähigung zur Zivilisation und damit zu einer der herausragenden Kulturleistungen überhaupt – kann. Dabei bleibt das schon seit der Zeit der griechischen Sophisten (ca. 5. Jahrhundert v. Chr.) bestehende Spannungsverhältnis zwischen dem empfundenen (von Natur aus gegeben) und dem gesetzten Recht (durch Satzung) als eine Quelle der Rechtsschöpfung bis in die Moderne hinein erhalten. Die Bindung des Regenten an die Tugend der Gerechtigkeit und dann an die Rechtsquellen des göttlichen Rechts, an das Natur- und schließlich an das Völkerrecht sind die beherrschenden Themen. Der Missbrauch des Rechts, so die sich ebenfalls verfestigende Lesart, begründet sogar unter engen Voraussetzungen ein Widerstandsrecht, nämlich dann, wenn sich die Herrschaft in eine Tyrannis verkehrt. Die Vorstellung einer gemischten Verfassung, wie sie sich bei Aristoteles, Polybios und Cicero im Sinne einer auf die Abwehr der Gefahr einer Entartung des Staates gerichteten politischen Ethik findet, wird im 18. Jahrhundert von der Vertragstheorie abgelöst, die insbesondere das Verhältnis von Regierenden und Regierten in den Blick nimmt und daraus auf die Legitimationsform der Herrschaft schließt. Im Nachgang der durch die Reformation bis nach England spürbaren Autoritätskrisen und der Verfassungskonflikte des 17./18. Jahrhunderts zwischen der Krone und den Ständen bzw. den nordamerikanischen Kolonien ist der Rechtsstaat für die Figur der → *Souveränität* wegweisend, wie die Glorious Revolution (1688/89) beispielhaft zeigt. Hier wird die Vorstellung einer rechtlichen Bindung und Beschränkung der monarchischen Gewalt, von Gewaltenteilung und Gewaltenbalance und einer für den Staat sakrosankten Privatsphäre erstmals greifbar. Folgerichtig formulieren John Locke und in der Folge Charles de Montesquieu die Vorstellung von der Bindung der Menschen und des Staates an das Gesetz als Voraussetzung für Frieden und Freiheit; ein Spannungsfeld, das für den im Kontext der Aufklärung geführten Diskurs über den Gegensatz von Staat und Gesellschaft durchaus als charakteristisch gelten kann. Während Immanuel Kant noch die Vernunft walten sah und den Staat als Bund von Menschen unter Rechtsgesetzen deutet, steht der Autonomieanspruch des zum (republikanischen) Bürger reifenden Untertanen gegen den absolutistischen Allmachtanspruch von Staatszwecken, deren Legitimität immer häufiger und immer offener angezweifelt werden. So ist es nur folgerichtig, dass Carl Theodor Welcker in seiner Schrift *Die letzten Gründe von Recht, Staat und Strafe* (1813) den Rechtsstaat als Vernunftstaat zur höchsten Entwicklungsstufe einer voranschreitenden Aufklärung erklärt. Dieser Rechtsstaat wurzelt nicht zuletzt auch in der Vorstellung von der Kraft des Gesellschaftsvertrages, wie ihn Jean Jacques Rousseau 1762 vorgestellt hat und der davon ausgeht, dass der mehrheitliche Wille des zum Gesetzgeber gewordenen Volkes nur noch der Form und Verfahren bedarf, um zur vollen Entfaltung zu gelangen, was wiederum den Grad seiner Verbindlichkeit ausmacht. Dabei steht auch Rousseau in einer längeren Tradition, die in der Säkularisierung des Rechts gründet und kaum zufällig durch die Formulierung der naturrechtlich begründeten → *Menschenrechte* flankiert wird. In einer solchen Systematik kann sich das der menschlichen Vernunft geschuldete Gesetz gegen die ältere Rechtstradition zwar durchsetzen und das nun formulierte Naturrecht argumentativ auf eine als vernünftig zu qualifizierende Sozialordnung Anwendung finden. Autoren wie Edmund Burke verweisen aber darauf, dass das nicht bedeutet, dass der solchermaßen grundierte Rechtsstaat ohne die Bindung an eine göttliche Transzendenz lebensfähig ist. Von daher spiegelt der → *Gesellschaftsvertrag* eine Debatte, die schon bei Jean Bodin aufscheint, dessen Konzept der Souveränität ohne den Rechtsstaat schon aus Gründen der Legitimität kaum vorstellbar schien. Davon sind die Verhältnisse in dem 1815 gegründeten Deutschen Bund freilich weit entfernt. Trotz der Aufbruchsstimmung im Rahmen des Vormärzes setzt sich letztlich die Ordnungsvorstellung des liberalen und demokratischen Konstitutionalismus durch, der als Kompromiss gesehen werden muss zwischen dem ausgesprochen politischen Bedürfnis nach einer homogenen, die Besonderheiten des Deutschen Bundes wahrenden, Staats- bzw. Rechtsfriedensgewalt auf der einen und den Forderungen der Frankfurter Paulskirche von 1848/49 auf der anderen Seite. Dieser deutsche Sonderweg ist dem Patt zwischen dem Konstitutionalismus und der im Nachgang der Ära Napoleons restaurierten monarchisch-aristokratischen Strukturen geschuldet. Im Ergebnis kommt es zwar zur Absicherung der Interessen des Bürgertums. Es konnte ein

Rechtsstaat zur Verteidigung der Gesellschaft gegen den Staat und dessen Eingriffsbefugnisse in die Grundrechte und Parlamentskompetenzen zumindest in Ansätzen verwirklicht werden. Aber erst im Anschluss an den Ersten Weltkrieg und unter den Bedingungen der Weimarer Republik ab 1919 gelingt es, einen entsprechenden Abschnitt auch in der Verfassung zu verankern und so den Gedanken des Rechtsstaates mit den Erfordernissen einer modernen Demokratie in Einklang zu bringen. Wie fragil dieses Gebäude ist, zeigen indes die Erfahrungen des Dritten Reiches, das mit Hilfe des Rechtssetzungssystems Parlament die Grundlagen des Rechtsstaates aufhebt (Ermächtigungs- und Gleichschaltungsgesetz, beide 1933) und eine allein der völkischen → *Ideologie* verpflichtete Willkürherrschaft etabliert, in der die Grundrechte ihrer eigentlichen Bedeutung entkleidet und somit außer Kraft gesetzt werden. Eben diese Möglichkeit, das Recht vorsätzlich allein dem Machterhalt anheim zu stellen, ist für den Parlamentarischen Rat ab 1948 und damit für das Grundgesetz in seiner heutigen Fassung ausschlaggebend, die Gewaltenteilung in der vorliegenden Form zu etablieren und die Schutzrechte im Eingangsbereich der Verfassung unter den Vorbehalt der Ewigkeitsklause in Art. 79 Abs. 3 GG zu stellen. Die Bindung des Rechtsstaates an die Erfordernisse der Menschenrechte und damit die Verpflichtung, Spannungen zwischen den Interessen des Einzelnen und der Gesellschaft durch das Recht zu lösen, werden durch die Wertbindung des Gesetzgebers und im Endeffekt auch durch die ebenfalls in der Verfassung verankerten Wahlprinzipien nachhaltig geschützt. Dazu trägt auch das richterliche Prüfungsrecht bei, das entgegen der bisherigen Tradition eine deutliche Ausweitung erfahren hat. Diesem Rechtsstaat steht es nun anheim, selbst völkerrechtliche Vereinbarungen des Staates im Zweifel auf den Prüfstand zu stellen und Nachbesserungen anzumahnen, wo Unvereinbarkeiten mit der geltenden Rechtsordnung festgestellt werden.

III. Aktuelle Dimension: Die Herausbildung des westlichen Modells eines den demokratischen Prinzipien verpflichteten Rechtsstaates hat sich – ungeachtet der unterschiedlichen Rechtstraditionen beispielsweise in Großbritannien, Frankreich und Deutschland – weitestgehend durchgesetzt. Das gilt sowohl für die aus dem neuzeitlichen Individualismusbegriff herzuleitende Idee der Menschenrechte – auch wenn diese inzwischen in regional ausdifferenzierten Varianten vorliegen – wie auch für die Ideen von einer eher liberalen, den Freiheitsgedanken verpflichteten, und repräsentativen Demokratie, deren Staatsoberhaupt zumindest im deutschen Modell keine relevanten Machtfunktionen mehr zugeschrieben werden kann. Das Spannungsfeld zwischen Vernunft und Ideologie verleiht dem Rechtsstaat bei der Orientierung zwischen Herrschaftsegoismus und Gemeinwohlorientierung eine zunehmend größere Rolle, ja sogar eine zivilisierende Funktion, die etwa bei der → *Integration* von Beitrittsstaaten in die Europäische Union zum Tragen kommt. Der Wille des Menschen, sein Existenzbewusstsein und seine Handlungsmöglichkeiten sind unmittelbar durch die Gültigkeit des Rechts – auch in Bereichen wie

Technik, Wissenschaft und Kunst – bestimmt. Der allgemeine Wunsch nach freier kultureller Entfaltung und sozialer Kooperation wird zum Antriebsmotor, wo es um die wachsende Abhängigkeit des Einzelnen von einer funktionierenden Sozietät und die Beibehaltung der Individualitätsgewährleistung durch den Staat geht. Dieser Gegensatz wird im Rahmen der Ideologien unterschiedlich beantwortet. So neigt etwa der Marxismus zum Kollektiv und damit zur Entmündigung des Individuums um der Gemeinschaft willen und lehnt den Rechtsstaat als Relikt des Klassenkampfes ab, während der Islamismus allein die Religion als Richtschnur für das private wie staatliche Handeln akzeptiert und mit der Scharia ein eigenes Rechtssystem vorhält, das mit westlich-demokratischen Vorstellungen kaum vereinbar ist. Im Wechselspiel der → *Globalisierung* ergeben sich zudem neue Herausforderungen, wo es beispielsweise um die territoriale Reichweite des Rechtsstaates geht, die in den Raumkonzepten der Moderne nur noch bedingt Anwendung finden kann und wird.

VI. Weiterführende Literatur:

Dreier, Horst (2014): Idee und Gestalt des freiheitlichen Verfassungsstaates. Tübingen.

Haltern, Ulrich (2005): Integration durch Recht. In: Theorien der europäischen Integration. Hrsg. v. H.-J. Bieling u. M. Lerch. Wiesbaden, S. 399-423.

Kube, Hanno (Hrsg. / 2015): Leitgedanken des Rechts zu Staat und Verfassung. Heidelberg.

Merten, Detlef / *Papier*, Hans-Jürgen (Hrsg. / 2013) – Handbuch der Grundrechte in Deutschland und Europa. Bd. 5 – Grundrechte in Deutschland. Heidelberg.

Stolleis, Michael (2014): Nahes Unrecht, fernes Recht. Zur juristischen Zeitgeschichte im 20. Jahrhundert. Göttingen.

Martin Schwarz

Reform

I. Definition: Der Begriff *Reform* entstammt dem Lateinischen *reformare*. Reformieren bedeutet, etwas umzuwandeln und in die ursprüngliche Form zurückzuführen. Als *reformatio* wird der Begriff zuerst im antiken Rom verwandt, und in seiner politischen Bedeutung wird darunter eine Erneuerung verstanden, die darauf abzielt, einen Verfallsprozess zu beenden. Die mit der Zeit verblassende originäre Gestalt einer politischen Ordnung soll wieder Kontur gewinnen, und die Wirkkraft der Institutionen soll durch Reformen gestärkt und erneuert werden. Das im Gründungsakt angelegte Gut, das den politischen Gründungsprozess inspirierte und formte, soll durch eine Reform wieder zur Geltung gebracht werden. Politische Institutionen, die im Laufe der Zeit an Wirkmächtigkeit verlieren, werden erneuert, indem der ihnen zugrundeliegende Gründungsgeist wiederbelebt wird. Ebenso werden Gesetze reformiert, um sie neu auftretenden Problemlagen und aktuellen politischen Herausforderungen anzupassen. So büßt eine reformierte politische Ordnung nicht an → *Macht* ein, sondern aufgefrischt und wiederbelebt entfaltet sie ihre ursprüngliche politische Gestaltungskraft. Eine Verfassung, die kontinuierlich reformiert wird, befindet sich dauerhaft in guter Verfassung.

II. Geschichte des Begriffs: Geschichtlich taucht der Begriff Reform zum ersten Mal im 1. Jahrhundert n. Chr. in Rom auf. Als politische Kategorie ist er dabei eng mit dem römischen Politikverständnis verbunden, das in der Neugründung einer politischen Ordnung *das* politische Grundereignis sieht. So war für Cicero der Neugründungsakt jene menschliche Großtat, die am ehesten an göttliches Handeln heranreichte: Politische Gründer, denen es gelang, eine möglichst dauerhafte Ordnung zu etablieren, handeln gleichsam göttlich. Denn ihre Gründungstat ist angesichts der stets wechselnden menschlichen Angelegenheiten nicht hoch genug einzuschätzen. Die politisch stets zerbrechliche Welt erfährt durch die ordnungsstiftende Leistung Dauerhaftigkeit, Stetigkeit und Verlässlichkeit.

Während nach griechischem Politikverständnis → *Politik* nur innerhalb einer Verfassung stattfindet – Politik ist für die Griechen der Antike immer Innenpolitik – und der Akt der Verfassungsgebung selbst keinen politischen Charakter hat, ist die Tätigkeit des Gründens für die Römer der Antike höchst politisch. Das Gründen selbst markiert den Ursprung und Höhepunkt alles Politischen, und entsprechend bedeutsam sind auch alle Tätigkeiten des reformierenden Bewahrens. Das Gründen und Bewahren bildet ebenso ein Begriffspaar wie Konstitution und Institution, was über Montesquieu und die Autoren der *Federalist Papers* in das Gründungsdenken der Vereinigten Staaten von Amerika Eingang gefunden hat und sich bis heute als *constitution and institutions* wechselseitig ergänzt.

Ab urbe condita heißt es im Lateinischen, und darin beschreibt der römische Geschichtsschreiber Titus Livius in seinem gleichnamigen Werk im 1. Jahrhundert n. Chr. den Aufstieg Roms, der insbesondere auf den Ursprung und die Stadtgründung im Jahr 753 v. Chr. zurückgeführt wird. Die in ihrer charakterlichen und handlungsmächtigen Mustergültigkeit gerühmten Heldentaten einzelner Führerpersönlichkeiten werden darin in ihrer politischen Tragweite analysiert. Als charismatische Ordnungsstifter, denen es gelingt, ihre Mitbürger für die neue Ordnung zu gewinnen, und als politische Erzieher, die durch ihr Beispiel den Geist der Gesetze vorleben, werden sie – nicht nur von den Geschichtsschreibern – verehrt.

Den Sinn und Bedeutungsgehalt des Gründungsaktes zu verstehen, ist *die* Herausforderung für alle weiteren Generationen. Erst wenn sich die nachfolgenden Generationen den Gründungsgeist in ihrem politischen Sprechen und Handeln zu Eigen gemacht haben, sind sie nach römischem Politikverständnis würdig, unter der ihnen anvertrauten politischen Ordnung zu leben. In diesem Zusammenhang ist auch der Begriff *auctoritas* zu verorten. Die jeweils Älteren sind dem Gründungsakt nicht nur geschichtlich näher, sondern ihnen fallen in dem Maße Autorität und Ansehen zu, wie sie der jüngeren Generation den Gründungsgeist vorleben und vermitteln. Allein biographisch älter zu sein, hat politisch nichts mit Würdigkeit zu tun. Auf die Bindung zum Gründungsakt kommt es an. So entstammt der Begriff *Gesetz* dem lateinischen *lex*, und Gesetz bedeutet im römischen Verständnis dauerhafte Bindung – vor allem an den politischen Ursprung. Dass diese Bindung stets aufs Neue tradiert werden muss, liegt auf der Hand, weswegen der römische Begriff der Tradition vor diesem Hintergrund ebenfalls in seiner politischen Bedeutung klar wird.

Im Mittelalter wird Reform hauptsächlich in religiösem Kontext verwandt. Zu reformieren bedeutete, einen besseren Zustand herbeizuführen, was darauf hinauslief, die gottgewollte Ordnung der Welt so einzurichten, dass ein sündenhafter Abfall von der vollkommenen *ordo christiana* möglichst vermieden wird. Vielmehr galt es, die seelische und institutionelle Rückführung auf die geistigen Grundlagen zu betreiben, was insbesondere im späteren 16. Jahrhundert zur Zeit der Reformation eingefordert wird. Reformation muss sich in theologischer Perspektive als Rückkehr zum christlichen Gedankengut ausweisen und sich in der Erneuerung der kirchlichen Institutionen niederschlagen. Vor allem die zu Käuflichkeit und → *Korruption* neigenden Kirchenvertreter sollten wieder in ihrer existenziellen → *Repräsentation* der urchristlichen Gemeinschaft wahrgenommen werden.

In der *Renaissance*, die sich als Wiedergeburt der vorchristlichen Antike versteht, hat vor allem Niccolò Machiavelli in seinen *Discorsi über die ersten zehn Bücher des Titus Livius* (1531) den politischen Grundbegriff der Reform wiederbelebt. In seiner Sorge um die Heimatstadt Florenz verknüpft er das

Reformdenken mit seinem Verständnis einer wohlgeordneten → *Republik*. Während der *Principe* (1532) aus der Herrscherperspektive geschrieben ist und Machiavelli dort praktische Klugheitsregeln zur Erlangung, Erweiterung, Vertiefung und Absicherung von Herrschermacht anempfiehlt, schreibt er seine *Discorsi* aus einer republikorientierten Bürgerperspektive. Er will – so schreibt er prononciert – „mit Brutus, dem Vater der römischen → *Freiheit*, beginnen", und weniger existenziell zugespitzt fasst er zusammen: „Um einer Republik die Freiheit zu erhalten, bedarf es jeden Tag neuer Maßnahmen."

Zwei Themen behandelt Machiavelli im gesamten dritten Buch der *Discorsi*: zum einen die Niedergangsursachen, denen sowohl religiöse Gemeinschaften als auch Republiken und Fürstentümer zum Opfer fallen können, und zum anderen die Heilmittel, die dem Verfall Einhalt gebieten können. Im Anfang – so analysiert er – muss zunächst jede Neugründung auf einem Gut aufruhen. Das sich in der Gründung manifestierende Gute ist für die Menschen ein gemeinsames Gut. Es stiftet die Zusammengehörigkeit und es begründet die wechselseitige Verbundenheit, ohne die kirchliche oder politische Ordnungen keine Dauer hätten erlangen können. Da allerdings im Laufe der Zeit sich alle Dinge wandeln und somit das ursprünglich Gute zu verderben und zu vergehen droht, sollten Vorkehrungen gegen den Niedergang getroffen werden.

Dem Renaissancedenker Machiavelli ist jeder neuzeitliche Fortschrittsoptimismus ebenso fremd wie der Gedanke an eine Geschichtsphilosophie, die auf ein notwendiges Ende der Geschichte hinausläuft. Stattdessen beschreibt er die Geschichte in ihrer zyklischen Abfolge, was sich politisch im kreisläufigen Wechsel der Verfassungen ausdrückt. So können politische Ordnungen einerseits von der Unordnung barbarischer Anarchie bis zur Blüte einer intakten Republik aufsteigen, und andererseits können sie absteigend vom Zenit politischer Wohlgeordnetheit in Diktatur, Bürgerkrieg und Anarchie umschlagen. Das heißt: So wie ein am Boden liegendes Gemeinwesen starke politische Führer braucht, die es neu ordnen, institutionell befestigen und mit dem Ziel der politischen Selbstregierung der gesamten Bürgerschaft überantworten, so bedarf eine intakte Republik stetiger Reformen, um dem immer virulenten Ordnungsrisiko zu begegnen, das aus der ungehemmten Verfolgung eigensüchtiger Interessen und der Herrschsucht machtgieriger Verfassungsfeinde erwächst.

Entscheidend ist, dass nach Machiavelli der Niedergang einer Bürgerordnung immer in der politischen Klasse beginnt. Zuerst schwindet die *virtù* in der politischen Elite, und die Repräsentanten repräsentieren nicht mehr den Geist der Verfassung, sondern deren Ungeist. Im hellen Licht der Öffentlichkeit machen sich Sitten und Gewohnheiten breit, die die Standards der eigenen politischen Ordnung aushöhlen, verunglimpfen und untergraben. Das die politische Ordnung stabilisierende Ethos schwindet, die Erziehungskraft der Institutionen lässt nach, und das Vertrauen in die Amtsinhaber und deren nicht korrumpierbare Amtsführung nimmt ab.

Regime hingegen, die im Verfolg ihrer *res privata* lediglich ihre Privatmacht ausbauen, die in ihrem Kern korrupt sind und sich über Gewaltandrohung und -anwendung ihre → *Herrschaft* sichern, haben keinen Reformbedarf. Als Zwangs- und Gewaltherrschaft leben sie ja nicht wie Republiken von der inneren Annahme, der Unterstützung und dem freiwilligen Mittun der Bürgerinnen und → *Bürger*. Allein in Bürgerordnungen sind Reformen zwingend notwendig, um die sich ausbreitenden Niedergangsursachen einzudämmen und in den Griff zu bekommen. Dabei können Reformen entweder von einzelnen vorbildlichen Personen ausgehen oder von Institutionen, die in ihrer Wirkweise erneuert werden. Da Machiavelli der politischen Erziehbarkeit der Bürger großes Gewicht einräumt, kommt es besonders auf die allseits anerkannten und herausgehobenen politischen Menschen an. Ihre Aufgabe ist es, durch ihre Taten ein gutes Beispiel zu geben. Politische Institutionen hingegen können sowohl durch die Tatkraft der politischen Entscheidungsträger wie auch durch einen organisatorischen Umbau, wodurch Verfahrensabläufe etwa neu geregelt und verbessert werden, reformerisch wirken. Hier sind insbesondere Kreativität in der Planung, Sensibilität in der Zumutbarkeit und Beharrlichkeit in der Durchführung gefragt, damit die Reformen die erwünschte Durchschlagskraft entfalten und den Niedergangsprozess mindern, stoppen oder bestenfalls umkehren.

Der richtige Zeitpunkt für eine Reform ist dann gekommen, wenn der Verfall einer Republik bereits so weit vorangeschritten ist, dass man ihn eindeutig erkennen kann; aber zugleich darf der Verfallsprozess noch nicht so weit vorangeschritten sein, dass er immer weiter eskaliert und es unmöglich ist, sich ihm entgegen zu stellen. Von daher sollten einerseits die Verfallsphänomene nicht nur von einer hochsensiblen Minderheit, sondern bestenfalls von breiten Bevölkerungsschichten wahrgenommen und beklagt werden, und andererseits sollte der Niedergang noch nicht so weit fortgeschritten sein, dass Reformen nicht mehr greifen und damit ins Leere laufen. Diesen für den Erfolg einer Reform jeweils günstigen Zeitpunkt zu erkennen – Machiavelli spricht auch in diesem Zusammenhang von *occasione* –, ist sowohl nach antikem Verständnis wie auch im Verständnis der Renaissance eine Frage höchster politischer Klugheit. Dieses – wie man heute sagt – Momentum zu erkennen und als günstige Gelegenheit zu nutzen, ist nicht nur für den reformerischen Erfolg ausschlaggebend, sondern wohl für jedweden politischen Erfolg.

Nach Machiavelli bedarf es dazu einer ausgeprägten politischen *virtù*, um der unkalkulierbaren *fortuna*, der man sich sonst ausliefert, nicht das Feld zu überlassen. Wer reformieren will, muss handeln und gestalten wollen. Dazu bedarf er einer innerlich gefestigten, zupackenden Kraft – der *virtù* –, um der äußeren Macht – der *fortuna* – die Stirn zu bieten und Gelegenheiten abzuringen. Nur wenn diese originär politische Anstrengung einer bewussten Erneuerung unternommen wird, kann die ursprüngliche Wirkmacht der politischen Ordnung zurück gewonnen werden.

Nach der Französischen Revolution wird der Begriff der Reform oft als Gegenbegriff zur alles umstülpenden → *Revolution* wahrgenommen. Als paradigmatische Schrift, in der die politischen Auswirkungen von Revolution und Reform beschrieben und kontrastierend gegenüber gestellt werden, gelten Edmund Burkes *Betrachtungen über die Französische Revolution* (1790). In ihnen warnt Edmund Burke vor den tiefgreifenden Folgen des revolutionären Bruchs mit dem Ancien Régime, weswegen er sich vor dem Hintergrund der angelsächsischen Tradition für moderate politische Umgestaltung und kontinuierliche Reformbemühen ausspricht.

III. Aktuelle Dimension: Ganz anders als in den USA ist in der Bundesrepublik Deutschland der Reformbegriff nicht auf den Stolz einer selbst herbeigeführten politischen Neugründung rückbeziehbar. Vor dem Hintergrund, dass der Bundesrepublik Deutschland die → *Demokratie* von den westlichen Besatzungsmächten „geschenkt" worden ist, spricht man von der nachholenden Gründung. Das Streben nach der Einheit der → *Nation* war in der politischen → *Öffentlichkeit* zunächst tiefer verankert als das Bewusstsein der Neugründung einer Freiheitsordnung. Insofern werden große Reformprojekte auch nicht als pathetisch aufgeladene Neuordnungs- und Wiederaneignungsbemühungen eines verblassenden Gründungsgeistes interpretiert, wie etwa in den USA. Präsidiale Amtseinführungsreden beschwören den amerikanischen Gründungsgeist, der oftmals als Legitimationsbasis für weitreichende Reformprojekte herangezogen wird. In der Hoffnung, den Gründungsgeist zu revitalisieren, zielen die Reden sowohl darauf ab, die Bürgerschaft in ihrer Bürgereintracht zu stärken, als auch darauf, einen tragfähigen Grundkonsens für bedeutsame Reformvorhaben zu organisieren. Wenn in Deutschland hingegen Reformen angemahnt werden, so klingt dies eher bürokratisch und technizistisch. Es soll etwa ein Reformstau beseitigt werden. Im Kontext neoliberalen Denkens etwa sollen Reformen sogenannte verkrustete Strukturen aufbrechen, wohlfahrtsstaatliche Auswüchse beseitigen und die Bevölkerung auf größere soziale Eigenverantwortung vorbereiten. Sozialdemokratische Reformbemühungen hingegen, die eher auf gesellschaftliche Umverteilung abzielen, orientieren sich demgegenüber am Maßstab sozialer → *Gerechtigkeit.*

Während Reformmaßnahmen, die den Ausbau erneuerbarer Energien zum Ziel haben und sich dem Thema Nachhaltigkeit widmen, mehrheitlich positiv besetzt sind, ist der Reformbegriff insbesondere im Bildungssektor negativ konnotiert. Die Vielzahl neu eingeführter Reformen führt in Verbindung mit einem hohen Reformierungstempo bei vielen Betroffenen oftmals zu Reformmüdigkeit.

IV. Weiterführende Literatur:

Breier, Karl-Heinz / *Temme*, Evelyn (2012): Revolution und Bürgerordnung. In: Politische Existenz und republikanische Ordnung. Zum Staatsverständnis von Hannah Arendt. Hrsg. v. K.-H. Breier u. A. Gantschow. Baden-Baden, S. 161-186.

Kersting, Wolfgang (2006): Niccolò Machiavelli. 3., durchg. u. aktualisierte Aufl. München.

Kramm, Lothar (1987): Die Theorie der politischen Reform und ihre Praxis in den USA. Paderborn.

Viroli, Maurizio (2000): Das Lächeln des Niccolò. Machiavelli und seine Zeit. Zürich.

Karl-Heinz Breier

Regierung

I. Definition: *Regierung* kennzeichnet die Leitung über die politischen Aktionen in einem → *Staat*. Im Rahmen der modernen Dreiteilung staatlicher Gewalt zwischen Judikative, Legislative und Exekutive ist die Regierung der Teil der → *Herrschaft*, in und mit dem die exekutiven Kompetenzen vollzogen werden. Ohne Regierung keine Herrschaft des Staates. Alle Leitungsfunktionen, die sich für den Staat im Rahmen der Verwaltung der öffentlichen Angelegenheiten ergeben, münden in die Kompetenz der Regierung als Erstinstanz der Entscheidungen. Im modernen Verfassungsstaat wird die Regierung für diese Aufgabe gewählt – und zwar für einen befristeten Zeitraum, der von der jeweiligen Wahlperiode eines Parlamentes im Nationalstaat (meist vier bis fünf Jahre) abhängt. Die Regierung führt die Amtsgeschäfte und repräsentiert aufgrund der jeweiligen Mehrheit im Parlament, durch die sie legitimiert wird, den Mehrheitswillen des Volkes in ihren Entscheidungen. Zugleich ist sie aber auch Repräsentant des ganzen Volkes, muss also auch die Interessen derjenigen versuchen zu wahren, die sie jeweils nicht gewählt haben. In der → *Demokratie* ist der Interessensausgleich zwischen der jeweiligen Mehrheit und der Minderheit Aufgabe der Regierung. Zur Herstellung eines sachlich orientierten Ausgleichs der Interessen im Hinblick auf ein → *Gemeinwohl* ist die Regierung diejenige Instanz, die konkret faktisch gestalten kann, weil sie handelt bzw. handeln muss. Je stärker eine Regierung ist, sei es, weil sie eine große Mehrheit im Parlament hinter sich hat, sei es, weil sie wie in autoritären Systemen mit Gewalt vorgeht, desto mehr ist die Regierung das Zentrum der Entscheidungen. Die Regierung initiiert meist die Gesetze und vollzieht deren Ausführungen in der Praxis.

II. Geschichte des Begriffs: Die Regierung leitet sich vom Regieren als einem Begriff für Herrschaft ab (lat. *regere* = richten, lenken, leiten, beherrschen, verwalten, führen). Damit ist schon in der Antike für das römische → *Imperium* der gesamte Bereich der politischen Führung adressiert, vor allem im monarchischen Kontext für den *rex* (König), für die Herrschaft über Land und Leute (*regnum*). Mit dem Begriff *regimen* wird die Regierung darüber hinaus als Leitung und Lenkung im Sinne einer Verwaltung angezeigt. Somit ist die heutige Verwendung in der deutschen Sprache recht stringent im Kontext des antik-römischen Verständnisses formuliert. Das unterscheidet sich etwas vom englischen Sprachgebrauch, denn *government* leitet sich hier von *gubernare* (lat. = steuern, lenken, leiten) ab. Der *gubernator* ist nicht nur der Lenker, sondern auch der Steuermann. Damit wird ein Vergleichsbild präsentiert, welches bereits in der griechischen Antike bei Platon wie Aristoteles eine populäre Metapher darstellt: der politische Führer als Steuermann, der das Schiff mitsamt seiner Besatzung und reisenden Insassen sicher über die Meere zum nächsten Hafen bringt. Das Schiff steht hierbei als Synonym für die politische Ordnung (den Staat) und die Besatzung für das Volk, welches der sachkundigen Steuerung bedarf. Mit diesem berühmten Gleichnis zeigen die antiken Autoren zugleich auch an, um was es bei der Lenkung eines Volkes im Spezifischen geht: nämlich um die Fähigkeiten zur Führung des Ganzen. Der Steuermann ist nicht zufällig der Steuermann, sondern er ist dies aufgrund seiner spezifischen Fähigkeiten und Sachkenntnisse. Das bedeutet: nicht jeder kann ein Staats-Schiff lenken, sondern nur derjenige, der sich auf die Techniken der Schifffahrtskunst versteht. Es bedarf also professioneller Qualitäten, um eine politische Ordnung zu gestalten und die richtigen Anweisungen geben zu können. Politische Ordnung ist damit im Kern die Frage nach der Kunst der politischen Führung. Regieren-Können ergibt sich nicht einfach so, sondern setzt eine spezielle Regierungskunst voraus.

Die Technik des Regierens ist es dann auch, welche vor allem ab dem Hochmittelalter mehr und mehr in das Zentrum der Überlegungen führt. In den sog. Fürstenspiegeln beschäftigen sich überwiegend theologische Autoren mit den Fragen einer guten, d.h. sachgerechten Regierung. Der christliche Herrscher muss nicht nur weise und gerecht sein, sondern soll die Qualitäten der christlichen Ethik auch strukturell in die Herrschaftspraxis der alltäglichen Politik umsetzen können. Hierzu bedarf es spezieller Fähigkeiten und Mittel, besonders hervorgehoben wird die Klugheit (*prudentia*). Zugleich wird auch ein strukturelles Verständnis von Herrschaft formuliert, in dem die Regierung eine ihr zustehende besondere Funktion zugesprochen bekommt. Johannes von Salisbury platziert in seinem Versuch einer systematischen Abhandlung über Politik im *Policraticus* (1159) den Ort der Regierung für die im Mittelalter sehr populäre Vergleichsmetapher vom menschlichen Körper nicht an die Spitze im Kopf oder etwa an die Stelle des Herzens, sondern in der Analogie zum Magen. Der Magen erscheint als Funktion für die Regierung im organologischen Vergleich am Passendsten, weil hier alle Nahrungsressourcen, die der Körper aufnimmt, zusammen kommen und verarbeitet werden. Erst dadurch können das Herz und der Blutkreislauf, überhaupt alle anderen Organe funktionieren. Die Deutung von Regierung und politischer Ordnung als organologisches Bild hält sich bis weit in die Frühe Neuzeit hinein. So wenig, wie man im Mittelalter allerdings von den spezifischen Gegebenheiten des Körpers in medizinischer Hinsicht versteht, so wenig ist man auch in der Lage die Rolle des Regenten und die Dimensionen des Regierens jenseits der rein theologischen Interpretationsmuster aus der Bibel und der christlichen Ethik heraus zu deuten. Das ändert sich erst mit einer innerweltlichen Sicht auf die Anthropologie und die menschlichen Handlungseffekte in der Renaissance, am deutlichsten sicherlich bei Niccolò Machiavelli, der im *Principe* (1532) geradezu schonungslos die Techniken der → *Macht* beschreibt und dem Fürsten grundsätzliche Regeln als Handlungsgebote für den politischen Erfolg vorstellt. Um regieren, d.h. herrschen, zu können, muss der Fürst vier Prinzipien beachten:

a) über eine für das Regieren notwendige Tugend (*virtù*) verfügen, b) klug sein, c) mit aller Macht und Notwendigkeit handeln können und hierbei auch noch d) das Glück (*fortuna*) auf seiner Seite haben. Was Machiavelli lehrt, ist ein pragmatisches, den Situationen in Zeit und Raum angepasstes Handeln, das auch den Einsatz massiver Gewaltanwendung nicht scheuen darf, wenn man zum Erfolg kommen will. Die Kunst zu Regieren setzt einen Willen zur Macht voraus. Nur wer dazu in der Lage ist, also die entsprechende Virtù hat, vermag als Fürst bzw. Politiker erfolgreich sein. → *Politik* und damit auch das Regieren – wird ganz dem Gebot der Nützlichkeit unterstellt.

Mit dieser Formel wird ein instrumentelles Verständnis von Regierung propagiert: Eine Regierung ist nun nicht mehr wegen der guten (göttlichen) Ordnung auf Erden vorhanden, sondern weil es um den Nutzen in der Sache für die Interessenslagen der jeweiligen Gesellschaft geht. Umso mehr bedarf es dann aber auch der Ausgestaltung von Machtmitteln und Herrschaftstechniken für das Regieren. Die Regierung muss besonders mit der höchsten Gewalt (im → *Staat*) ausgestattet sein. Der monarchische Absolutismus ist die konsequente Umsetzung einer solchen Doktrin, wie sie in den Theorien von Jean Bodin und Thomas Hobbes zum Ausdruck kommt. Doch während Bodin noch das organologische Bild des Mittelalters weiter verwendet, implementiert Hobbes im *Leviathan* (1651) ein ganz anderes Verständnis von Regierung und Staat: Die politische Ordnung ist nunmehr wie eine Maschine zu begreifen, die Regierung stellt darin den zentralen Maschinenraum dar. Der politische Körper funktioniert nach diesem Leitbild quasi automatisch und spult sich in seinen Gesetzen und Verordnungen mit Notwendigkeit ab. Damit verändert sich noch einmal mehr die Legitimationsgrundlage für eine Regierung: Es kommt nicht mehr darauf an, ob (im Sinne der Ethik) gute Gesetze damit erreicht werden, sondern die Gesetze sind funktional, sie dienen dem Nutzen der Mehrheit. Die Autorität entscheidet über das Gesetz, nicht die Wahrheit (*auctoritas, non veritas facit legem*), formuliert Hobbes dieses moderne Credo pointiert. Und es ist nun nicht mehr allein der König, auf den es in der Regierung ankommt; ein Stab an Beratern und juristischen Experten formuliert die Klugheit des Regierens (*prudentia gubernatoria*) mit aus. Die Apparate der Regierung etablieren sich mit einer systematischen Logik im Verlauf des 17. und 18. Jahrhunderts als Staatsverwaltung mit eigener Beamtenschaft immer mehr. Der Machtzuwachs für die Regierungen des Ancien Régime ist enorm. Während bei Hobbes keinerlei Beschränkung für das Regierungshandeln besteht, einzig und allein der Erfolg oder Misserfolg über die Legitimität der politischen Handlungen entscheiden, bindet John Locke in seiner Betrachtung der *Two Treatises of Government* (1689) die Qualität der Regierung an nicht zu hintergehende Grundwerte des Menschen: a) in Form der Eigentumsrechte, b) der Freiheit der Person und c) der Existenzberechtigung für das Individuum. Damit werden erstmals die → *Menschenrechte* als Begründungsformeln für die Regierung propagiert. Zugleich erfolgt damit die Begründung für eine

Gewaltenteilung und einen → *Rechtsstaat*. Denn nur wenn die Gesetze gewahrt werden, bleibt auch die Regierung im Recht. Allerdings sieht auch Locke die Notwendigkeit, dass eine Regierung sich in bestimmten Konfliktfällen jenseits der etablierten Gesetze entscheiden können muss. Eine Prärogative der Exekutive wird ausdrücklich auch für die Lehre der Gewaltenteilung konstatiert, d.h. die Regierung entscheidet in politischen Fragen, die rechtlich nicht klar geregelt sind, für die es keine konkreten Gesetze gibt oder im Ausnahmezustand der Not (etwa bei militärischen Bedrohungen oder Naturkatastrophen), vorab und handelt entsprechend, wie sie es für richtig hält. Bei aller Macht, die eine Regierung hier hat oder an sich reißen kann, sollte sie jedoch den Grund ihrer Existenzberechtigung im Auge behalten: nämlich, wie es bereits klassisch Friedrich II. von Preußen Mitte des 18. Jahrhunderts formuliert hat, sich in einer dienenden Funktion für das Volk zu verstehen. Die Französische → *Revolution* hat diesen Gedanken noch einmal intensiviert: die Regierung manifestiert den Willen des Volkes als → *Nation*. Nicht mehr als Kabinett eines Monarchen agiert seitdem eine Regierung, sondern als nationale Repräsentanz, die mit ihren Herrschaftsstäben die nationalen Interessen administriert, koordiniert und exekutiert.

III. Aktuelle Dimension: Regierungshandeln ist in der Demokratie immer gekennzeichnet durch die Verantwortung vor dem Parlament. Insofern geht es nicht einfach nur um die Funktionen der Exekutive, sondern auch um deren Glaubwürdigkeit a) dem Parlament gegenüber und b) bei den Bürgern insgesamt. Der legitimatorische Kreislauf der → *Republik*, demzufolge ein jeder volljährige Bürger, wenn er denn will, theoretisch auch Regierung sein kann, wird natürlich in der politischen Praxis nur für ganz Wenige einlösbar. Umso wichtiger ist das Vertrauen in den Sinn der Maßnahmen, die eine Regierung praktiziert. Wahlen sind so gesehen strukturierte Volksabstimmungen über den Bestand oder das Ende einer Regierung. Transparenz und Kommunikation in der → *Öffentlichkeit* tragen dazu bei, dass Regierungshandeln nachvollziehbar bleibt. Das bedeutet aber dann auch, dass es hier nicht zu *arcana imperii*, einer geheimen Regierungskunst, kommen darf, wie manche Analysten dies im Kontext von Machiavellis Lehre bis heute hin favorisieren. Der politische Skandal tritt meist immer dann auf, wenn die Kluft zwischen Anspruch und Wirklichkeit bei Regierungsakteuren zu groß und für alle deutlich wird. Persönliche Bereicherung statt sachdienlicher Amtsführung ist für Regierungen zu allen Zeiten ein gefährliches Motiv, weil es allgemeine Unzufriedenheit im Volk erzeugt und an konkreten Personen festmacht. Deshalb ist → *Korruption* ein wichtiger Indikator, an dem man eine kompetente von einer schlechten Regierung unterscheiden kann. Korruption begünstigt nicht nur die individuellen Neigungen sich auf Staatskosten zu bereichern, sie zerstört auch insbesondere für eine Regierung das Konzept der Gewaltenteilung. Wenn alles von persönlichen Präferenzen und willkürlichen materiellen Gefälligkeiten abhängig ist, existiert der Rechtsstaat nur noch auf dem Papier.

Die Verantwortung von Regierungen wird jedoch nicht nur durch turnusgemäße Wahlen überprüft und in ihrer Machtfülle im Zaum gehalten, mehr noch hat sich in der modernen Gesellschaft für das Prinzip der Öffentlichkeit die Rolle der Medien als wichtiges Korrektiv erwiesen. Oft als vierte Gewalt im Staat bezeichnet, sind die Medien das Forum, welches einer freiheitlichen, pluralistischen Gesellschaft die Artikulationsflächen liefert, in denen die Kritik an der Regierung noch vor dem Parlament als öffentlicher Ort der Auseinandersetzung angezeigt werden kann. Je deutlicher hier die Öffentlichkeit gegenüber der Regierung in Szene gesetzt wird, desto stärker ist allerdings auch die Neigung der Regierung sich diesem Meinungsbild politisch zu beugen. Meinungsumfragen ersetzen jedoch kein Regierungshandeln. Insofern ist der Trend in Demokratien, dem öffentlichen Meinungsbild mit Symbolpolitik nachzukommen, höchst problematisch. Dies gilt umgekehrt für autoritäre Regime noch viel mehr: hier ist es vor allem die Politik der systematischen Beeinflussung von Kommunikationsabläufen, sei es in den klassischen Medien, sei es im Internet, die dazu führt, dass Regierungshandeln (z.B. in Russland oder in China) von der Mehrheit im Volk gänzlich unkritisch hingenommen wird. Wenn eine Regierung ein gezieltes Infotainment der Desinformation in den digitalen Netzen betreibt, dann weiß am Ende niemand mehr so recht, wem man hier glauben darf. Der Verlust an Öffentlichkeit zeichnet sich bei einer solchen Regierungspolitik zuerst bei den Nachrichten und ihrer transparenten Begründung ab.

Angesichts der starken medialen Vernetzung in der heutigen Situation der → *Globalisierung* ist Regierungshandeln auch nicht mehr nur auf den je eigenen Nationalstaat beschränkt. Umso wichtiger wird die intergouvernementale Kommunikation zwischen den nationalen Regierungen. Nicht nur bilaterale und multilaterale Verträge bestimmen die Politik der Gegenwart und Zukunft, sondern immer mehr globale Politikfelder wie Klima, Migration, Demografie oder die Frage der nationalen → *Sicherheit* im Kontext des internationalen → *Terrors*. Für grenzüberschreitende Probleme dieser Art ist als neues Paradigma das Modell von *Global Governance* ausgerufen worden. Jedoch sind die Ergebnisse bisher eher mager: trotz aller Verhandlungen bei den zahlreichen Klimakonferenzen der letzten Jahrzehnte haben sich die nationalen Regierungen eigentlich noch stets an die eigene nationale Wählerklientel gehalten. So lange eine nationale Regierung durch den Wahlkontrakt mit ihren Bürgern zustande kommt, wird dies auch so bleiben. Eine Weltregierung mit einem Weltstaat, wie es der Global-Governance-Ansatz als Fernziel verspricht, wird es nicht geben.

IV. Weiterführende Literatur:

Borucki, Isabelle (2014): Regieren mit Medien. Auswirkungen der Medialisierung auf die Regierungskommunikation der Bundesregierung von 1982–2010. Opladen/Berlin/ Toronto.

Breit, Gotthart (Hrsg. u.a. / 2008): Regierung und Regierungshandeln. Schwalbach/Ts.

Korte, Karl-Rudolf / *Grunden*, Timo (Hrsg. / 2013): Handbuch Regierungsforschung. Wiesbaden.

Machiavelli, Niccolò (2014): Il Principe / Der Fürst. Italienisch / Deutsch. Übersetzt u. hrsg. v. P. Rippel. Stuttgart.

Peter Nitschke

Repräsentation

I. Definition: Ganz allgemein bezeichnet der Begriff *Repräsentation* das Vergegenwärtigen von etwas Nicht-Gegenwärtigem. Etwas, das selbst nicht konkret anwesend ist, wird zur Anwesenheit gebracht; etwas, was selbst nicht präsent ist, wird repräsentiert. So steht das Kreuz symbolisch für das Christentum, die Fahne eines Fußballvereins repräsentiert den Verein, und auch das Logo einer Automarke steht stellvertretend für den gesamten Konzern. Im Politischen dient Repräsentation dazu, dass ein Volk, eine → *Nation*, eine Bürgerschaft durch Amtsinhaber zur Anwesenheit gebracht wird. So versteht man unter einer repräsentativen → *Demokratie* eine politische Ordnung, in der allgemeinverbindliche Entscheidungen nicht durch Abstimmung aller Bürgerinnen und → *Bürger* getroffen werden, sondern durch Abgeordnete oder Volksvertreter, die an der Stelle aller Staatsangehörigen und in deren Namen entscheiden. Das Parlament ist von daher in Repräsentativverfassungen *der* herausgehobene Ort, das Hohe Haus, an dem die gewählten Repräsentanten für die zu Repräsentierenden, sprich für die gesamte politische Einheit stehen und auch einstehen.

Ein Repräsentant ist kein Privatmann und keine Privatfrau. Er ist Amtsinhaber in einer Ämterordnung und als solcher hat er – jenseits seiner Privatangelegenheiten – die Aufgabe, dem ihm anvertrauten Kompetenzbereich gerecht zu werden. Aus der ihm übertragenen Treuhänderschaft für das allen Gemeinsame leitet sich die Befugnis zu repräsentieren her. Sollte er dieser Verantwortung nicht gerecht werden und sollte er die öffentlichen Angelegenheiten seinen Privatangelegenheiten unterordnen, so wären dies untrügliche Zeichen von → *Korruption*. Insofern ist ein Repräsentant – und das hebt ihn heraus – ein Allgemeiner. Er ist als Repräsentant nicht privat, sondern er ist bevollmächtigt, für andere zu sprechen, zu handeln und verbindliche Entscheidungen zu treffen.

II. Geschichte des Begriffs: Der Begriff der politischen Repräsentation tauchte erstmals im Spätmittelalter auf und als parlamentarische Repräsentation kennzeichnet er das Vorhaben, gegen die Vormachtstellung von Kaisern, Königen und Fürsten eine repräsentativ verfasste politische Ordnung zu erstreiten und schließlich zu etablieren. Insbesondere im Rückbezug auf das britische Verfassungsdenken wurde das Prinzip der Repräsentation anlässlich der Gründung der Vereinigten Staaten von Amerika intensiv analysiert und von den Verfassungsbefürwortern als politisches Ordnungsprinzip eines föderal aufgebauten und modernen Flächenstaates gewürdigt. So hat politische Repräsentation in der Argumentation der *Federalist Papers* (1787/88) hauptsächlich fünf bedeutsame Vorzüge:

Erstens soll die → *Freiheit* aller Bürger gesichert werden. Um jedweden Versuch einer Willkürherrschaft ins Leere laufen zu lassen, werden Aufrührer, Aufwiegler und Demagogen in die institutionellen Schranken einer klug ausbalancierten Bürgerordnung verwiesen. Als charismatische Agitatoren können sie womöglich kurzfristig die Leidenschaften der Menschen entfachen, aber die Wucht der aufgeputschten Emotionen kann sich nicht – wie in plebiszitär verfassten Demokratien – ungefiltert Bahn brechen. Das System von *Checks and Balances* bremst die unmittelbar entfachte → *Macht* aus und trägt somit zur politischen Mäßigung und Besonnenheit bei. Dies schützt die individuelle Freiheit.

Zweitens ist mit dem Repräsentationsprinzip die Auswahl von Repräsentanten verbunden, worin der Federalist-Autor und vierte Präsident der USA James Madison (1809–17) das Wesensmerkmal einer → *Republik* sieht. Eine Republik, in der im Unterschied zu einer Demokratie die *res publica* bereits namentlich im Vordergrund steht, eröffnet allen Bürgern die Möglichkeit, Mitbürger zu wählen, die den Herausforderungen des politischen Amtes gewachsen sind. Damit können bloß durchschnittliche Mitbürger, Herrschsüchtige oder gar offensichtliche Dilettanten, denen man die Verantwortung für die öffentlichen Angelegenheiten nicht übertragen mag, von den Ämtern ferngehalten werden. Vielmehr besteht die Möglichkeit, diejenigen in die wichtigsten öffentlichen Positionen zu bringen, die unbestechlich, fleißig und qualifiziert sind und die – wie Max Weber in seiner Schrift *Politik als Beruf* (1919) schreibt – *für* die → *Politik* leben und nicht *von* der Politik leben. Allerdings, und dies ist allen Wahlverfahren eigen, hängt die faktische Auswahl der selbst gewählten Elite von der Urteilskraft und politischen Reife aller Auswählenden ab.

Drittens – und dies wird von den Federalist-Autoren hervorgehoben – lebt der Repräsentationsgedanke davon, dass er der menschenmöglichen Vernunft Raum bietet. Repräsentationsversammlungen können – wie Edmund Burke in seinen *Betrachtungen über die Französische Revolution* (1790) betont – in all ihren Beratungen, Diskussionen und Erörterungen auf das gesamte Vernunftpotenzial all ihrer Mitglieder zurückgreifen. Im Lichte der ihnen zugänglichen Vernunft können so verantwortbare und für die Repräsentierten einsichtige Entscheidungen getroffen werden. Denn jenseits ihrer internen Abstimmungsprozesse sind Repräsentationsgremien gehalten, für ihr öffentliches Handeln vor ihren Wählern Rechenschaft abzulegen. Von daher fordert jede kritische → *Öffentlichkeit* plausible Begründungen, einsehbare Gründe und nachvollziehbare Gedankengänge ein. Das heißt, spätestens in dieser Rechtfertigung vor dem demokratischen Souverän – in der Parlamentspraxis vor der Opposition – sollten die politischen Vernunftgründe entfaltet werden und dem Urteil der sanktionierenden Öffentlichkeit anheimgestellt werden. So kann die Vernunft in Repräsentationsorganen, die vernunftorientiert sind und nicht bloß machtfixiert, zur Verständigung über eine kluge, angemessene und weitsichtige Politik beitragen. Die Sanktionsmöglichkeiten der politischen Öffentlichkeit reichen von Zustimmung, Unterstützung bis zur Wiederwahl – oder dem jeweiligen Gegenteil von allen Befürwortungsformen.

Viertens sichert ein an Vernunftgründen orientierter Austausch zwischen Aufklärung einfordernden Repräsentierten und aufklärenden Repräsentanten die Legitimität der politischen Institutionen, ja letztlich der gesamten politischen Ordnung. Die im Repräsentationsprinzip angelegte Differenz zwischen den Repräsentierten und den Repräsentanten wächst sich nicht zu einer Entfremdung und zu Politikverdrossenheit aus, sondern das unabdingbare Vertrauensverhältnis bleibt intakt oder wird sogar durch vorbildlich gelebte Repräsentation gestärkt. Es wird deutlich, was seit Aristoteles – dem geistigen Stammvater der gemischten Verfassung – unter guter → *Regierung* verstanden wird: „Regieren und regiert werden ist eine gemeinsam zu erbringende Leistung."

Die fünfte Aufgabe von Repräsentation besteht darin, dass sie im weitesten Sinne der politischen Bildung dient. Als Amtsinhaber, die weithin öffentlich sichtbar sind, repräsentieren sie nicht nur ihre Mitbürger, sondern in der Art und Weise ihres konkreten Sprechens und Handelns bringen sie bestenfalls die Standards der gemeinsamen Verfassung zum Ausdruck. In guter Verfassung sind Repräsentanten dann, wenn es ihnen gelingt, das Fundament der politischen Ordnung sowie die verbindliche Idee des gemeinsamen Zusammenlebens wahrnehmbar und einsehbar zu machen. Insbesondere jede heranwachsende Generation könnte so an ganz konkrete politische Lehrmeister anknüpfen. Im Prozess der politischen Sozialisation könnte auf alltagsnahe Vorbilder verwiesen werden, und die politische Bildung geriete nicht zu einem theorielastigen Kraftakt, da sie wie selbstverständlich von einem inspirierenden politischen Lernumfeld flankiert und unterfüttert würde. Gleichzeitig würden das Verständnis für die politischen Institutionen und deren Akzeptanz gestärkt werden, was für eine kontinuierliche Einbürgerung in die eigene politische Ordnung sehr hilfreich wäre. Walter Bagehot sprach in seiner Abhandlung über *The English Constitution* (1867) treffend von der *teaching function.*

In etatistisch eingefärbter Sprache hat vor allem Georg Wilhelm Friedrich Hegel in der für den deutschsprachigen Raum üblichen Gegenüberstellung von → *Staat* und Gesellschaft einen ähnlichen Anspruch formuliert: „Der Staat ist die Wirklichkeit der sittlichen Idee." Auch Hegel wies damit pointiert darauf hin, wenngleich mit obrigkeitlicher Konnotation, dass alle Staatsorgane in der Pflicht stehen, das dem Staat und seiner sittlichen Idee zugrundeliegende Gemeinsame zu verwirklichen und auch zum Ausdruck zu bringen.

Die Fundamentalkritik an politischer Repräsentation stammt von Jean-Jacques Rousseau. Er schreibt in seinem → *Gesellschaftsvertrag* (1762): „[...] von dem Augenblick an, wo ein Volk sich Vertreter gibt, ist es nicht mehr frei; es ist nicht mehr." Mit dieser fulminanten Ablehnung von politischer Repräsentation spricht sich der radikale Freiheitsdenker für die → *Souveränität* des Volkes in Reinform aus. Als Gegenbegriff zur Herrschersouveränität im Ancien Régime entwickelt er den Begriff der Volkssouveränität, einen Begriff, der wirklichkeitsmächtig die Französische → *Revolution* befeuert. Die Selbstbefreiung des Volkes, die sich politisch als Volkssouveränität ausdrückt, soll von keinem Repräsentationsverhältnis gehemmt, getrübt oder gar ausgehebelt werden. Die Kontrolle über das eigene Leben darf nach Rousseau keinem Stellvertreter übertragen werden, und die kollektive Selbstbestimmung darf weder delegiert noch abgegeben werden. Denn wer seine Stimme abgibt, verliert sie und damit sich selbst.

Im Akt der politischen Selbstbestimmung des Volkes vollzieht sich für ihn Freiheit als existenzielle und damit nicht repräsentierbare Tätigkeit. Das gemeinsame Ich, die Einheit des Kollektivkörpers, der sich von obrigkeitlicher Fremdherrschaft befreit, steht für Rousseau mit all seinem Befreiungspathos im Zentrum. Das Volk als sittliche Gesamtkörperschaft erhebt sich zum Souverän, ja konstituiert sich überhaupt erst zu einem politischen Körper. Nicht mehr der Fürst, der Monarch, der Herrscher sitzt auf dem Thron, sondern das Volk in seiner Gesamtheit nimmt dort Platz und thront über sich selbst.

Sosehr jedoch die Idee der Volkssouveränität zur Befreiung von Fremdherrschaft taugt, zur Lösung praktischer politischer Probleme und zu den tagesaktuellen Herausforderungen konkreten Regierens bietet sie nichts. Auf welche Weise und in welcher institutionellen Ordnung kann ein auf dem Thron sitzendes Volk sich in praxi selbst regieren? Hier hilft Rousseau nicht weiter. Im Gegenteil, wer Unterdrückung und Fremdherrschaft erlebt hat und wer in den Kategorien von Befreiung denkt, ist voller Misstrauen. Es wird kein Gedanke an politische Repräsentation verschwendet, die vom *trust*, vom Vertrauen als seelischer Grundlage lebt. Freiheitliches Regieren und Regiert-werden (*free government*) und repräsentative Demokratie beruhen im angelsächsischen Verständnis auf einem Grundkonsens. Es ist der *trust in trust*, das im *common sense* verankerte Grundvertrauen darauf, dass das Zusammenleben vom Vertrauensverhältnis zwischen den Bürgern und vom Vertrauen in die eigene Bürgerordnung getragen ist.

Rousseaus plebiszitäre Demokratie hingegen könnte sich allenfalls mit einem Repräsentationsverständnis anfreunden, in dem die Repräsentanten den Willen des Volkes – was immer dieser ominöse Wille sein mag – ausführen. Ein Abgeordneter wäre dann ein bloßer Befehlsempfänger, der das tut, was die Volksbasis will. Er vollzieht als Beauftragter in Reinform und ohne Abstriche den Willen der Repräsentierten. Er beschließt und tut, was ihm aufgetragen wird. Er ist Delegierter und Abgesandter, gleichsam Funktionär und – auf die Spitze getrieben – Rädchen einer Willensumsetzungsmaschinerie.

III. Aktuelle Dimension: Dass man vor dem Hintergrund dieses Repräsentationsverständnisses in der Bundesrepublik Deutschland sofort den Abgeordnetentypus der Piratenpartei vor Augen hat, verwundert nicht. Denn was ist es anderes als bloße willensbasierte Delegation, wenn Landtagsabgeordnete der Piratenpartei vor jeder Abstimmung per Handy den Auftrag ihrer Basis einholen? Repräsentation wird in der Bundesrepublik durchaus auch als willensbasierte Delegation aufgefasst. Für viele Menschen sind Abgeordnete des Deutschen Bundestages allein gebundene Interessenvertreter. Und wenn man kritisch betrachtet, in welchem Maße und mit welcher Vehemenz einflussreiche Lobbyistenverbände versuchen, ihre Abgesandten im Parlament zu positionieren, um im knallharten Machtkampf allein das eigene → *Interesse* durchzusetzen, so kann man das Repräsentationsverständnis der *Federalist*-Autoren für blanken Idealismus halten. Und wenn man bedenkt, wie sehr Abgeordnete, die über die Parteiliste gewählt worden sind, sich den Direktiven ihrer Parteitage verpflichtet fühlen – selbstverständlich auch um wiedergewählt zu werden –, so wird deutlich, in welchem Spannungsverhältnis sich beide Auffassungen von politischer Repräsentation befinden: auf der einen Seite das Treuhänder-Modell mit dem Selbstverständnis, dass ein Abgeordneter nach Art. 38 GG selbstverständlich frei und an keinerlei Weisungen gebunden ist, und auf der anderen Seite das Delegierten-Modell mit dem Selbstverständnis, wonach ein Abgeordneter die Interessen derjenigen bedient, die ihn im Wahlkreis gewählt haben, in der Partei nominiert haben und in der Fraktion unterstützen.

Als vollkommen Ungebundener wäre ein Repräsentant zwar frei, aber als Einzelner politisch ohnmächtig. Als vielfältig Gebundener hingegen sieht er sich stets mit einer Vielzahl von Interessenswahrnehmungen konfrontiert, die er sorgsam abwägen und gewichten muss. Die Sorge um die einzelnen Interessen, deren Wahrnehmung ihm in die Hände gelegt ist, wie auch die Sorge um das → *Gemeinwohl*, das ihm anvertraut ist, bilden ein innerpsychisches Spannungsverhältnis, das jeder Repräsentant in einer Ämterordnung aushalten und in sich austragen muss. Vielleicht kann die von den Federalist-Autoren in den Mittelpunkt geruckte Frage nach den charakterlichen und fachlichen Qualitäten von Amtsinhabern und politischen Repräsentanten doch weiterhelfen. Denn woran soll sich eine Schulklasse bei der Wahl der Klassensprecherin oder die Bundesversammlung bei der Wahl des Bundespräsidenten orientieren, wenn nicht daran, ob der Kandidat oder die Kandidatin geeignet ist, das ihm anvertraute Amt zum Wohle aller bestmöglich auszufüllen?

Wem die Bürgerschaft in ihrer Durchschnittlichkeit vertraut ist, und wer zugleich die Idee der gemeinsamen Lebensführung und die Standards der politischen Ordnung in seiner Person exemplarisch zum Ausdruck bringen kann, scheint der mustergültige Repräsentant zu sein – *the common man and the best in man* in einer Person.

IV. Weiterführende Literatur:

Arps, Arne (2013): Zur unterschiedlichen Wahrnehmung des Politischen in den USA und der Bundesrepublik Deutschland. Eine kritische Interpretation. Frankfurt a. M.

Brunhöber, Beatrice (2010): Die Erfindung „demokratischer Repräsentation" in den Federalist Papers. Tübingen.

Landshut, Siegfried (2004): Der Begriff der politischen Repräsentation. In: Politik. Grundbegriffe und Analysen. Eine Auswahl aus dem Gesamtwerk in zwei Bänden. Bd. I. Hrsg. v. R. Nicolaysen. Berlin, S. 421-437.

Rausch, Heinz (Hrsg. / 1968): Zur Theorie und Geschichte der Repräsentation und Repräsentativverfassung. Darmstadt.

Karl-Heinz Breier

Republik

I. Definition: Der aus dem Lateinischen stammende Begriff der *Republik* leitet sich von *res publica* her. Im Unterschied zur *res privata*, der Privatangelegenheit, verweist *res publica* auf die öffentliche Sache oder öffentliche Angelegenheit. Zugleich ist *res publica* der römische Begriff für *Gemeinwesen*, was der römische Philosoph und Politiker *Cicero* in seinem Werk *De re publica* (54–52 v. Chr.) mustergültig definiert. So ist „das Gemeinwesen die Sache des Volkes, ein Volk aber nicht jede irgendwie zusammengescharte Ansammlung von Menschen, sondern die Ansammlung einer Menge, die in der Anerkennung des Rechts und der Gemeinsamkeit des Nutzens vereinigt ist."

Als Staatsform grenzt sich die Republik in erster Linie von der Fürstenherrschaft und der Erbmonarchie ab. Als gemischte Verfassung, die von der Machtverteilung lebt, steht sie in größtem Gegensatz zur angemaßten → *Herrschaft* einer Despotie wie auch zur Anarchie. Eine Republik ist eine Bürgerordnung, die alle Bürgerinnen und → *Bürger* in ihrem Recht schützt, und zugleich ist sie eine Ämterordnung, die den Bürgerinnen und Bürgern Zugang zur politischen Mitgestaltung ihres Gemeinwesens eröffnet.

II. Geschichte des Begriffs: Angesichts der Frage, ob ein einzelner, eine privilegierte Gruppe oder das gesamte Volk regieren soll, schließt sich Cicero der Auffassung des griechischen Historikers Polybios an. Er erläutert in seiner Lehre vom Wandel der Verfassungen, warum jede einzelne Regierungsform – Monarchie, Aristokratie oder → *Demokratie* – nicht von Dauer sein kann: Im Laufe der Zeit neigen die jeweils Regierenden dazu, ihre → *Macht* ausschließlich zum eigenen Nutzen einzusetzen und zunehmend das *bonum commune*, das → *Gemeinwohl*, aus dem Auge zu verlieren. Mit ihrer politischen Erfindung der Institution einer gemischten Verfassung hat die Römische Republik ein Heilmittel entdeckt, das es ermöglicht, den Krisen und dem jeweiligen Verfassungsverfall der drei Verfassungstypen zu entgehen. Mit dem Konsulat, dem Senat sowie den Volksversammlungen wurden das monarchische, das aristokratische sowie das demokratische Regierungsprinzip miteinander verbunden. Damit wurde in der antiken Römischen Republik jener Grundgedanke einer gemischten Verfassung institutionell verwirklicht, der bis heute dem Verfassungsleben moderner Republiken seine Kontur verleiht.

Als gemischte Verfassung ist die Republik auf institutionelle Zusammenarbeit angelegt. Es sollen die jeweils zur Gesetzlosigkeit neigenden Nachteile der einzelnen Verfassungstypen vermieden und die Vorteile und deren Stärken für das kombinierte Verfassungsleben genutzt werden. In einer Republik zu leben, heißt, als politisch Ebenbürtiger und nach dem Gesetz zu leben. Jenseits aller gesellschaftlichen Unterschiede definieren sich die Menschen in einer Republik über ihre politische Bürgergleichheit. Zu den Hauptaufgaben einer republikanischen Ordnung gehört es daher, gegen jede Form angemaßter Herrschaft institutionelle Vorkehrungen zu treffen. So gilt es als Zeichen politischer Klugheit und Reife, wenn sich die Bürgerschaft als ethisch-politische Verantwortungsgemeinschaft wahrnimmt. Zur Sicherung ihrer freien Lebensweise muss sie darauf bedacht sein, ihr ganzes Potenzial wirklichkeitsgesättigter Handlungsrationalität aufzubieten und in Krisenzeiten zu aktualisieren.

Wie muss eine politische Ordnung beschaffen sein, die als institutionelles Bollwerk jeder Form von Gewalt- und Unterdrückungsherrschaft Paroli bieten kann? Da liegt es auf der Hand, auf unterschiedliche Verfassungsprinzipien zu bauen: auf die Tatkraft des Monarchischen, auf die Klugheit und Wohlberatenheit des Aristokratischen sowie auf den *common sense* des Demokratischen. In einer Republik soll all diesen politischen Organisationsprinzipien der institutionelle Raum eröffnet werden. Damit die äußere Republik mit ihren politischen Einrichtungen erhalten und gestärkt wird, bedarf es einer möglichst qualifizierten politischen → *Öffentlichkeit*. Im besten Falle wird eine republikanische Freiheitsordnung durch die innere Republik in den Bürgerinnen und Bürgern getragen und am Leben erhalten. Ist die Bürgerschaft selbst in einer guten Verfassung, so vermag sie die Vorteile eines durchdachten institutionellen Arrangements zu erkennen und in ihren lebensweltlichen Auswirkungen auch zu schätzen. → *Politik* und eine am Politischen orientierte Haltung ergänzen und beflügeln sich im besten Fall wechselseitig.

Wie müssen also die institutionellen Räume beschaffen sein, damit den Menschen ein furchtloses Leben in → *Freiheit* und Würde möglich ist? Dieser Anspruch an das eigene Leben ist nicht wenig und gewiss nicht zu hoch gegriffen. Er ist humanen Ursprungs und entstammt nicht der Begriffswelt einer → *Utopie*. Wenn Menschen den Anspruch erheben, in Freiheit und in Würde zu leben, so bedarf es dazu einer ebenso anspruchsvollen politischen Ordnung. Und dass die Pluralität von Lebensweisen sowie die Perspektivenvielfalt im Geflecht des Politischen sich auch in einer Pluralität von Verfassungsprinzipien zum Ausdruck bringen, entspringt höchster politischer Gestaltungskunst. Genau genommen zeigt das Maß, inwieweit das Zusammenspiel politischer Institutionen der realen gesellschaftlichen Pluralität gerecht wird, den Republikanisierungsgrad einer politischen Ordnung an. Je heterogener die Lebenswelt und je pluraler die Lebensstile sind, desto anspruchsvoller muss ein republikanisches Ordnungsgefüge sein.

Die gesamte Tradition republikanischen Denkens, die von Cicero über Machiavelli, Montesquieu, die *Federalist Papers*, Alexis de Tocqueville bis hin zu Hannah Arendt reicht, gibt reichlich Hinweise, wie das Gründen und Bewahren (→ *Reform*) von Republiken zu meistern ist und was alles zu einem republikanischen Selbstverständnis gehört. Immerhin lebt eine intakte Republik davon, dass in der politischen Öffentlichkeit eine kontinuierliche Selbstverständigung über die Standards der eigenen Freiheitsordnung stattfindet – und zu dieser Selbstklärung kann nicht zuletzt die politische Theorie einen Beitrag leisten. Insofern sich politische Theorie an der Selbstinterpretation und -ausdeutung der Republik beteiligt, kann sie sehr wirklichkeitsmächtig werden. Von daher steht sie der politischen Rhetorik sehr nahe.

Der Politischen Theorie wie auch der Politischen Wissenschaft kommt die bedeutsame Aufgabe zu, der Bürgerschaft bei der geistigen Durchdringung ihrer anspruchsvollen Lebensweise fachlich zur Seite zu stehen. Abgehobene Wortspielereien, wirklichkeitslose Phantastereien oder um sich selbst drehende und darin gefangene Wissenschaftsdiskurse gelten nicht gerade als Qualitätsmerkmale einer politischen Wissenschaft, die sich als Bürgerwissenschaft versteht. Im Gegenteil, den Realitätssinn zu schärfen und die politische Urteilskraft zu stärken, leiten das Erkenntnisinteresse einer politischen Wissenschaft, die sich ihrer gesellschaftlichen Mitverantwortung bewusst ist. Als eminent praktische Disziplin, die sich um sachliche Aufklärung, Orientierungswissen und politische Bildung bemüht, hat auch und gerade die politische Wissenschaft als öffentliche Institution dienenden Charakter.

Eine Lebensweise der Freiheit wird in latinisierter Sprache mit *vivere civile*, *vivere politico* und *vivere libero* umschrieben. Auch wenn es in der Tradition des republikanischen Denkens nicht *den* Denker der Republik gibt, so ist doch Niccolò Machiavelli hervorzuheben. „Um einer Republik die Freiheit zu erhalten, bedarf es jeden Tag neuer Maßnahmen." Mit diesen eindringlichen Worten mahnt Machiavelli in pointierter Klarheit, dass für die Erhaltung freiheitlicher Gesetze sowie einer durch Gesetze gesicherten Freiheit sowohl das institutionelle Gefüge einer Republik als auch die Qualitäten der gesamten Bürgerschaft von großer Bedeutung sind. Allerdings ist es nach republikanischem Selbstverständnis nicht erforderlich, dass alle Bürger ständig politisch aktiv sind. Denn die meisten Menschen erstreben die Freiheit um der → *Sicherheit* willen, die sie sie ihnen gewährt, und nur die wenigsten um der Freiheit selbst willen, schreibt Niccolò Machiavelli sehr realistisch.

Angesichts seiner Erfahrungen mit Girolama Savonarola, der von 1494 bis 1498 in Florenz einen Gottesstaat errichtete, war es für Machiavelli wichtig, dass die neue politische Ordnung seiner Heimatstadt Florenz republikanisch verfasst ist. Niemand sollte wieder gezwungen werden, seine eigenen privaten Interessen einer Utopie von Gemeinwohl zu opfern. Denn den mit Fanatismus einhergehenden religiösen Opferdienst am Gottesstaat des Predigers Savonarola zum Gemeinwohl zu erklären, widerspricht jeder freien Lebensweise. Das gerade Gegenteil ist der Fall. Das Gemeinwohl ist weder ein kollektives Gut, auf das jedermann eingeschworen werden muss, noch ein einheitliches → *Interesse* aller. Das gemeinsame Gut ist eine Bürgerordnung, die es erlaubt, frei zu leben, sowie das *vivere civile* selbst, in der sich die Menschen ohne Angst auf gleicher Augenhöhe begegnen können. Die segensreichen Auswirkungen einer *republica bene ordinata*, einer wohlgeordneten Republik, hat der Künstler Ambrogio Lorenzetti bereits im 14. Jahrhundert in allegorischer Form auf seinem berühmten Wandfresko festgehalten. Noch heute kann man im Palazzo Pubblico, dem Rathaus der Stadt Siena, im Saal des Friedens jene Freskensammlung *Von der guten und der schlechten Regierung* ansehen.

Wenn bisweilen behauptet wird, eine Republik lebe von Tugendbolden, oder sie laufe Gefahr, durchschnittliche Menschen ethisch zu überfordern, oder gar, sie unterliege einem Tugendterror a là Robespierre, so trifft dies gerade nicht zu. Allenfalls die innere Annahme durch die Bürgerinnen und Bürger ist für sie bedeutsam, da sie ja auf freiwillige Anerkennung und nicht auf Zwang und Gewalt gegründet ist. In diesem Sinne kann kaum von einer auf Politisierung hinauslaufenden ethischen Überforderung die Rede sein, wohl aber von einer wohlwollenden Grundhaltung der Bürger zu ihren politischen Institutionen.

Insbesondere in einer repräsentativ verfassten Freiheitsordnung können Menschen sich ins Private zurückziehen und den Bereich des Politischen ihren motivierteren Mitbürgern überlassen. Geradezu paradigmatisch weisen die Autoren der *Federalist Papers* (1787/88) darauf hin, dass jede Bürgerschaft geschichtet ist und der Ehrgeiz, am öffentlichen Leben teilzuhaben, höchst unterschiedlich ausgeprägt ist. Anlässlich der Gründung der Vereinigten Staaten von Amerika (1776) ist dies die zentrale Frage, wie *e pluribus unum*, wie also aus den Vielen das Eine, sprich die Union, hervorgebracht werden kann. Niemand sollte in diesem Gründungsprozess politisch überfordert werden; allerdings sollten alle politisch Ehrgeizigen einen institutionellen Weg finden können, sich in der neuen Ordnung politisch zu engagieren.

Jenseits der Bürgergleichheit in der Bürgerordnung lebt eine republikanische Ämterordnung vom Wettbewerb der politisch Ehrgeizigen. Sowohl für Machiavelli wie auch für die Gründungsväter der amerikanischen Union bezieht eine Republik gerade aus der Ämterrivalität ihre Vitalität. Entscheidend ist dabei nur, dass einerseits dem Ehrgeiz der politisch Ambitionierten institutionell Raum gegeben wird und dass andererseits die *ambizione* das Amtshandeln beflügeln und dem politischen Akteur Tatkraft verleihen mag. Damit das anvertraute öffentliche Amt nicht privat ausgebeutet und damit in seinem öffentlichen Ansehen ruiniert wird, muss jeder Amtsträger der Verlockung zur → *Korruption* widerstehen. Nur so kann die Handlungsfähigkeit der gesamten politischen Ordnung gewährleistet und in ihrer Gestaltungsmacht erhalten werden.

Eine besondere Pointe der Verfassungskonstruktion führen dabei die Federalist-Autoren an, wenn sie darauf verweisen, dass das ehrgeizige Machtstreben des einen durch den Ehrgeiz und das Machtstreben des anderen gleichsam in Schach gehalten werden soll. „Ambition must be made to counteract ambition“, lautet die Formel, die James Madison im 51. Artikel gewählt hat. Das amerikanische System von Checks and Balances speist sich eben daraus, dass jeweils eine Balance und eine ausgleichende Berücksichtigung von Einzelinteressen angezielt werden. Seien es gesellschaftliche Interessengruppen, Amtsinhaber oder auch Einzelstaaten, um Dominanz und angemaßte Macht einzelner zu verhindern, werden institutionelle Vorkehrungen getroffen, die auf eine wechselseitige Kontrolle aller Beteiligten hinauslaufen. Dass die Menschen sich selbst kontrollieren und von selbst beschränken, halten die Autoren für illusorisch. Denn dann müssten die Menschen Engel sein, und alle Fragen nach politischer Ordnung und → *Regierung* wären gegenstandslos.

Im besten Fall gelingt es den öffentlichen Amtsinhabern in ihrem konkreten Amtshandeln deutlich die Standards der politischen Ordnung zum Ausdruck zu bringen. Immerhin handeln sie im hellen Licht der Öffentlichkeit, und es entspricht dem politischen Prinzip der → *Repräsentation*, dass sie in ihrem Amtshandeln auch den Gehalt der Verfassung zur Anwesenheit bringen. Ein einziger Satz, der auf der Pennsylvania Avenue, die in Washington das Kapitol mit dem Weißen Haus verbindet, eingemeißelt ist, bringt das republikanische Repräsentationsverständnis auf den Punkt: *The President is for us, we are not for him.*

III. Aktuelle Dimension: Die Bundesrepublik Deutschland ist eine föderal verfasste Ämterordnung. Vom Klassensprecher bis zur Bundespräsidentin reicht die Liste der öffentlichen Ämter. Als bundesstaatlich aufgebaute Republik praktiziert sie das Prinzip der Machtverteilung, und nur wer eine Republik mit einer Aktiengesellschaft oder einem Wirtschaftsunternehmen verwechselt, kann auf die Idee kommen, dass sich eine Republik in wirtschaftlichem Reichtum erschöpft.

In einem sich vereinenden Europa besteht die Herausforderung darin, dass sich die regierenden und regierten Bürgerinnen und Bürger ein Europa der Bürger schaffen. Dazu gehört, dass die Bürger Europas ihre europäischen Institutionen ebenso wie ihre jeweils nationalen und auch regionalen politischen Einrichtungen als Macht wahrnehmen, die ihr Leben schützen und sicherer machen. Wenn darüber hinaus die vielfältigen zivilgesellschaftlichen Traditionen, die von → *Nation* zu Nation und von → *Kultur* zu Kultur unterschiedlich sind, in ihrer republikfördernden Kraft gestärkt und wiederbelebt werden, so können diese Fundamente freiheitlichen Zusammenlebens jeder nationalistisch oder religiös motivierten → *Ideologie* Widerstand leisten. Entscheidend dürfte dabei allerdings sein, dass neben einem privaten Leben in der Familie und einem gesellschaftlichen Leben in einer Jobholder Society auch das politische Leben in einer Republik Kontur gewinnt. Alexis de Tocqueville hat mit seinem eindringlichen Verweis darauf, dass allzu viele Bürger sich in ihre Privatheit zurückziehen könnten und der Welt des Politischen den Rücken zukehren könnten, vor den Gefahren gewarnt, die Republiken von innen aushöhlen. Im Begriff des *individualisme*, dem freiwilligen Sich-Fernhalten von der Politik, hat er diese Sorge, dass die Bürger ihre Bürgerexistenz vernachlässigen könnten, zum Ausdruck gebracht.

Als Bürger keinen Anlass zu haben, sich Mächtigen anzudienen oder sich vor ihnen klein zu machen, kann Bürgerstolz hervorbringen. Und in einer vom Zusammenhalt der Bürger getragenen politischen Ordnung zu leben, die der Organisierten Kriminalität ebenso die Stirn bieten kann wie den Machtanmaßungen reich gewordener Oligarchen, zielt in die Herzkammer modernen republikanischen Denkens.

In der Fachliteratur wird zwischen einem eher bürgerorientierten Republikanismus und einem eher institutionenorientierten Republikanismus unterschieden. Als bürgerorientiert gilt eine Republik, wenn in existenziellem Sinne die politische Beteiligung und Freiheitsverwirklichung der Bürgerinnen und Bürger im Vordergrund steht. Hingegen bezeichnet man sie als institutionenorientiert, wenn der instrumentelle Charakter der politischen Institutionen betont wird. Maßgeblich ist hierbei die von intakten Institutionen ausgehende Sicherheit, die ein rechtlich geschütztes Bürgerdasein garantiert. Ernst Vollrath bringt diesen Zusammenhang von existenziell und politisch verfasster Freiheit auf den Punkt. Er bezeichnet eine Republik als „*die* Institution der Institutionen".

IV. Weiterführende Literatur:

Guérot, Ulrike (2016): Warum Europa eine Republik werden muss! Eine politische Utopie. Bonn.

Hölzing, Philipp (2014): Republikanismus. Geschichte und Theorie. Stuttgart.

Romberg, Regine (2007): Athen, Rom oder Philadelphia? Die politischen Städte im Denken Hannah Arendts. Würzburg.

Thiel, Torsten / *Volk*, Christian (Hrsg. / 2016): Die Aktualität des Republikanismus. Baden-Baden.

Viroli, Maurizio (2002): Die Idee der republikanischen Freiheit. Von Machiavelli bis heute. Zürich.

Karl-Heinz Breier

Revolution

I. Definition: Eine *Revolution* ist gekennzeichnet durch eine massive, mit Gewalt verbundene Änderung der bestehenden Herrschaftsverhältnisse. Die Umwälzung der politischen Ordnung ist oft derart weitreichend, dass man den Eindruck hat, hier werden die Dinge in ihrer bis dato bestehenden Sozialstruktur völlig von unten nach oben hin im Wechsel verändert. *Turning upside-down* erscheint als das klassische Prinzip von Revolutionen. Was zuvor an der Spitze einer politischen Ordnung war, wird durch die Revolution nach unten hin gerissen, wenn nicht sogar gänzlich zerstört. Eine Revolution ist ein derart einschlagendes Ereignis, dass hierbei oft sämtliche normativen wie funktionalen Standards einer Gesellschaft durchbrochen und in eine andere Form verwandelt werden. Politische Institutionen, meist mit großer Tradition in der Geschichte, verschwinden über Nacht, werden zerschlagen, aufgelöst und durch neue Formen der → *Politik* ersetzt. Die Anhänger der bis dahin etablierten Gesellschaft und ihrer Form der → *Herrschaft* werden verfolgt, stigmatisiert und oft schonungslos liquidiert. Revolutionen sind daher nicht friedlich, sondern brutal-gewaltsam. Bürgerkriege führen zu Revolutionen und umgekehrt sind Revolutionen mitunter der Anlass für einen Bürgerkrieg → *Krieg*. Eine Revolution durchbricht auch die Kontinuität in der Zeiterfahrung: was bisher über Jahrzehnte oder Jahrhunderte hinweg legitimiert war, wird radikal beendet. Der Einschnitt durch das revolutionäre Ereignis in die Zeit ist ein Bruch mit der kulturellen Identität für das herrschende Regime. Nicht nur die Dinge in der Welt ändern sich, sondern eine Revolution ist das Versprechen auf eine neue Zeit mit einer neuen Ordnung.

II. Geschichte des Begriffs: Die Revolution (von lat.: *revolvere* = zurückrollen, zurückführen) zeigt begrifflich einen Vorgang an, bei dem man kollektiv betrachtet in einen als ursprünglich gemeinten Zustand zurückkehrt. Deshalb ist historisch der Begriff jahrhundertelang zunächst gar kein zentraler Begriff für die Politik, bezieht er sich doch in erster Linie auf Aufruhr und Umsturzversuche. Im Grunde ist dies der Begriff für ein Bürgerkriegsszenario. In der Antike ist die Bezeichnung gänzlich ungebräuchlich: weder in der Geschichte griechischer Stadtstaaten noch in der Geschichte Roms werden Umsturzversuche als Revolution bezeichnet. Erst mit dem Christentum entwickelt sich eine Heilslehre, der zufolge die gute und wahre Ordnung am Anfang aller Dinge stand. Wann immer es um Erneuerung des Menschen in den christlichen Debatten des Abendlandes ging, steht das Bild einer ursprünglich richtigen Ordnung der Dinge im Raum. Diesbezüglich hat die Revolution auch ihre inhaltliche Schnittmenge mit der → *Utopie*. Politisch wirkungsmächtig wurde das Leitbild der Revolution erstmals im sog. Bauernkrieg von 1525 in Deutschland, als die Bauern gegen die Adelsherrschaft rebellierten und mit Gewalt Burgen,

Schlösser und Kirchen plünderten. Ihr Versuch, die traditionale gute alte Ordnung wiederherzustellen, scheiterte jedoch angesichts der militärischen Kapazitäten, welche die süd- und mitteldeutschen Territorialherren gegen die unprofessionell agierenden Heere der Bauern ins Feld führten. Die Revolution des gemeinen Mannes wird jedoch bis ins 18. Jahrhundert in Europa immer wieder von Neuen betrieben. Das Leitbild ist sowohl bei den Wiedertäufern zu Münster (1534–35) wie auch bei Digger und Leveller im Englischen Bürgerkrieg (1642–49) stets dasselbe: es wird der Anspruch erhoben, die wahre Ordnung Gottes auf Erden zu repräsentieren. Hierbei spielen das Eigentum und die Frage der Abstammung keine Rolle mehr. Mit Argumenten, die man vor allem aus dem *Neuen Testament* bezieht, kommt es in diesen Bewegungen zu einer radikalen Ablehnung der bestehenden Feudalordnung der Ständegesellschaft. Auch das monarchische Prinzip der Stellvertretung Gottes auf Erden in weltlicher Hinsicht wird komplett abgelehnt. Jeder Mann (Mensch) ist gleich und hat die gleichen Teilhaberechte an Gottes Natur. Wenn Leveller oder Wiedertäufer vom neuen Menschen reden, dann ist der Typus der urchristlichen Gemeinschaft adressiert, also ein Status, lange bevor die Hierarchie der abendländischen Kirche oder gar des Staates einsetzte. Das Legitimationsmotiv bleibt bis zum Ende des 17. Jahrhunderts die Rückkehr bzw. Rückbesinnung auf die richtige christliche Ordnung. Noch die *Glorious Revolution* in England (1688/89) versteht sich als ein demonstrativer Akt der Wiedergewinnung der wahren protestantischen Herrschaft gegenüber den Anmaßungen aus dem katholischen Lager.

Im Verlauf des 18. Jahrhunderts verändert sich im Kontext der Aufklärung das Verständnis von Revolution: nunmehr setzt sich ein naturrechtliches Argument durch, demzufolge die Gleichheit aller Menschen auch dazu führen dürfe gegen die bestehende Ordnung nicht nur lautstark zu protestieren, sondern eben auch mit Gewalt vorzugehen. Die Berechtigung zum Widerstand wird nunmehr zur tragfähigen Grundlage für einen Volksaufstand genommen. Zunächst in der *Unabhängigkeitserklärung der Vereinigten Staaten von Amerika* (1776) mit Pathos gegen die Suprematie der britischen Krone in der Neuen Welt vorgetragen, avanciert der Aufruf zur → *Freiheit* zum Begründungsmodell für eine neue Form der Politik. Das Recht auf Widerstand gegen die politische Ordnung ist ein natürliches Recht eines jeden Menschen, sofern die jeweilige politische Herrschaft nicht mehr im Interesse der Allgemeinheit (und damit letztlich auch jedes Einzelnen) agiert. Politische Herrschaft muss der → *Gerechtigkeit* dienen. Ist dies erkennbar nicht der Fall, dann ist der Widerstand (auch gewaltsam) ebenso berechtigt wie (im Falle einer Tyrannis) auch mit Notwendigkeit geboten. Aus der Unabhängigkeitserklärung der amerikanischen Kolonisten erwuchs der Krieg um die Unabhängigkeit (1775–83) der 13 Kolonien vom britischen Mutterland. Nach dem militärischen Erfolg ist die Gründung der USA (1776) das erste Beispiel für eine moderne Revolution. Die Mutter aller Revolutionen ist jedoch die Französische Revolution, die mit dem Sturm auf die Bastille ihren Startpunkt hat. Unter dem Anspruch der → *Freiheit*, Gleichheit und Brüderlichkeit (*liberté, égalité, fraternité*) beginnt das Volk im Sommer 1789 den bewaffneten Kampf gegen die Institutionen der französischen Monarchie. Am Ende ist die Monarchie komplett beseitigt: ihre Legitimation wird negiert, ihre Repräsentanten werden als Personen liquidiert, ihre Institutionen werden nicht nur namentlich, sondern auch in ihren Strukturen z.T. radikal verändert. Die Radikalisierung des Gleichheitsgedankens drückt sich auch dadurch aus, dass man bereit ist, für die Ideale der Revolution zu sterben. Darin haben die Amerikanische und die Französische Revolution ihre Gemeinsamkeit. In der Französischen Revolution manifestiert sich jedoch auch ein Zug der Unerbittlichkeit: Mittels *terreur* sollen all diejenigen rigoros verfolgt werden, die zum Alten System, dem Ancien Régime gehören. Der → *Terror* der Guillotine führt zur Massenhinrichtung von tausenden von Menschen. Die Revolution proklamiert das Neue Zeitalter und einen neuen Menschen: Alles, was nur im Entferntesten an das Ancien Régime erinnert, muss abgeschafft werden. Sogar die Zeitrechnung versucht man neu zu gestalten. Die Herrschaftsordnung wird vom Kopf (des Königs) auf die Füße (der Bürger) gestellt. Die neue → *Republik* ist eine Bürgerrepublik. Kein Söldnerherr schützt mehr diese Ordnung, sondern die Volksarmee der freien und gleichen Bürger Frankreichs.

Die Revolution verbleibt auch nicht innerhalb des französischen Systems, sondern der revolutionäre Geist der Republik schwappt über die Landesgrenzen hinweg und verbreitet sich mit den napoleonischen Heeren überall in Europa. Alexis de Tocqueville bezeichnet nicht zufällig das 19. Jahrhundert als Jahrhundert der Revolutionen. Die Revolution wird zum Motor der Moderne. Freiheitsbewegungen in Süd- und Lateinamerika folgen dem Ruf der Revolution und beenden vielfach die traditionale monarchische Herrschaftsform vom Typ Ancien Régime. Doch einen Aspekt verändern all die Revolutionen im Gefolge des französischen Paradigmas nicht: nämlich die Frage des Eigentums. Sowohl in Frankreich wie in den USA ändert sich an den Besitzverhältnissen grundsätzlich nichts, wenn man einmal von bestimmten Liegenschaften der Kirche absieht. Der Bürger als Revolutionär hat schließlich auch für seine Eigentumsrechte gekämpft. Durch die Revolution in Nordamerika und in Frankreich wird das parlamentarische System gestärkt, und damit auch die → *Repräsentation*. Das repräsentative System dient jedoch den Interessen der besitzenden Schichten und eben nicht aller Klassen einer Gesellschaft. Gerade große Teile der Gesellschaften in den Nationalstaaten des 19. Jahrhunderts sind hierin nicht eingebunden. Mit dem *Kommunistischen Manifest* von Marx und Engels liegt deshalb seit 1848 ein neues Begründungsmodell für die Revolution vor: die Vereinigung und Verschmelzung aller Klassen auf der Grundlage der Arbeiterklasse. Doch während alle Experten die Revolution zugunsten einer klassenfreien Gesellschaft in Westeuropa, hier insbesondere in Deutschland, erwartet haben, vollzieht sich diese Art der Revolution 1917 im sozial wie ökonomisch rückständigsten Land Europas: in Russland. Die Russische Revolution steigert noch einmal das Prinzip des *turning upside-down*, indem hier auch alle ökonomischen Besitzverhältnisse komplett umgestaltet werden. Mit einer ebenso brutalen wie menschenverachtenden Enteignung in der Landwirtschaft werden sämtliche Bauern zu einer Art industrieller Landarbeiter umfunktionalisiert. Im neuen Zeitalter des Sowjetbürgers gibt es keinen Privatbesitz mehr. Das diktatorische Zwangsregime Stalins setzt gezielt Massenmord zum Zweck der revolutionären Politik in den 1920er Jahren ein. Dieses Muster wiederholt sich auch im weiteren Verlauf des 20. Jahrhunderts. Meist wird mit dem Verweis auf die Logik des Marxismus in den sog. Freiheitsbewegungen in der Dritten Welt, vor allem in Afrika südlich der Sahara, die Revolution als das entscheidende Mittel im Kampf gegen die Regime des Kolonialismus propagiert. Aber auch in Asien gilt dies, insbesondere für die Kommunistische Revolution in China, die unter Mao Tse-tung in den 1950er Jahren ein neues Element für die Revolution einführt: nämlich die Revolution als eine fortwährende Bewegung, die eigentlich nie zu einem Endpunkt gelangt. Die Kulturrevolution (1966–76) Maos führt zu einem Austausch innerhalb der kommunistischen Elite, der mit allen Mitteln der Gewalt und Erniedrigung vollzogen wird. Permanente Unruhe und Unsicherheit unter den revolutionären Kadern ist hier das Ziel. Neben den beiden bereits genannten Revolutionsparadigmen, a) der Revolution zugunsten der Repräsentation der Bürger im Rahmen ihrer Gleichheit und Eigentumsrechte, b) der Revolution zur Beseitigung jeglicher Form von Privatbesitz, kommt es mit der Iranischen Revolution 1978/79 noch zu einer dritten, bis dahin so nicht mehr gekannten Form der Revolution: c) die Revolution aus Gründen des einzig wahren und richtigen Glaubens. Die Entmachtung des monarchischen Schah-Regimes in Teheran und die Begründung einer Islamischen Republik folgt nicht säkularen Motiven, hat mit den Eigentumsfragen gar nichts zu tun, sondern ist zutiefst religiös inspiriert.

III. Aktuelle Dimension: Die Konstellation für eine zeitgemäße Verwendung des Revolutionsbegriffs stellt sich heutzutage eher unübersichtlich dar. Während man theoretisch zwischen den drei genannten Typen (a–c) klar unterscheiden kann, besteht hinsichtlich ihrer Wirkung, auch bezogen auf den Prozessablauf der jeweiligen Revolution, doch eine Menge an Gemeinsamkeiten. Zunächst einmal geht es immer um die Frage der Akzeptanz eines jeweils herrschenden Regimes. In dem Maße, wie die Zustimmung zur politischen Herrschaft in einer Gesellschaft abnimmt, steigt zugleich auch die Kritik hieran, die bis zu extremen Positionen führt. Allerdings bedeutet dies nicht notwendigerweise schon Revolution. Eine vorrevolutionäre Phase in einer Gesellschaft hat nicht nur mit den Faktoren von Legitimation und Delegitimierung der politischen Ordnung zu tun, sondern hängt auch entscheidend von den ökonomischen Strukturen im Lande, der Sozialen Frage und dem jeweiligen internationalen Umfeld ab. Über den Erfolg oder Misserfolg einer revolutionären Bewegung entscheiden also am Ende mehrere Faktoren gleichzeitig. Wichtig ist auch die Funktion der Protagonisten: wer will überhaupt eine Revolution – und mit welchen Mitteln? Während sich sowohl die Amerikanische als auch die Französische Revolution als Bewegung breiter Schichten des Bürgertums interpretieren lassen, ist die Kommunistische Revolution in Russland angezettelt worden von einer sich als politische Avantgarde verstehenden Funktionärsriege innerhalb der Kommunistischen Partei. Lenin hat nicht zufällig hier den Typus des Berufsrevolutionärs propagiert. Das bedeutet, bestimmte Akteure wissen genau, was eine Revolution ist und kennen die richtigen Mittel hierfür. Eine solche Deutung unterstellt eine Art Blaupause für das Abspielen von Revolutionen. Tatsächlich zeigt jedoch die vergleichende Revolutionsforschung, dass dem nicht so ist, die Phänomene weitaus komplexer und widersprüchlicher sind als es die marxistische Lesart vorgibt. Jede Revolution ist anders. Insofern gibt es bis dato auch keine gültige Revolutionstheorie, wohl aber eine Reihe von historisch-vergleichenden Studien. Das ist vom Verständnis her auch für die aktuelle Betrachtung von politischer Relevanz: Ab wann ist eine Protestbewegung auf der Straße eine Revolution? Bei dem sog. *Arabischen Frühling* (2011) hat man die verschiedenen öffentlichen Demonstrationen in Tunesien, Ägypten, in Bahrain und in Libyen schnell als Revolution stilisiert. Die arabische Welt schien damit nachzuholen, was zum Kennzeichen der Moderne gehört: die öffentlich proklamierte Freiheit durch das Volk. Wer oder was aber ist das Volk? Die Menschenmenge, die auf öffentlichen Plätzen lautstark demonstriert oder gar mit Gewalt gegen staatliche Einrichtungen vorgeht? Die Berechtigung einer Revolution zeigt sich erst im Nachhinein, das machen die Ereignisse in der arabischen Welt seit dem Revolutionsjahr 2011 überaus deutlich. Über den Sinn einer Revolution entscheidet ihr Erfolg und propagandistischer Nachruhm. Wenn eine revolutionäre Bewegung scheitert, ist es nur ein Aufstand oder eine Rebellion gewesen. Mitunter versinkt ein Land aufgrund einer Revolution auch in einen Bürgerkrieg, so dass das Anliegen einer grundsätzlichen Veränderung der politischen Ordnung aus dem Blick gerät. Gerade was die Motivlagen für den Arabischen Frühling betrifft, ist bei einem Teil der protestierenden Massen nicht etwa eine Vergrößerung der Freiheitsrechte für das Individuum das normative Ziel gewesen, sondern die Wiederherstellung der wahren Ordnung durch die Vorgaben des religiösen Bekenntnisses. Man darf sich also spätestens in der → *Globalisierung* die Revolution nicht einfach als ein westliches Modell für Kritik, Opposition und gewaltsamer Veränderung der politischen Ordnung zu mehr Freiheit und Gleichheit vorstellen.

IV. Weiterführende Literatur:

Arendt, Hannah (2014): Über die Revolution. 4. Aufl. München.

Jünemann, Annette / *Zorob*, Anja (Hrsg. / 2013): Arabellions. Zur Vielfalt von Protest und Revolte im Nahen Osten und Nordafrika. Wiesbaden.

Skocpol, Theda (1979): States and Social Revolutions. A Comparative Analysis of France, Russia, and China. Cambridge.

Smith, Stephen A. (2017): Revolution in Russland. Das Zarenreich in der Krise. Darmstadt.

Peter Nitschke

Sicherheit

I. Definition: *Sicherheit* zeigt einen Zustand zwischen Menschen an, der situativ wie auch systematisch die Existenz der Individuen und die der Kollektive untereinander in einer lebensbewahrenden Perspektive darstellt. Hierbei geht es sowohl um die physisch-materielle Sicherung der Existenz wie auch um deren geistige, d.h. psychologische Dimension. Sicherheit ist daher ein Existenz-Begriff, der vorrangig innerhalb einer politischen Ordnung angelegt ist bzw. von ihr angestrebt wird. Jede → *Politik* bezieht sich in ihrer Ordnung auf Sicherheit. Allerdings wird diese Sicherheit in der jeweiligen politischen Ordnung z.T. ganz unterschiedlich verstanden und adressiert. Denn Sicherheitsfragen sind zutiefst immer auch Fragen der Ausgestaltung von → *Herrschaft*, der Legitimation von politischer → *Macht*. Insofern ist der Sicherheitsbegriff, gerade weil er so existenziell ist, mehrdimensional und lässt sich auch keineswegs auf die Formation des Staates beschränken. Unabhängig allerdings davon, wie ein jeweiliger → *Staat* oder eine Gesellschaft, → *Nation* oder Gemeinschaft sich ihre Sicherheit definiert, gilt für alle politischen und sozialen Erscheinungsformen, dass sie nur dann existieren können, wenn sie sich in Sicherheit befinden bzw. diese so organisiert haben, dass sie nachhaltig überhaupt existieren können. Das natürliche bzw. existenzielle Szenario, das der Sicherheit gegenüber steht, ist das der Unsicherheit der menschlichen Existenz. Verbunden werden damit sämtliche Bedrohungslagen, die a) vom Menschen selbst in seinem Sozialverhalten als Spezies ausgehen sowie b) Gefahren, die aus der Natur heraus das Leben der Menschen bedrohen. Beide Gefährdungslagen führen zur Politik des Menschen: die Organisation der Arbeitsleistungen gegen eine gefährliche Umwelt (Dämmebau gegen die Flut, gemeinschaftliches Handeln bei Umweltkatastrophen etc.) sowie die Absicherung gegen Bedrohungen, die vom menschlichen Verhalten in der Schädigung der Lebensgrundlagen des Individuums ebenso auch des Kollektivs extern wie intern auftreten können.

II. Geschichte des Begriffs: Die heutige Formulierung von Sicherheit resultiert aus der römischen Bezeichnung *securitas* (= Sorglosigkeit, Unerschrockenheit, aber auch Sicherheit bzw. Sicherung). Im antiken Kontext ist damit eine durchaus moralisch gemeinte Verhaltensweise intendiert gewesen, die sich zunächst gar nicht einmal auf eine Vorstellung im Sinne einer öffentlichen Sicherheit bezieht. So sind bezeichnenderweise in Platons Abhandlung über die Gesetze (*Nomoi*) das zentrale Problem die pathologischen Ausgangsbedingungen der menschlichen Existenz selbst, die zu einer Zerrüttung der Seele, damit auch der Vernunft, und daraus resultierend schließlich der politischen Ordnung führen. Sicherheit wird hier verstanden als epistemologische Herstellung eines Seelenzustands der inneren Ruhe und Ausgeglichenheit, in und mit dem dann die *Ordnung der Dinge*, damit auch die Politik selbst, überhaupt erst praktiziert werden kann. Zwar ist Platon in seinem Spätwerk um die systematische Wechselbeziehung bezüglich der Gefährdungen des Alltags zwischen den Menschen und ihren kognitiven wie physischen Heilungschancen bemüht, doch verbleibt er hierbei meist auf einer personalen, nicht systemisch formulierten Akteursebene. Dies gilt auch für die rechtlichen Überlegungen bei Cicero, der von Sicherheit meist nur dann spricht, wenn es um die eigene, personale Sicherheit in Form der existenziellen Gefährdung durch Feinde oder widrige Umstände geht. Die Dimension einer öffentlichen Sicherheit ist hierbei eher ein Nebenprodukt, das in den interpersonalen Beziehungen zwischen den handelnden politischen Akteuren und Gruppenverbänden herzustellen ist. Die römisch-rechtliche Unterscheidung der sozialen Ordnung zwischen *öffentlich* und *privat* führt sowohl im Kontext der Römischen → *Republik* als auch in der Kaiserzeit nicht konsequent dazu, dass die Frage der Sicherheit als ein öffentliches Gut der politischen Ordnung begriffen wird. Die Herstellung von Ordnung in der Öffentlichkeit unterliegt einem sehr dynamischen Kampf der unterschiedlichen Interessen der führenden politischen Familien und der von ihnen abhängigen Statusgruppen im Volk, bei dem sich in der Summe ein eher labiles, meist auch nur temporäres Gleichgewicht in der Austarierung der konfliktbehafteten Interessenslagen einstellt. Selbst die Herstellung eines Gewaltmonopols durch den Kaiser kennt keinen spezifischen Begriff von Sicherheit, weil die Ordnung auf militärischer Grundlage basiert und einer militärischen Logik folgt. Eine konkrete Ordnungsinstanz in Form einer Polizei, die so etwas wie Sicherheit in einer Binnenperspektive für die römische Gesellschaft herstellt, gibt es nicht. Die Ansätze, die man sich in der Verwaltung in der Spätphase des Römischen Kaiserreiches hierzu erarbeitet hat, werden durch die Völkerwanderung gänzlich wieder verschüttet. Für das Mittelalter ist Sicherheit kein zentraler Begriff, weil schon das Verständnis von Politik über Jahrhunderte hinweg aufgrund der theologischen Interpretation der Bedingungen des Lebens, der natürlichen Ordnung Gottes auf der Welt, unterentwickelt bleibt. Friede, Seelen-Ruhe und Harmonie sind die Attribute, die in der theologisch dominierten Ordnungsvorstellung von Herrschaft angezeigt werden. Wenn von Gewalt die Rede ist, dann in Form der Auseinandersetzung mit Andersgläubigen (bei den Kreuzzügen) oder der Verfolgung von Ketzern bzw. der Unterdrückung von Aufruhr und Aufständen gegen die natürliche Ordnung Gottes. Selbst bei den ersten eher pragmatisch ausgerichteten Anweisungen für Herrschaft in Form der *Fürstenspiegel* des hohen und späten Mittelalters spielt der Sicherheitsaspekt nur in Form einer personalen Sicherheit für den jeweiligen Fürsten, König oder Kaiser eine Rolle. Es fehlt ein systematisches Verständnis von Sicherheit insofern, weil es auch kein Verständnis für Staatlichkeit in der heutigen Form gibt. Sicherheitsfragen sind somit gekennzeichnet von personalen bzw. gruppenverbandsorientierten Austauschmustern, in denen die Anerkennung bzw. Nichtanerkennung von Ehre eine ganz wesentliche Funktion hatte. Die politische Theologie des Mittelalters beschäftigte sich demnach mit statuarischen und habituellen Aspekten, aber eben nicht mit der systemischen Funktion von Sicherheit in Form einer praktischen Politik. Mit der feudalherrschaftlichen Zuordnung von Schutz und Schirm durch den jeweiligen Landesherrn ist Sicherheit zunächst einmal deklamatorisch angezeigt, was jedoch jenseits der normativen Begründung für den praktischen Alltag wenig besagte. Insofern kommt erst mit den Säkularisierungsschüben durch Renaissance und Reformation auch ein Umbruch im Verständnis von Sicherheit zustande. Es ist gerade die Verdichtung der territorialen Herrschaft in der Prämoderne, die hier im Kontext einer zunehmenden Eigenständigkeit des Politikbegriffs auch eine spezifische Form von Sicherheit anzeigt. Paradigmatisch wird dies in der Lehre von Niccolò Machiavelli zum Ausdruck gebracht, wobei allerdings auch noch hier sowohl in den *Discorsi* (1531) als auch im *Principe* (1532) von der *securtà del re e del regno*, also durchaus personal, von der Sicherheit des Königs in Verbindung mit der Sicherheit *seines* Reiches die Rede ist. Eine Differenzierung von Innen und Außen findet bei Machiavelli allerdings auch noch nicht statt: Da Sicherheitspolitik militärisch verstanden wird, ist in dieser Theorie bezogen auf den Fürsten alles bellizistisch nach Kampf und Gewaltanwendung ausgerichtet. Immerhin wird damit jedoch auch deutlich, dass die Sicherheitsfrage keineswegs eine rudimentäre Ordnungsangelegenheit ist, sondern eine fundamentale Funktionsfrage darstellt, weil die Existenz des Gemeinwesens davon entscheidend abhängt. Versagt der jeweilige Fürst in seiner Schutzfunktion für die Bürger und Untertanen seines Landes gegenüber äußeren wie inneren Gefahren, dann steht die Existenz der politischen Ordnung insgesamt auf dem Spiel. Die Staaten dieser Welt kommen und gehen, werden geboren und sterben, sofern sie die Sicherheitsfrage erfolgreich oder eben nicht sachgerecht organisieren können.

Die Sicherheitsproblematik geht im Verlauf der Prämoderne einher mit dem Aufbau und der Intensivierung von Staatlichkeit. Zentral sind hierfür die so genannten Polizeigesetze des frühabsolutistischen Fürstenstaates. Mit den *Policeyordnungen* wird aber nicht nur eine funktionale Kategorie für die Sicherheitsfrage angesprochen, sondern mehr noch und zunächst vor allem eine normative Appellation der feudalen Herrschaft an die Untertanen im Lande. *Policey* meint hierbei dreierlei: 1) einen normativen (und damit umfassenden) Ordnungsanspruch der fürstlichen Herrschaft in Bezug auf die Regularien im Herrschaftsraum; 2) die speziellen Gesetze, die hierzu gemacht werden und schließlich 3) die konkreten Instrumente, Mittel und Methoden, die zur praktischen Umsetzung der Gesetze beitragen sollen. Der Sicherheitsbegriff ist sowohl materiell als auch ideell in allen drei Bereichen inkludiert. Insofern gilt vom 15. bis in das 19. Jahrhundert hinein, dass die Frage der Sicherheit im Rahmen eines a) *weiteren* bzw. b) *engeren* Polizeibegriffs behandelt und umgesetzt wird. Der weitere Polizeibegriff bezieht sich auf alle normativen

Grundlagen für das Verständnis von Polizei im Sinne einer Ordnung für das Gemeinwesen, der engere Polizeibegriff hingegen spezifiziert im Laufe der Jahrhunderte zwischen Reformation und Aufklärung die konkreten Verfügungsmittel und -methoden für die Herrschaft des Staates heraus. In der letzteren Variante wird Sicherheit zu einer institutionellen Angelegenheit für den frühmodernen Staat in der Identifizierung und Etablierung eines spezifischen Gewaltmonopols.

In der Theorie von Thomas Hobbes (1651) wird dieses Gewaltmonopol des Staates legitimatorisch begründet: Das klassische mittelalterliche Patronagekonzept von Schutz und Schirm, mit dem der Landesherr seine Untertanen absichert, wird nunmehr durch das Vertragsmoment vom Kopf auf die Füße gestellt. Durch den wechselseitigen (zunächst fiktiven) Vertrag zwischen den Individuen wird die Gewaltfunktion durch den Souverän (und damit durch den Staat) legitimiert. Gerade indem Hobbes die Furcht vor der existenziellen Auslöschung durch andere Menschen zum Kernkriterium des Vertrags erhebt, bekommt der Staat als Erzwingungsanstalt in allen Konflikten eine Qualität zugeschrieben, die er historisch in dieser Weise so vorher nicht gehabt hat. Die → *Souveränität* des Fürsten (und damit die des Staates) entscheidet in allen Konfliktlagen, weil sie als einzige Autorität Gewalt *legitim* einsetzen kann. Zwar dauert es historisch noch bis in das 19. Jahrhundert hinein, dass der Staat de facto als funktional kompetenter Gewaltmonopolist auftreten kann, doch sind es andererseits gerade die engmaschigen Verordnungen in der Frage der *Polizeihoheit* der Territorialstaaten, welche zu einer *Polizierung* sämtlicher Lebenswelten in der Ständegesellschaft des Ancien Régime geführt haben. Das Polizieren bezieht sich hierbei auf eine Versicherheitlichung im zivilisatorischen Umgang der Untertanen und Bürger untereinander und regelt sozialdisziplinierend normative wie funktionale Verhaltensstandards neu – zugunsten des Staates als dem alleinigen Garanten und Interpreten von Sicherheit. Allerdings versteht auch noch Immanuel Kant in seiner *Metaphysik der Sitten* (1797) die Polizei im Sinne des weiteren Polizei-Begriffs, bei dem es für den Staat um „die öffentliche *Sicherheit*, *Gemächlichkeit* und *Anständigkeit*" des Gemeinwesens geht (A 186, Hervorh. v. Kant). Die Institutionen des Staates werden im Verlauf des 19. Jahrhunderts dann nicht nur im Rahmen des Auf- und Ausbaus einer öffentlichen Verwaltung, sondern eben auch einer öffentlichen Sicherheit weiter entwickelt. Der berühmt-berüchtigte *Polizeistaat* der Restaurationsära zeichnet sich überall in Europa durch das neue Paradigma einer *öffentlichen Sicherheit* aus. Dementsprechend repressiv sind dann auch die Strukturen, die hierfür etabliert werden. Die Bewahrung von *Ruhe und Ordnung* wird normativ wie funktional zur Bürgerpflicht. Allerdings muss man sowohl das Polizeiregime in der Ära Metternichs wie das des preußischen Obrigkeitsstaates deutlich von der Diktatur oder dem *totalen Staat* moderner Provenienz unterscheiden. Für einen totalen Zugriff auf die Gesellschaft fehlte dem Polizeistaat des 19. Jahrhunderts oft schlicht die personelle und institutionelle Kapazität. Die Sicherheitsfrage wird jedoch nunmehr nicht nur nach innen, in Bezug auf die Binnenstruktur der nationalen Gesellschaften, zum zentralen Kristallisationspunkt von Herrschaft, sondern auch nach außen hin. *Außenpolitik* unterliegt seit der Französischen Revolution ebenso dem Paradigma der Sicherung der Existenzgrundlagen des je eigenen nationalen Volkes. Die militärische Logik aus den dynastischen Fürstenkriegen der Prämoderne überträgt sich nunmehr auf die Statuszuschreibungen zwischen den Staaten selbst. Wenn sich die Staaten dieser Welt naturrechtlich wie Raubtiere untereinander begegnen, dann ist die Sicherung der je eigenen kollektiven Existenz das höchste Gut, was hier völkerrechtlich angestrebt und in der Doktrin von der Souveränität des modernen Staates bis hin in die Grundlagen der *Vereinten Nationen* mit der Prämisse der *Nichteinmischung in die inneren Angelegenheiten* eines Staates abgesichert wird. Insbesondere in der neorealistischen Theorie der Internationalen Beziehungen wird die Sicherheitsfrage zum Kern der staatlichen Existenz erhoben. Der Ost-West-Konflikt, wie auch die Strategie der wechselseitigen atomaren Abschreckung, basieren auf dem Konzept nationaler bzw. kollektiver Sicherheitssysteme wie dem der NATO oder dem des Warschauer Paktes. Die Perspektive zwischen den Supermächten, auf eine Balance der Kräfte hinzuarbeiten, führt zu einer Sicherheitsphilosophie, die weltweit in der Austarierung von Machtfaktoren sämtliche ökonomischen, sozialen und kulturellen Erscheinungsformen durchdringt. Sicherheit ist damit spätestens durch eine die ganze Menschheit vernichtende Bedrohungslage des atomaren Overkills zum alles beherrschenden Paradigma für die moderne Staatenexistenz geworden.

III. Aktuelle Dimension: Mit dem Ende des Ost-West-Konflikts und der Auflösung der Sowjetunion hat sich die Sicherheitsproblematik in dreierlei Hinsicht verschoben: 1) kann man im Kontext der → *Globalisierung* immer weniger zwischen *Innerer* und *Äußerer* Sicherheit typologisch unterscheiden. Die klassische Zweiteilung, demzufolge das staatliche Gewaltmonopol nach außen hin vom Militär repräsentiert wird und nach innen hin von der Polizei, geht organisatorisch, vor allem hinsichtlich der technischen Einsatzmittel, etwa im Kampf gegen den internationalen → *Terror*, ineinander über. Insbesondere die strukturelle und strategische Antwort der USA auf den Terroranschlag von *9/11* mit dem Konzept des *War on Terror* zeigt neben der globalen Konstellation in Form klassischer Militärinterventionen in Afghanistan (2001) und im Irak (2003), dem Drohnenkrieg gegen die Dschihadisten von Al Qaida, den Taliban oder etwa dem Islamischen Staat, die Hinwendung zu einem grundsätzlich omnipotent auftretenden Sicherheitsverständnis. Auch in der EU manifestiert sich vor dem Hintergrund der Bedrohungslagen durch die Organisierte Kriminalität in Form von Geldwäsche, Waffen- und Menschenhandel, Schutzgelderpressungen und Drogenkriminalität, ein sukzessive immer stärker auftretendes supranationales Format der Politik der inneren Sicherheit, das sich mit der Schaffung neuer Institutionen wie *Europol* oder

Frontex (für die Sicherung der EU-Außengrenzen) mehr als nur symbolisch manifestiert. 2) hat sich im Kontext der Etablierung ganz neuer Sicherheitsinstitutionen durch den *Homeland Security Act* (2002) nicht nur in den USA, sondern weltweit ein Paradigmenwechsel in der Sicherheitsfrage ergeben: Nicht mehr die nacheilende Sicherung und Schutzgewährung steht für den Staat auf der polizeilichen und militärischen Agenda, sondern vielmehr die Prävention gegen jegliche Bedrohungslagen für die moderne Gesellschaft. Das betrifft dann vor allem die Datensicherheit des Individuums, das in Form von Big-Data-Sammlungen dem Zugriff durch die *National Security Agency* (NSA) oder dem russischen bzw. chinesischen Geheimdienst im Internet ausgeliefert ist. In immer stärkerem Maße ist das Leben in der Globalisierung durch Cyber-Attacken, seien sie kommerziell (durch Erpressung) oder (nur) privat (durch Rufmordkampagnen oder Mobbing), bedroht. Sicherheit wird damit zu einem Allerwelts- und Funktionsbegriff, der in beinahe sämtliche Daseinsbereiche der modernen Existenz vom → *Bürger* eingreift. Sicherheit in der Gesundheitsvorsorge, der Bildung, der Rente, der Nachhaltigkeit des ökologischen Systems etc. kennzeichnet diese Überlappung sämtlicher Politikfelder mit diesem Prinzip. Insofern führt 3) die Erweiterung des Sicherheitsverständnisses zu einer Renaissance des klassischen prämodernen Policeybegriffs, der sich ebenfalls auf alle Lebenslagen erstreckt hatte. Dem trägt auch die Theorieentwicklung in den IB Rechnung, indem unter dem Paradigma der *Securitization* ein konzeptionelles Verständnis von Sicherheit formuliert wird, das sich nicht nur auf die klassische Bedrohungslagen des Nationalstaats in der Außen- und Innenpolitik erstreckt, sondern ebenso die Zusicherung von existenziellen Lebenslagen in Form der Absicherungsgarantien des modernen Sozial- und Wohlfahrtsstaates beinhaltet. Je sicherer das Dasein der modernen bürgerlichen Existenz ausgestaltet wird, desto besser, je unsicherer, desto stärker driftet der Staat in fragile Erscheinungsformen, an deren Ende der Bürgerkrieg, die Auflösung des Staates oder eine gewaltsame Revolution stehen.

IV. Weiterführende Literatur:

Lange, Hans-Jürgen (Hrsg. / 2006): Wörterbuch zur Inneren Sicherheit. Wiesbaden.

Nitschke, Peter (1996): Die Polizierung aller Lebensbereiche – Sozialdisziplinierung und ihre polizeilichen Implikationen in der Prämoderne. In: Die deutsche Polizei und ihre Geschichte. Beiträge zu einem distanzierten Verhältnis. Hrsg. v. dems. Hilden, S. 27-45.

Schneiker, Andrea (2017): Sicherheit in den Internationalen Beziehungen. Theoretische Perspektiven und aktuelle Entwicklungen. Wiesbaden.

Waechter, Kay (2016): Sicherheit und Freiheit in der Rechtsphilosophie. Tübingen.

Peter Nitschke

Souveränität

I. Definition: *Souveränität* meint den vom → *Staat* nach innen wie nach außen behaupteten und von daher für ihn konstituierenden Herrschaftsanspruch, der keiner weiteren, gar fremden, Bindung oder anderweitig abgeleiteten Weisungsabhängigkeit unterliegt. Die innere staatsrechtliche Souveränität bezieht sich auf den verfassungsmäßigen Gestaltungsspielraum mitsamt exklusiver Letztentscheidungsgewalt des Staates und wird in ihrer Reichweite durch die territorial bestimmten Staatsgrenzen (zu Land, zu Wasser und in der Luft) definiert. Demgegenüber leitet sich die äußere Souveränität aus der völkerrechtlichen Vertretungskompetenz ab, die im internationalen System zwischen gleichen und unabhängigen Staaten gegeben ist und welche die rechtsförmigen Beziehungen zwischen den Staaten als freien Subjekten und Akteuren grundiert.

Der Souveränitätsbegriff spielt bei der Ausformung des Nationalstaates eine zentrale, den Prozess mit einer legitimierenden und strukturierenden Perspektive begleitende Rolle, geht es doch von Anfang an um die Abwehr von Ansprüchen von außen (Heiliges Römisches Reich und Kirche) und innen (Adel, Städte, Stände und Bürgertum). Durch die Souveränität erhielten die Begriffsformeln Staat und → *Regierung* insofern eine Präzisierung, da diese die Herrschaftsgewalt zunächst an das Machtzentrum und dann an die seinerzeit noch neue Figur des Verfassungsstaates und die sich sukzessive herausbildende Gewaltenteilung respektive -verschränkung band. Im Nachgang des Westfälischen Friedens von 1648, mit dem die Souveränität erstmals eine säkularisierte rechtsförmige Auslegung erfuhr, und der Herausbildung des modernen Nationalstaates aus der Konkursmasse des 1806 aufgelösten Alten Reiches ist die Souveränität in modernen Verfassungsstaaten auf mehrere Ebenen aufgeteilt, so dass sie im Binnenverhältnis der staatlichen → *Macht* kontrollierbar bleibt. So haben sich im Rahmen des Parlamentarismus in föderalen (z.B. Deutschland) wie unitarischen (z.B. Großbritannien) Staatsgebilden Zwei-Kammer-Systeme etabliert, die der inneren Verschränkung dienlich sind und damit die Gewaltenteilung im Staat unterstreichen, ohne dass damit die Souveränität des Gesamtstaates in Zweifel gezogen würde. Unter dem Eindruck der → *Globalisierung* beginnt sich das langsam zu ändern. Globale Interdependenzen, neue Phänomene wie die Transnationalität, die Transregionalität und vor allem die sich in der Translokalität ausdrückende Flexibilisierung moderner Lebensentwürfe und Arbeitsbedingungen, das Aufkommen supranationaler Akteure und der wachsende Einfluss nichtstaatlicher Gruppierungen stellen das klassisch-staatszentrierte Bild von → *Politik* und damit auch das der Souveränität auf die Probe. Von daher ist das mit dem Souveränitätsbegriff verbundene Steuerungsregime staatlicher Lenkungsorgane mit der Notwendigkeit zur Absicherung nationalstaatlicher Herrschaftsansprüche kaum noch vereinbar, wenn selbst völkerrechtliche Größenordnungen wie die an die Souveränität gekoppelte Personal- und die Territorialhoheit nicht mehr deckungsgleich sind. Ein weiteres Beispiel ist die Suche der Staaten nach neuen Kooperationsgewinnen, die wie im Falle der Europäischen Union durch die Übertragung der nationalen Souveränität auf die supranationale Ebene flankiert wird. Im Grunde erfährt die Souveränität dadurch eine moderne Neuinterpretation – und das nicht zum ersten Mal.

II. Geschichte des Begriffs: Das Konzept souveräner Staatlichkeit lässt sich nicht auf eine exakte Geburtsstunde zurückführen. Die antiken europäischen Stadtstaaten kannten, wie auch die frühen Reiche, weder das Konzept noch den Terminus. Eine zentrale Rolle spielte dabei das aufkommende monotheistische Christentum, das zwar das römische Bürgerrecht nicht tangierte, wohl aber die an die älteren Hochkulturen des Vorderen Orients und Nahen Ostens angelehnte Vorstellungswelt vom Gotteskönigtum der Cäsaren, die schließlich entlang der Argumentationsfigur des *primus inter pares* zur Aufteilung in die institutionell-kirchliche Macht des Papstes und die personal-weltliche Entsprechung des Kaisers mündete. Souverän waren beide nur, wenn sie sich gegenseitig anerkannten, wie neben dem Investiturstreit insbesondere die heute kontrovers diskutierte sog. Pippinsche Schenkung (756 n. Chr.) zeigt, auf die sich der Kirchenstaat bis zu seiner Auflösung (1870) bezog und die auch noch in den Lateranenverträgen (1929) mit dem faschistischen Italien bemüht wurde. Die für das Mittelalter kennzeichnenden lehensrechtlichen Hierarchien und Herrschaftsverhältnisse und die sich daraus beispielhaft in der Figur des Heiligen Römischen Reiches ergebenden vielfach gestaffelten Obrigkeiten mitsamt des Königheils haben mit der Vorstellung von der Bündelung der Herrschaftsgewalt wenig bis gar nichts gemein. Erst ab dem 13. Jahrhundert beginnt sich dieses zu ändern. Die Auseinandersetzungen zwischen dem französischen Königtum und den Machtansprüchen des Heiligen Stuhls gaben den Anstoß für eine Entwicklung, die eng mit den tiefgreifenden säkularen kulturellen Veränderungen im Zuge der Renaissance verbunden ist. Im Zusammenspiel mit dem Bevölkerungswachstum, der europäische Expansion (z.B. im *Vertrag von Tordesillas* von 1494 geregelt) und den Wirtschaftserfolgen der Städte in Oberitalien (z.B. Venedig und Florenz) wird Souveränität schließlich zum Inbegriff der frühneuzeitlichen Staatlichkeit, rückt der souveräne Staat als Instrument zur Bewältigung der Religions- und Bürgerkriege des 16. und 17. Jahrhunderts in den Fokus.

Die Verweltlichung der Staatszwecklehre, etwa durch die Reformatoren Luther und Calvin, und die Enttheologisierung des Staatsdenkens, etwa bei Thomas Hobbes, bedingen aber keineswegs in einer Art Automatismus einen überkonfessionell strukturierten, den Schutz und die Sicherheit der Bürger garantierenden und den → *Frieden* wahrenden Staat, ausgestattet mit umfassender Toleranz und der Fähigkeit zur Abstraktion in den Fragen der rechten Religion(smoral). Der *Augsburger Religionsfriede* (1555) und das *Revokationsedikt von Fontainebleau* (1685) sind dafür gute Beispiele, schließlich galt konfessionelle Homogenität als einer der Garanten weltlicher → *Herrschaft*. Infolgedessen ist es Jean Bodin, der in den *Sechs Büchern über den Staat* (1576) und angesichts der Wirrungen des französischen Bürgerkrieges das klassische Bild der souveränen Staatsordnung zeichnet, der ein unabhängiger Herrscher vorsteht. Dieser ist mit den notwendigen Machtmitteln ausgestattet, um trotz seiner Machtfülle den Geboten Gottes und den natürlichen Gesetzen sowie den grundlegenden politischen Herrschaftsinteressen Folge zu leisten. Wo sich alsbald der französische Zentralstaat herausbildet, können die Wahlkaiser des Alten Reiches kaum Fortschritte in ihren Bemühungen verzeichnen, die Reichgewalt in diesem äußerst heterogenen Gebilde zu zentralisieren, zu stabilisieren und somit zu kontrollieren. Anders als Bodin, der die Macht des Staates und die Herrschaft des Königs aus einer Hand propagiert, differenzieren die Reichspublizisten notgedrungen zwischen der realen, dem Kaiser, zugewandten und der personalen, das heißt von den Reichsständen entlehnten, Macht. Daran änderte auch der Westfälische Friede von 1648 zunächst wenig, da dem Stabilitätsgewinn keine zentrale und vor allem legitime Herrschaftsgewalt entsprang, die das Kollegium der Kurfürsten hätte ersetzen können. Stattdessen beschleunigte sich der Auflösungsprozess des Alten Reiches noch, indem sich im Anschluss an die Reformation der Aufstieg landesherrschaftlicher Gewalt zur Souveränität abzeichnete. Als ausschlaggebend gelten für Vordenker wie Niccolò Machivelli u.a. die regionale Zentralisierung und Monopolisierung der Gewalt, die Ausschaltung zwischengelagerter Interessen, die aufkommenden stehenden Heere (der Condottiere als Berufssoldat), das Steuermonopol sowie die Formierung einer auf die Verwaltung spezialisierten Beamtenschaft. Ergänzt wird das durch die Orientierung des Staatshandelns an dem sich aus christlichen wie weltlichen Quellen speisenden → *Gemeinwohl*. Bürokratisierung, Rationalisierung und Intensivierung lassen jenen Anstaltsstaat entstehen, den Max Weber in *Wirtschaft und Gesellschaft* (1922) typologisiert. Begünstigt wird die Entwicklung zweifelsohne durch den aufkommenden Absolutismus, der als Höhe- und Wendepunkt souveräner Herrschaftsgewalt gilt. Abgesehen von wenigen Ausnahmen – vor allem in den Niederlanden (die Generalstände), England (King-in-Parliament) und in der Schweiz (der Rat von Bern) – ist die souveräne Herrschaft staatsrechtlich mit der uneingeschränkten Macht des absolutistischen Herrschers verbunden. Es ist daher vor allem Thomas Hobbes, der im *Leviathan* (1651) und gegen Jean Bodin gewandt die den Souverän legitimierenden Einzelrechte nicht als historisch ererbt akzeptiert, sondern diese deduktiv aus dem Streben der Individuen nach Selbsterhaltung erschließt und dafür den Naturzustand als Sinnbild der durch den Souverän zu überwindenden Rechtlosigkeit figuriert. Demgegenüber ist es Jean Jacques Rousseau, der sich der gravierenden Probleme annimmt, die bei der Überführung der noch bei Hobbes strikt personalisierten und rationalen Herrschaftslegitimation zur kollektiven Ausübung einer Volkssouveränität drohen. Eine solche Vorgehensweise setzt, allein schon wegen der zu erwartenden Abstimmungsprobleme im Vorfeld einer Entscheidung, interne Meinungsbildungsprozesse des Gesamtkörpers voraus, die Rousseau in Anlehnung an die zeitgenössische Idee der Gewaltenteilung im → *Gesellschaftsvertrag* (1762) skizziert. Auf diese Weise soll die zuvor von den Bürgern kollektiv verantwortete → *Freiheit* wieder individualisiert und so die von der Spitze ausgeübte Verantwortung aufgeteilt werden. Es ist bezeichnend, dass sich die Fürsten des Deutschen Bundes der Tragweite des Konstitutionalismus bewusst waren, der schon recht früh – ab 1818/19 – zur Entwicklung der ersten Verfassungsmodelle führte und dabei die Inhaber der Herrschaftsgewalt weitläufig an die gewählten Vertreter band. Von daher war es nur konsequent, dass die *Bismarcksche Reichsverfassung* von 1871 mit dem Bundesrat einen Gegenentwurf, ja ein souveränes Repräsentationsorgan, beinhaltete, mit dem die Einzelstaaten enger an den Bund angeschlossen werden konnten. Souveränität und Staatsbegriff fallen hier noch auseinander; ein Problem, das auch die *Weimarer Verfassung* (1919–33) nicht in den Griff bekam. Erst das *Grundgesetz* (ab 1949) kennt, u.a. unter Rückgriff auf die Ideenwelten der *Federalists* in den USA und die Arbeiten von Max Weber, das Volk als Träger aller Macht und Gewalt, das in den Wahlgrundsätzen eine repräsentative Regierung bestimmt und dabei für eine festgelegte Zeit die eigenen Souveränitätsrechte auf die Entscheidungsträger in der Politik, also die Mandatsträger und Angeordneten, gemäß den Wahlgrundsätzen transferiert.

III. Aktuelle Dimension: Bereits im 20. Jahrhundert mehrten sich die Zweifel an der Trag- und Leistungsfähigkeit der Souveränitätsdoktrin. Carl Schmitt erwartete gar die Entmachtung des Staates durch Verbändeherrschaft und Parteienstaatlichkeit, sollte die Souveränität tatsächlich – wie im Zuge der frühen europäischen → *Integration* (Montanunion, 1951) diskutiert – dem Primat des Völkerrechts unterstellt werden. Es war sogar die Rede vom Ende der Staatlichkeit, sollte ein Fall eintreten, bei dem mehrere souveräne Gebilde in ein übergeordnetes zusammengefasst werden oder die Partikularinteressen aus dem Gleichgewicht geraten. Eine solche Debatte, wie viel Souveränität der moderne Staat zur Aufrechterhaltung seiner Funktionalität bedarf, wird zwischen Vertretern der (neo-)realistischen und der idealistischen Perspektive geführt. Für die Realisten bedingt Souveränität immer auch den Aufbau von Machtpotentialen, die von den Protagonisten für die Durchsetzung von Interessen gebraucht werden. Das gilt ausdrücklich auch für den Fall, wo es um die Existenzabsicherung im internationalen System geht. Notfalls, so realistische Einschätzungen, sind auch gewaltförmige Mittel legitim, um die Souveränität zu wahren oder durchzusetzen, selbst auf Kosten anderer Länder. Ohne diese Möglichkeit, so die sekundierenden Funktionalisten, wäre die Wahrnehmung von zentralen Aufgaben, wie etwa die der Wohlfahrtssicherung oder die der Sicherheit generell, nicht durchführbar. Idealistische Vertreter betonen dagegen die Volkssouveränität, auch wenn sie dem souveränen Staat auf der Weltbühne keineswegs die Existenzberechtigung absprechen. In der Konsequenz wird Souveränität hier mit Freiheitsrechten in der Gesellschaft gleichgesetzt, deren Bewahrung eine gewisse Priorität hat. Diese Denkrichtung propagiert daher eine stärkere Setzung der → *Menschenrechte* als universell gültige Werthaltung, durch die eine nationalstaatliche und womöglich gewaltorientierte Interessenpolitik ausgeschlossen werden könnte. Diese Lesart findet sich auch dort im Völkerrecht, wo es um den Schutz von schwächeren Staaten geht, beispielsweise im Rahmen der in den frühen 1950er Jahren einsetzenden Dekolonialisierung oder der von Samuel P. Huntington in den 1970er Jahren beobachteten Dritten Welle der Demokratisierung (siehe *The Third Wave. Democratization in the Late Twentieth Century*, 1991). Selbst in Bezug auf die Arbeit und die Funktionalität internationaler Organisationen wie etwa der ASEAN-Kooperation lassen sich Souveränitätsüberlegungen anstellen, dienen diese doch hier ganz speziell auch dazu, dass interne Angelegenheiten im Sinne eines Gleichheitsgebotes von Souveränität auf der Basis einer dem Prinzip der Nichteinmischung folgenden Auslegung nur im Konsens behandelt werden können. Die realen Machtverhältnisse bleiben hiervon unberücksichtigt. Offen ist, ob sich dieses auch auf das EU-Governance-Modell, also die Steuerbarkeit von souveränen Staaten durch eine eigens damit beauftragte Instanz, übertragen lässt. Hier ist es die zunehmende Verschränkung – ja Deckungsgleichheit – von nationaler Außen- und Innenpolitik, die im Zusammenspiel mit der Globalisierung zur Zäsur für die bisherige Sichtweise der Souveränität wird. Die wachsende politische und ökonomische Vernetzung der EU-Mitgliedstaaten bedingt angesichts der damit verbundenen Relativierung der Staatsgewalt – die durch Herausforderungen wie den Internationalen Terrorismus noch verstärkt wird – längst einen Diskurs über die (verbleibenden/sich neu ergebenden) staatlichen Kernkompetenzen und die sie grundierende Legitimität des Regierungshandelns. Demgegenüber und angesichts der immer komplexer werdenden Strukturen des EU-Mehrebenensystems gerät die traditionelle Sichtweise der Souveränität in die Defensive. Dazu trägt im Kontext der Vereinten Nationen und vor dem Hintergrund des nicht gerade krisenarmen Nationalstaatsmodells die Überlegung einer sich auf das Global Governance stützenden Neuen Weltordnung bei, welche im Sinne der Luhmannschen *Weltgesellschaft* (1971) die bisherige Staatenverantwortlichkeit ablösen soll. Dabei geht es um die Überwindung oder doch wenigstens Überformung des National- und Gewaltprinzips des Souveränitätsbegriffs durch eine regionalistische oder sogar universalistische Konstruktion, aus der heraus dann auch Interventionen möglich werden, wenn die Souveränität eines Landes als Ausrede genutzt wird, damit selbst schwere Verbrechen gegen die Menschenrechte nicht geahndet werden können. Längst ist Souveränität daher kein Synonym mehr für den Autonomieanspruch des Nationalstaates, sondern Ausdruck für den Spielraum bei der Ausformulierung und Umsetzung internationaler Politiken im Austausch mit gleichrangigen Staaten und der Delegation von nationalstaatlichen Souveränitätsrechten an supranationale Institutionen.

IV. Weiterführende Literatur:

Barandiy, Marta (2013): Souveränität als Gewährleistung der Interessen der Staaten. Frankfurt a. M.

Bodin, Jean (1987): Über den Staat. Auswahl, Übersetzung u. Nachwort v. G. Niedhart. Stuttgart.

Rosin, Nikolai (2013): Souveränität zwischen Macht und Recht. Probleme der Lehren politischer Souveränität in der frühen Neuzeit am Beispiel von Machiavelli, Bodin und Hobbes. Hamburg.

Salzborn, Samuel / *Voigt*, Rüdiger (Hrsg. / 2010): Souveränität. Theoretische und ideengeschichtliche Reflexionen. Stuttgart.

Voigt, Rüdiger (2016): Staatliche Souveränität – Zu einem Schlüsselbegriff der Staatsdiskussion. Wiesbaden.

Martin Schwarz

Staat

I. Definition: Der *Staat* kennzeichnet die Ordnung des Menschen in der Summe seiner Ordnungen. Für fast jeden Bereich der menschlichen Existenz gibt es eine Ordnung: Sozialstrukturen haben ihre Ordnung, ökonomische Systeme, Religionen, die Kunst, die Sprache sowie die → *Kultur*. Vor allem mittels Recht wird Ordnung gesetzt, doch dabei ist die entscheidende Frage, innerhalb welcher Rahmenstruktur kommt diese Rechtsetzung zustande und wie ist sie legitimiert? In der Institution des Staates kulminieren all diese unterschiedlichen Rechts- und Ordnungsansprüche, so gesehen ist der Staat das Metasystem für die systemischen Bedürfnisse des Menschen in der Gemeinschaft von Mitmenschen. Der Staat schafft aufgrund seiner Institutionen Zustände für die Legitimation der Rechtsansprüche und sorgt dafür, dass diese auch in der Praxis umgesetzt werden. Deshalb verfügt der Staat in nicht unerheblichem Maße über die apparativen Gewalt-Mittel, mit denen eine → *Herrschaft* ausgestaltet sein sollte, wenn sie denn in der Realität zur Wirkung gelangen will. Rechtsnormen und die Geltung dieser Normen in der Praxis des Alltags sind zweierlei. Der Staat ist die apparative Instanz, in der sich die Rechte der Menschen als Mitglieder einer politischen Ordnung treffen und hierbei versuchen müssen, eine gemeinsame Grundlage für das Zusammenleben möglichst auf Dauer zu finden. Nach der derzeit noch gültigen klassischen Doktrin des Völkerrechts basiert ein Staat auf vier Prinzipien: a) dem Hoheitsgebiet (Territorium), b) der Hoheitsgewalt (→ *Regierung*), c) dem Staatsvolk sowie d) der → *Souveränität*. Damit sind der jeweils konkrete Raum der Herrschaft, die Leitungs- und Legitimationsfunktion für die Regierung, der Zieladressat als Akteur (das Volk) und abschließend der Entscheidungsanspruch angezeigt. Letzteres (die Souveränität) zielt hierbei auf eine Entscheidungsgewalt, die unabhangig von anderen Akteuren für den jeweiligen Staat allein existiert. Je unabhängiger ein Staat, desto machtvoller kann er das → *Interesse* des Volkes durchsetzen, so die allgemeine Vorstellung.

II. Geschichte des Begriffs: Die Bezeichnung Staat ist ein sehr moderner Begriff. Auch wenn klassischerweise bestimmte Begriffe aus der Antike wie *polis* und *politeia* oder *res publica* mit Staat und Staatlichkeit übersetzt werden, so bedeutet dies doch nicht, dass man es hierbei mit den gleichen Inhalten und Verständnisweisen zu tun hat. Der griechische Stadtstaat (*polis*) ist nicht vergleichbar mit dem modernen Flächenstaat und auch die griechische Bezeichnung *politeia* oder die römische Anzeige von *res publica* meint zunächst einmal öffentliche Dinge, also Vorgänge wie Streit um Rechtsansprüche, ökonomische und soziale Fragen, die in einem öffentlichen Raum stattfanden. Der zentrale Punkt hierbei ist, dass man unterscheiden kann und muss, ob etwas im privaten Bereich oder in der → *Öffentlichkeit* thematisiert und ausgehandelt wurde. Die Ordnung jenseits der rein familialen Ordnung ist in der Antike jener Raum, in dem auf dem Marktplatz, in den öffentlichen Gebäuden der ummauerten Stadt → *Politik* gemacht wird. Staat ist demnach hier so etwas wie eine Metaordnung von sozialen Ordnungen, die in einem bestimmten Sozialraum, dem der Öffentlichkeit, zusammenprallen und dort auf eine gemeinsame Grundlage hin gebündelt werden müssen. Zwar existiert bereits in der antiken Betrachtung von politischer Ordnung ein gewisses Institutionenverständnis, doch bleibt dies vorrangig geknüpft an die normativen wie funktionalen Aspekte von → *Gerechtigkeit*, → *Macht* und Herrschaft. Die Frage der politischen Ordnung wird selbst bei den Klassikern Platon und Aristoteles nicht unmittelbar als eine Theorie über den Staat behandelt. Aus heutiger Sicht würde man eher sagen, als eine Form der Regimelehre. Das Verständnis für Staatlichkeit im Sinne der modernen völkerrechtlichen Systematik ist hier a) eher noch unterentwickelt, und es fehlt b) mit dem Souveränitätsgedanken ein wichtiger Baustein. Allerdings wird demgegenüber die Bedeutung der Politik betont. Gerade die berühmte Festlegung von Aristoteles, demzufolge der Mensch an sich ein *zoon politikon*, ein politisches Lebewesen sei, führt zu einer grundsätzlichen Begründung der Politik als alles überwältigende Lebensform für den Menschen als Gattungswesen schlechthin. Die Frage des Staates erscheint hier nur als ein Teilbereich der Politik. Im Gegensatz zum heutigen Verständnis (insbesondere in Deutschland, wo allzu oft Politik mit dem Staat gleichgesetzt wird), ist die auf Aristoteles zurückgehende Tradition in der Lehre von der guten Politik dadurch gekennzeichnet, dass Politik mehr ist als Staat. Eine gewisse Einengung gibt es in der römischen Rezeption, für die besonders Cicero Pate steht. Seine Interpretation der politischen Ordnung in der Spätphase der Römischen Republik in der Schrift *De re publica* (51 v. Chr.) führt mit der Bezeichnung *civitas* einen neuen Begriff ein, der für die Perspektive auf die Staatlichkeit eine andere Dimension einbringt. Mit civitas wird die Bürgerschaft als eine politische Zweckgemeinschaft adressiert, die sich nach gemeinsamen Werten und Zielen in der Öffentlichkeit durch die Wahrnehmung politischer Rechte und Pflichten auszeichnet. Die civitas findet ihre → *Repräsentation* in der → *Republik* als Herrschaftsform. Mit dem Ende der Römischen Republik im Bürgerkrieg bleibt dies zunächst für viele Jahrhunderte lang ein Ideal, denn die vorherrschende politische Ordnungsform, die sich historisch durchsetzt, ist das Modell der Monarchie. Die Qualität der Staatlichkeit ist dann oft nur noch personal zu bemessen an der Integrität und Leistung des Einen, der da herrscht. Immerhin soll auch der Monarch nicht einfach nur nach seinen Launen regieren, denn das führt schnell zur Tyrannis, sondern nach den Gesetzen. Auch die Steigerung der Macht in der Amtsfigur des weisen und gerechten Alleinherrschers bleibt gebunden an die normativen Fragen von Recht und Gerechtigkeit. Insbesondere die christliche Theologie legt hierauf großen Wert und betont in allen halbwegs politisch relevanten Traktaten immer wieder diesen Sinnzusammenhang für die christliche politische Ordnung. Berühmt geworden ist hier die zuspitzende Formulierung bei Augustinus, der in *De civitate Dei* (413–426) rhetorisch die Frage aufwirft, was denn eigentlich der Unterschied zwischen einer Räuberbande und dem Staat sei? Beides seien Herrschaftsgebilde, die sich durch Gewalt kennzeichnen lassen. In beiden gibt es Anführer, den Räuberhauptmann und den Monarchen. In beiden Gebilden geht es also um Macht und um die Durchsetzung von Befehlen. Was also soll da der Unterschied sein? Die Antwort bei Augustinus lautet: es sind die *Gesetze*, die den Staat zu etwas ganz anderem machen als nur eine Bande von Räubern. Gesetze bedürfen der rechtlichen Begründung, d.h. der Einordnung in die Normen einer Gesellschaft. Es kann demnach kein Staat existieren, der nicht die Legitimation über die Normen und Funktionen der Gesetze, die er sich selbst zuschreibt, beachtet. Das gilt dann auch für den Mann an der Spitze, den Monarchen. Der Staat darf auch nicht einfach mit Gewalt agieren (wie der Chef einer Räuberbande), sondern er ist normativ an seine eigenen Spielregeln (den Gesetzen) gebunden. Das Mittelalter hat mit dieser Zuschreibung strukturell Probleme gehabt, weil die Normsetzung zwar durch die Kirche erfolgte, jedoch die praktische Ausführung in Form der politischen Maßnahmen durch die Gewaltkompetenz des christlichen Herrschers oft ein anderes Ergebnis ergab. Christliche Lehre und Praxis der politischen Ordnung sind meist nicht deckungsgleich gewesen. Zu sehr bleibt alles im Bereich einer theologischen Interpretation, wird die Bedeutung der Politik als einer eigenständigen Sphäre nicht deutlich. Das führt dann dazu, dass die Ordnung des Staates allein in einem personalen Zuschnitt verbleibt. Träger der Staatsgewalt ist immer eine Person, egal ob er als Kaiser, König, Herzog oder Fürst adressiert wird. So bleibt das Verständnis für Staatlichkeit im Mittelalter unterkomplex strukturiert. Weil der Politikbegriff im Gegensatz zur Antike kaum vorhanden ist, wird mit *regimen* zwar Herrschaft angezeigt, aber es ist dies eben eine personenzentrierte Herrschaftsform. Das Mittelalter kennt daher eigentlich nur einen Personenverbandsstaat, indem die jeweiligen Verbände, die Stände, die Struktur der an sich monarchischen Herrschaft vertikal wie bei einer Pyramide darstellen. Der ernährende Stand der Bauern und Handwerker bildet zusammen mit dem Bildungsstand der Kleriker und Mönche sowie dem kämpfenden Stand der Ritter/Adligen eine Triadenform, an deren Spitze der Monarch steht. Für den König entwickelt sich seit dem Hochmittelalter eine spezielle Lehre der Herrschaft, die mit den Zwei-Körpern-des-Königs zwischen a) der sterblichen Person und b) der zeitüberdauernden Amtsfigur des Monarchen unterscheidet. Das ist rudimentär die Genese für ein neues Staatsverständnis. Unstrittig ist, dass der Monarch alle irdische Macht hat, jedoch muss er diese sorgsam im Kontext der Offenbarungsbotschaft Christi gebrauchen. D.h., auch der König bleibt eingebettet in den Ordnungsrahmen, den Gott allen Menschen gesetzt hat. Als Sünder bleibt er genauso defizitär wie alle anderen Menschen auch, was wiederum bedeutet, dass all seine staatlichen Herrschaftsanweisungen entsprechend defizitär ausfallen. Mit dieser Interpretationslinie wird erst in der Renaissance gebrochen, spektakulär in dem Traktat des Florentiner Humanisten Niccolò Machiavelli, der in dem berühmt-berüchtigten *Principe* (1532) sämtliche theologischen Interpretationsmuster für politische Herrschaft beiseite wischt und die Herrschaftsfrage als personale Machtfrage nur noch für den Mann an der Spitze behandelt. Allerdings hat auch Machiavelli noch kein Verständnis von Staatlichkeit im modernen Sinne: wenn er von *lo stato* spricht, dann meint er damit einen Zustand der Herrschaft bzw. der Macht, der möglichst stabil sein sollte. Politik wie Staatlichkeit werden hier begriffen in den Mechanismen der Gewalt, der List und der Durchsetzungsfähigkeit, für welche Ziele auch immer. Sofern die Herrschaft des *Principe*, des Fürsten (und damit auch die seines Staates), einen Nutzen von etwas hat, wird er alle Mittel dafür einsetzen, um zu diesem Nutzen zu gelangen.

Der Staat ist um des gemeinsamen Nutzens willen eine Notwendigkeit für den Menschen. Auch Theologen betonen in der Neuzeit diesen Aspekt: Für Luther ist der Staat unumgänglich, quasi ein Notnagel Gottes auf Erden, um die Sündenstruktur des Menschen im Zaum zu halten. Damit bekommt der Staat die Qualität einer Erzwingungsinstanz zugesprochen, mit deren Hilfe überhaupt erst das Zusammenleben der Menschen ordentlich geregelt werden kann. Eine weitere wesentliche Präzisierung erfährt dieses Konzept in der Theorie des Franzosen Jean Bodin, der in seinen *Six Livres de la République* (1576) den Staat als institutionelle Größe beschreibt und für den Monarchen an der Spitze eine Rechtsnorm postuliert, die bis dato so nicht vorhanden war: Der Monarch ist nicht nur Gottes Stellvertreter auf Erden, sondern er ist der *legibus solutus*, der Alleinherrscher, der selbstständig darüber entscheidet, welche Gesetze es gibt und welche nicht. Mit dem Begriff der Souveränität wird nunmehr ein Prinzip in die Vorstellung von Staatlichkeit eingeführt, das als Begründungsmoment bis ins moderne Völkerrecht reicht. Souverän ist nur derjenige (Staat/Fürst), der allein über sich entscheiden kann. Damit wird der absolutistische Staat der Frühen Neuzeit begründet, zugleich wird aber auch Staatlichkeit als ein institutionelles Phänomen eigener Art begriffen. Das wesentliche Kennzeichen des Staates ist neben der Rechtssetzung seine Gewaltfunktion, und zwar nicht als irgendeine Gewaltform, wie etwa bei der Räuberbande, sondern als eine legitime Gewalt, die von allen beteiligten Untertanen/Bürgern anerkannt werden muss. Den Begründungszusammenhang für diesen Legitimationsakt liefert Thomas Hobbes in seiner breit angelegten Analyse zum Naturrecht des Menschen und den daraus folgenden Prämissen und Prinzipien für die Erschaffung eines Staates. Im *Leviathan* (1651) begründet Hobbes den Kern der modernen Staatlichkeit in Form des Gewaltmonopols. Nicht die Berufung auf Gottes Gnade legitimiert einen Staat, sondern der Vertrag zwischen den beteiligten Menschen, die mit ihrem Staatsvertrag sich selbst zu Bürgern konstituieren. Vormals singuläre Existenzen treten damit aus der Natur heraus in einen bürgerlichen Rechtszusammenhang ein, den sie alle zusammen mit ihrer Willenserklärung zur politischen Gemeinschaft hin bekunden. Der → *Gesellschaftsvertrag*, den Hobbes damit paradigmatisch als Theorie begründet, ist zugleich ein Staatsvertrag. Aus an sich vereinzelten Individuen wird per Willensbekundung ein Volk, das sich vertraglich auf eine je bestimmte Form der Herrschaft einlässt. Damit wird zugleich das Souveränitätsprinzip vom Kopf (des Monarchen) auf die Füße (aller beteiligten Bürger) gestellt. Eine → *Demokratie* lässt sich hiermit ebenso begründen wie eine Diktatur.

Die weitere Debatte über den Staat ist dann auch nicht mehr gekennzeichnet durch die Frage, ob es den Staat geben soll, denn das ist unstrittig, sondern über die Art und Weise, wie er verfasst sein soll. Vor allem im Hinblick auf die Begründung der → *Menschenrechte* werden Fragen nach der Repräsentation des Volkes und der Garantie der Gesetze durch einen → *Rechtsstaat* immer dringlicher. Spätestens seit der Amerikanischen und der Französischen → *Revolution* wird der Staat als institutionelles Format, in dem sich das Volk als → *Nation* abbilden lässt, zum Leitbild der Moderne. *Staat* = *Nation* = *Volk* = *Territorium* avancieren zu einer analytischen Synthese, mit der auch das Völkerrecht als Verhandlungsmodell zwischen den Staaten dieser Welt begriffen wird.

III. Aktuelle Dimension: Doch gerade weil das Modell des Staates historisch so erfolgreich geworden ist und weltweit Gültigkeit beansprucht, manifestieren sich hiermit auch grundsätzliche Probleme, die in der Gegenwart deutlich spürbar werden. Wenn alle Menschen auf der Erde in irgendeinem Staat leben, ist damit noch nichts über die Qualität dieses Staates gesagt. Attraktiv erscheint die Gleichsetzung des Staates mit der Republik. Doch nicht jede Republik ist z.B. auch eine Demokratie. Die Qualität der Staatlichkeit hängt davon ab, welche primäre Zielrichtung dem jeweiligen Staat gegeben. Die Zahl der Qualitätsmerkmale ist beliebig lang geworden und diese sind keineswegs nur eine Frage der Verfassung, sondern oft mehr noch der praktischen Politik im Alltag. Die Parameter, die sich in den Attributionen andeuten, könnten nicht unterschiedlicher sein: ist der Staat ein Volksstaat, ein Klassenstaat, ein Rassestaat, Rechtsstaat oder Polizeistaat, ein Sozialstaat, ein Kulturstaat, Handelsstaat, Nationalstaat, Pariastaat, Bundesstaat, Regionalstaat, Parteienstaat, Militärstaat oder Gottesstaat? Insbesondere für Letzteres gibt es die bemerkenswerte Renaissance einer theokratischen Begründung seit der Iranischen Revolution (1978/79). Der sog. *Islamische Staat* (IS), der ein Kalifat unter der Voraussetzung einer vollkommenen Beseitigung der bestehenden Staatenordnung im Mittleren Osten errichten will, ist dann nur eine weitere, neue Variante dazu. Aber auch für die Gültigkeit des Rechtsstaates ergeben sich massive Probleme in der Gegenwart. Wie weit (räumlich und zeitlich) kann nationales Staatsrecht noch durchsetzungsfähig sein, wenn im Rahmen der → *Globalisierung* viele Politikfelder entgrenzt werden? Wenn Handelsverbindungen rund um den Globus laufen, die Gewinne auch, und die Kommunikation dank Internet in Echtzeit passiert? Darauf haben die Staaten dieser Welt bis heute keine zufriedenstellende Antwort gefunden. Sie wird aber umso wichtiger, weil die Nationalstaaten nach wie vor der Ankerplatz für die Bestimmung einer Legitimation von Politik durch das Volk sind. Im Gegensatz zur Meinung der 1990er Jahre, als man ein Schwinden der Staatlichkeit glaubte diagnostizieren zu können, weil die zivilgesellschaftlichen Akteure hier selbstständig die Ordnungsfragen übernehmen würden, lässt sich mit Beginn des 21. Jahrhunderts eine Revitalisierung des Staates feststellen. Es ist insbesondere die Solidargemeinschaft im nationalen Sozial- und Wohlfahrtsstaat, die die Menschen vor den dynamischen Folgen der Globalisierung bewahren soll. Aber dieser Anspruch garantiert nur einen scheinbaren Schutz, denn tatsächlich ist der klassische Nationalstaat in all seinen Politikfeldern unter enormen Druck und Zugzwang geraten. Eine richtige Souveränität, wie sie die Völkerrechtslehre beschreibt, existiert hier nicht mehr. Die Ausweitung und Verlagerung der staatlichen Kompetenzen findet allenthalben statt. Insofern sind internationale Gebilde wie die NATO im Bereich der Militärpolitik oder sogar eine supranationale Struktur, wie sie teilweise mit der Europäischen Union zentrale nationale Politikfelder umfasst, die systemische Ausweichlinie für die Schwäche des Staates. Nur für sich allein kann kein Staat mehr existieren. Für die großen Probleme dieser Welt (wie etwa internationale Migration oder Klimawandel) ist er zu klein und für die kleinen zu groß geworden. Und wenn am Ende oder am Anfang der Kern des modernen Staates, sein Gewaltmonopol, nicht mehr funktioniert oder gar vorhanden ist, dann wird ein solcher Staat zum Failed State oder verschwindet gänzlich.

IV. Weiterführende Literatur:

Anter, Andreas / *Bleek*, Wilhelm (2013): Staatskonzepte. Die Theorien der bundesdeutschen Politikwissenschaft. (Staatlichkeit im Wandel, Bd. 18) Frankfurt a. M./New York.

Bodin, Jean (1987): Über den Staat. Auswahl, Übersetzung u. Nachwort v. G. Niedhart. Stuttgart.

Voigt, Rüdiger (2014): Den Staat denken. Der Leviathan im Zeichen der Krise. (Staatsverständnisse, Bd. 12) 3. Aufl. Baden-Baden 2014.

Peter Nitschke

Terror

I. Definition: Mit *Terror* bezeichnet man eine bestimmte Anwendung von Mitteln, um Menschen in Angst und Schrecken zu versetzen. Dazu gehören in der Regel physische Gewalt, ebenso aber auch Formen verbaler Drohung, die sich durch psychische Gewalt kennzeichnen lassen. Gewalt wird hier zu dem Zweck eingesetzt, um Menschen oder Gesellschaften einzuschüchtern, ihre Ordnungsvorstellungen zu destabilisieren bzw. zu diskreditieren. Terror gehört damit zu den Mitteln des Krieges. Der jeweilige Gegner wird terrorisiert, um seine Anhänger und Kämpfer zu entmutigen oder aber auch zu unbedachten Gegenmaßnahmen herauszufordern. Diese sollen dann, vor allem wenn sie ebenso brutal erfolgen, den Gegner in der Legitimation des Kampfes entrechten bzw. den Einsatz der eigenen Gewalt legitimieren. Das gilt insbesondere für eine asymmetrische Konstellation im modernen → *Krieg*. Guerillabewegungen haben davon in den Befreiungskriegen in der Dritten Welt gegen die ehemaligen Kolonialmächte massiven Gebrauch gemacht, ebenso wie die terroristischen Milizen der Islamisten in der Gegenwart. Der Terror ist insofern Mittel zum Zweck einer Kriegsführung, die in ihrer Logik totalisierend ausgerichtet wird. Man kämpft gegen einen Gegner, der in seiner Eigenschaft diabolisch aufgeladen, meist zum Feind der Menschheit erklärt wird, um sodann damit alle Anwendungsformen von Gewalt zu rechtfertigen. Der Terror ist jenseits seiner physischen Gewaltstruktur vor allem psychologisch in seiner Wirkung: Terrorattentate und terroristische Massaker dienen kommunikativ der Übermittlung einer Botschaft: a) an die Anhänger des gegnerischen Systems, das mit aller Härte und Schonungslosigkeit bekämpft werden muss, b) an die Anhänger und Sympathisanten der eigenen Sache, die überzeugt bzw. weiterhin für den Kampf motiviert werden sollen. Terror ist also kein Selbstzweck fanatischer oder irrationaler Triebtäter, sondern logisches Kalkül von Kämpfern, die sich um ihrer politischen Ordnungsvorstellungen willen in einem vermeintlichen Endkampf wähnen. Das macht die Maßstäbe für eine politische Bewertung des modernen Terrorismus auch so schwierig, weil relativ: Was der einen Seite als Terrorist erscheint, ist der anderen Seite ein Freiheitskämpfer. Alle heutigen Definitionen leiden darunter, dass sie letztlich in den normativen Prämissen durchaus ideologische Komponenten haben, und damit abhängig sind vom Blickwinkel des jeweiligen politischen Systems. Historisch betrachtet hat noch jede Form von → *Herrschaft* ihren Terror als notwendig und legitim ausgelegt. Die jeweils Unterlegenen und Besiegten, vor allem aber die unmittelbaren Opfer von Terror, sehen das zweifellos anders.

II. Geschichte des Begriffs: Der Begriff bezieht sich auf die lateinische Bedeutung (*terror* = Schrecken). Das Terrorisieren kennzeichnet damit (wie schon beim lateinischen Verb *terrere*) einen Vorgang bzw. einen Zustand, bei dem

Menschen erschreckt, d.h. in Schrecken gesetzt werden. Nicht nur militärisch betrachtet, sondern auch soziologisch, ist die Anwendung von Terror ein Mittel der Politik wie des Krieges generell. Politisch in Form der Rhetorik, mit der politische Gegner niedergemacht und oft ihrer sozialen Würde beraubt werden. Militärisch in Form absoluter und äußerst brutaler Formen der Gewaltanwendung, die den Feind entmutigen sollen, gerade weil sie so schockierend sind. Insofern gehört der Terror in beiden Varianten mit zu der Geschichte der → *Politik* wie der des Krieges. In der Antike ist noch jede Bevölkerung einer eroberten Stadt meist vollständig massakriert oder versklavt worden. Besonders in Bürgerkriegsszenarien wirkt der Terror als Mittel, um die Anhänger der jeweils gegnerischen Seite zu entmutigen und einzuschüchtern. Der römische Feldherr Sulla ließ 81 v. Chr. *Proskriptionslisten* aufstellen, auf denen all die Namen adeliger Familien standen, die umgebracht werden sollten. Der Terror erscheint insbesondere in der Herrschaft des Römischen Imperiums als Mittel der Regierungspolitik gegen Andersdenkende. Die frühen Christen wurden systematisch verfolgt und in den öffentlichen Arenen auf das Grausamste hingerichtet. Insbesondere die Folter diente der Abschreckung und Einschüchterung nicht nur bei den Opfern, sondern besonders im Hinblick auf die Gesellschaft selbst. Ein Herrscher, der nicht gefürchtet wurde, den kann man nicht ernst nehmen. Dieses Kalkül politischer → *Macht* präsentiert sich immer wieder in den Darstellungen zur Monarchie. Ohne Angst ist Politik auf Erden nicht zu gestalten. Die Sündenstruktur der Menschen ist die anthropologische Kehrseite, auf die mit Zwang und Schrecken reagiert werden muss. Insofern ist gerade auch die Kriegsführung des Mittelalters gekennzeichnet durch terroristische Methoden, die in barbarische Massaker besonders gegenüber den Nichtchristen ausarten. Noch die abscheulichsten Taten werden gerechtfertigt, weil auf der Gegenseite der Teufel selbst erscheint, der mit allen Mitteln bekämpft werden muss. Im Terror gibt es theologisch kein Mitleid. Der Einsatz von Gewalt ist sowohl sprachlich wie physisch schonungslos. Der *Gegner* muss als Feind der Menschheit vollständig vernichtet werden. Der Terror als militärisches Mittel zum Zweck der Eroberung, des Sieges über den Gegner etc., führt intentional zur Radikalisierung der Kämpfer, macht den Krieg zu einer Totalität, aus der es kein Entrinnen gibt. Der Terror entkleidet den Menschen in seiner Humanität und macht ihn zur Bestie.

Es sind besonders die Kriege in der Frühen Neuzeit, die durch einen enthemmten Umgang aufgrund terroristischer Akzeptanz allenthalben auffallen. Dies gilt sowohl für die Eroberungsfeldzüge spanischer Conquistadores in der Neuen Welt gegenüber den indianischen Kulturen als auch für die binnennationalen und innereuropäischen Kriege zwischen 1500 und 1700. Es wächst damit aber auch ein kritisches Bewusstsein über die von Menschen erzeugten Kleinen und Großen Schrecken des Krieges (*Les misères de la guerre*), wie sie paradigmatisch der Franzose Jacques Callot in seinen berühmten Radierungen

(1632/36) zu den Geschehnissen des Dreißigjährigen Krieges festgehalten hat. Mit der Etablierung stehender Heere wird das militärische Personal disziplinierter strukturiert, weshalb auch der Terror in der Anwendung zwar nicht verschwindet, jedoch minimiert wird. Die Diskurse zur Aufklärung diskreditieren Maßnahmen, die auf die Anwendung von Zwang und die Verbreitung von Schrecken setzen. Umso paradoxer ist es, dass ausgerechnet die politische Umsetzung der Maximen der Aufklärung in der *Französischen Revolution* zur erneut positiven Setzung des Terrors führen. Die → *Revolution* von 1789 ist die Geburtsstunde für das moderne Format des Terrors. Der *terreur*, mit dem die französischen Revolutionäre ihre Gegner verfolgten und zu Tausenden durch die Guillotine hinrichteten, kennzeichnet eine große Erschütterung der französischen Gesellschaft am Übergang vom Ancien Régime zum republikanischen Modell des (modernen) Nationalstaats. Das war von den Revolutionären so gewollt: die Stunde Null, das Niederreißen sämtlicher etablierter normativer Maßstäbe und Sozialformen, die sich mit dem alten System in Verbindung bringen ließen. Der Terror der Revolution erschien hier als große Reinigung. Ein Motiv, das seitdem immer wiederkehrt. Besonders kommunistische Revolutionen haben davon Gebrauch gemacht, so bei der Russischen Revolution von 1917 oder Mao Tse-Tung bei seiner sog. Kulturrevolution in den 1960er Jahren in China. Der jeweils Anders-Denkende wird als Staats- und Klassenfeind gebrandmarkt und schonungslos und mit barbarischen Mitteln, wie etwa der systematischen Folter, verfolgt, gedemütigt und am Ende liquidiert. Die Opferzahlen gehen in die Hundertausende, mitunter auch Millionen. Damit wird (insbesondere für das 20. Jahrhundert) ein Typus von Terror etabliert, bei dem der → *Staat*, meist indoktriniert über das ideologische Format einer einzigen Partei, Exekutor terroristischer Aktivitäten in großem Stil wird. Staatsterror ist ein Kennzeichen der Moderne – und dies nicht immer nur im Format von Diktaturen oder totalitären Systemen. Massaker, Völkermord, die systematische Vertreibung oder Auslöschung von ethnischen oder religiösen Minderheiten im Land werden vor allem im Zweiten Weltkrieg zum Charakteristikum nationalsozialistischer wie auch japanischer Rassenpolitik bei ihren Eroberungs- und Vernichtungskriegen gegen andere Völker. Auschwitz steht synonym für ein technisch ausgeklügeltes System der Massenvernichtung von Menschen. Der Versuch, den Staatsterror mit dem Kriterium *Verbrechen gegen die Menschlichkeit* völkerrechtlich durch die Vereinten Nationen nach 1945 zu ächten, muss jedoch bisher als gescheitert angesehen werden. Jede Militärdiktatur, wie etwa die Junta in Argentinien (1976–83) oder in Chile (1973–90), hat vom Terror durch Polizei, Geheimdienst sowie Militär Gebrauch gemacht, indem sie Oppositionelle gezielt inhaftiert, gefoltert und (oft im Geheimen) liquidiert hat. Unter der Herrschaft der Roten Khmer sind in Kambodscha (1975–78) in den *Killing Fields* bei der Bewirtschaftung auf den Reisfeldern durch Hungertod und Erschießungen bis zu 2,2 Millionen Menschen umgebracht worden. Die Roten Khmer waren, ehe sie Kambodscha eroberten hatten, eine maoistische Guerillabewegung. Damit ist das zweite Merkmal für den Terror in der Moderne gekennzeichnet: als strategisches wie taktisches Mittel einer asymmetrischen Kriegsführung, bei der auf der einen Seite eine Guerillaeinheit gegen eine reguläre, meist technisch und quantitativ überlegene Regierungsarmee kämpft. Den Grundtypus hierfür stellen die spanischen Guerilleros dar, die den napoleonischen Besatzungstruppen als Milizeinheiten erbitterten Widerstand geleistet haben, indem sie aus dem Hinterhalt Überfälle, Sabotageaktionen etc. durchführten. Dieser Guerillakampf wird allgemein als Unabhängigkeitskrieg (1807–14) bezeichnet. Der Typus des Guerilleros versteht sich als Freiheits-, als Unabhängigkeitskämpfer, der gegen eine imperiale, meist koloniale Herrschaft zu Felde zieht. Hierbei werden um der guten Sache willen, der Freiheit der Nation, des Volkes, der Klasse oder der Ethnie, alle Mittel gerechtfertigt. Der Guerillakämpfer zeichnet sich durch Schonungslosigkeit, Brutalität und Heimtücke aus. In seinem Krieg gibt es keine Regeln. Man kämpft nicht einfach gegen feindliche Soldaten oder Polizei, sondern gegen ein Gesellschaftssystem, das unbedingt zerstört werden muss. Schockierende Attentate und das situative Massakrieren von Anhängern der Gegenseite gehören zum Standard der terroristischen Kriegsführung im Guerillakampf. Ein solcher Krieg wird grenzenlos geführt: der jeweilige Gegner wird liquidiert, wo immer man ihn antrifft und sei es in einem anderen Land. Auch der westeuropäische Terrorismus der Nachkriegszeit, der sich ab den 1960er Jahren mit der ETA in Spanien, der IRA in Nordirland, der RAF in der Bundesrepublik Deutschland, den Roten Brigaden in Italien mit spektakulären Attentaten in Szene setzte, folgt dem Kurs der Guerilla. Ideologisch begründet zumeist mit einer merkwürdigen Synthese von (regionalem) Nationalismus und marxistischem Grundkonzept, das die Befreiung der Arbeiterklasse aus den Fängen des angeblich faschistisch-kapitalistischen Systems proklamierte.

III. **Aktuelle Dimension:** Im Rahmen der asymmetrischen Kriegsführung sind terroristische Attentate das hervorstechende Kennzeichen von Guerillabewegungen überall auf der Welt geworden. Besonders der fundamentalistische Islamismus hat hier mit Al Qaida neue Maßstäbe der Internationalisierung gesetzt. Das gilt auch für die Größenordnung solcher Terrorattentate. Schon vor 9/11 hat Al Qaida mit zwei zeitgleich organisierten Bombenattentaten in Nairobi und Daressalam (1998) demonstrativ aufgezeigt, was den Terrorismus neuen Typs kennzeichnet: nicht mehr allein das Attentat auf hochrangige Regierungs- oder Militärvertreter des Systems, welches man bekämpft, sondern ein gezielter Angriff auf die Gesellschaft insgesamt, bei dem möglichst viele Zivilisten dem Attentat zum Opfer fallen sollen. Der Terrorismus hat noch nie streng zwischen feindlichen Kämpfern und Zivilisten unterschieden, nun aber wird der Kombattantenstatus systematisch (wie bei den Flächenbombardements im Zweiten Weltkrieg) auf *alle* Zivilisten übertragen. Der Terrorkampf ist total, jeder kann hier, wenn er zum falschen Zeitpunkt am falschen Ort ist,

Opfer eines Anschlags werden. Weiche, symbolisch-kulturell aufgeladene Ziele, die militärisch-polizeilich schlecht zu schützen sind, werden nun besonders gern ins Visier genommen. Der paradigmatische Wendepunkt ist hier zweifellos das Attentat am 11. September 2001: Der Anschlag auf das World Trade Center, der die Twin Towers zum Einsturz brachte, indem man zwei entführte Verkehrsflugzeuge in die beiden Türme rasen ließ, hat eine neue Ära in der Geschichte des Terrors eingeleitet. Fast 3.000 Menschen sind diesem verheerenden Anschlag von Al Qaida zum Opfer gefallen, womit Massenmord als erklärtes Terrorziel strategisch umgesetzt wurde. Der erklärte Krieg gegen den *Westen* hat eine Ära terroristischer Attentate aus islamistischen Kreisen begründet, die bis heute nicht abgeklungen ist, sondern sich im Gegenteil in immer neuen Varianten aufschaukelt. Nach verheerenden Bombenattentaten auf einen Bahnhof in Madrid (2004) sowie die Metro in London (2005) sind es vor allem fast schon wieder konventionell geführte Operationen wie in Mumbai (2008), Nairobi (2013) oder Paris (2015), Brüssel (2016) und London (gleich mehrfach 2017), bei denen eine Handvoll Terroristen oder ein Einzeltäter im Kamikazestil Angst und Schrecken in die Metropolen dieser Welt hineintragen. Der fanatische Selbstmordattentäter mit Sprenggürtel, eigentlich eine Erfindung der Tamil Tigers bei ihrem Guerillakampf gegen die Regierung von Sri Lanka in den 1980er Jahren, ist zum berüchtigten Leitbild der Gegenwart in islamischen Kreisen avanciert. Zum modernen Terrorismus gehört auch die technische Entwicklung durch das Internet: globale Kommunikation in den diversen Chaträumen und strategische Handlungsanweisungen via Mail führen zur Formierung eines neuen Typs des sog. *homegrown terrorist*, also eines Laien, der sich mittels der Informationen im Internet in seiner Radikalisierung zum Terror selbst ausbildet. Die Terrormilizen des sog. Islamischen Staates (IS), die in Teilen des Iraks und in Syrien systematisch Massenhinrichtungen betreiben und diese dann als Propagandavideos ins Internet stellen, folgen ihrerseits der klassischen Kommunikationslogik des Terrors in der medialen Konstellation der → *Globalisierung*. Gleiches gilt auch für Boko Haram, die im Nordosten Nigerias einen brutalen Vernichtungsfeldzug gegen die Zivilgesellschaft führen und für Tod und Vertreibung, Vergewaltigung und Entführung von zehntausenden von Menschen verantwortlich sind. Die Antwort der so herausgeforderten Staaten und Gesellschaften ist nicht nur polizeilicher Qualität, sondern ebenso militärisch angelegt. Nicht zufällig rief die Bush-Administration als Antwort auf 9/11 die Strategie des *War on Terror* (2001) aus. Sie folgte damit (wie auch die Obama-Administration seit 2008) der Logik der asymmetrischen Kriegsführung, indem der Terror der Islamisten mit massiver Gegengewalt beantwortet wird. Zwei Invasionen, a) in Afghanistan (2001) und b) in den Irak (2003), waren die unmittelbare militärische Reaktion der USA, auch wenn sich im Nachhinein herausgestellt hat, dass das Regime von Saddam Hussein mit den Terrorstrukturen von Al Qaida nichts zu tun hatte. Präventive Gewaltmittel des Staates bekommen im Antiterrorkampf eine immer größere Bedeutung. Das gilt für Geheimdienstinformationen wie die systematische Erfassung von großen Datenreihen im Internet. Auch technische Neuerungen wie die Drohne avancieren hier zum taktischen Einsatzmittel einer gezielten Überwachung und Tötung von gesuchten Terroristen, die meist in rechtsfreien Räumen ihre Stützpunktlager wie etwa in Westpakistan haben. Der Drohnenkrieg ist selbst eine Form des Terrors, denn bei diesem Einsatzmittel sterben immer auch unbeteiligte Zivilisten. Die ersten zwei Jahrzehnte des 21. Jahrhunderts können in dieser Hinsicht als Terrorära bezeichnet werden, deren Fortschreibung auch in der Ausweitung der Eskalation von Attentaten weltweit bis auf weiteres wegen der asymmetrischen Kriegsführung gültig bleibt.

IV. Weiterführende Literatur:

Hellmich, Christina (2012): Al-Qaida. Vom globalen Netzwerk zum Franchise-Terrorismus. Darmstadt.

Lohlker, Rüdiger (2016): Theologie der Gewalt. Das Beispiel IS. Wien.

Nitschke, Peter (2008): Globaler Terrorismus – Die neue Dimension. In: Globaler Terrorismus und Europa. Stellungnahmen zur Internationalisierung des Terrors. Hrsg. v. dems. Wiesbaden, S. 13-33.

Steinberg, Guido (2015): Kalifat des Schreckens – IS und die Bedrohung durch den islamistischen Terror. München.

Peter Nitschke

Utopie

I. Definition: *Utopie* kennzeichnet die Vorstellung von einer Welt, die besser ist als die jeweils bestehende politische Ordnung. In einer Utopie wird ein Gegenprogramm politischer, sozialer und meist auch ökonomischer Strukturen entworfen, die als gute Alternative zum herkömmlichen System erscheinen. Im Gegensatz zu einer reinen Wunschvorstellung oder gar einer Träumerei basiert die Utopie auf rationalen Prinzipien. Kalkulatorisch werden hierbei jeweils bestimmte Elemente aus der vorherrschenden Wirklichkeit z.T. massiv kritisiert, um diese sodann in besseren Varianten zu einer neuen Synthese zu führen. Das Bild, welches hierbei entsteht, ist stets geprägt von einer Option auf eine Optimierung der Lebenswirklichkeit für den Menschen, und zwar sowohl als Kollektiv wie auch als Individuum selbst. Das bedeutet, in der Utopie manifestiert sich die Hoffnung auf eine neue Zeit, eine neue politische Ordnung und damit letztlich auch auf einen neuen Menschen. Leitmotiv utopischer Entwürfe ist meist das Prinzip der → *Gerechtigkeit*, d.h. der Vorstellung einer an sich harmonischen Grundstruktur des menschlichen Zusammenlebens. Zentral für die Herstellung von Gerechtigkeit ist die Implementierung einer politischen Ordnung, in welcher das Zusammenspiel von Individuum und Kollektiv sinnvoll austariert wird. Meist erscheint das Kollektiv hierbei nicht als pluralistische Gesellschaft, sondern als eine sozial wie normativ verbindlich aufeinander abgestimmte Gemeinschaft von Gleichen unter Gleichen. Der Gerechtigkeitsgedanke ist somit zentral mit dem Gleichheitsgrundsatz gekoppelt. In und mit der Utopie manifestiert sich der logische Anspruch auf eine bessere Weltordnung.

II. Geschichte des Begriffs: Utopie (abgeleitet vom Begriff *utopia*) bezieht sich auf eine Welt, die so (noch) nicht existiert. Der Begriff selbst ist eine Kunstkonstruktion des Engländers Thomas Morus, der in seinem Buch *Utopia* (1516) eine fiktive Insel beschreibt, auf der eine für europäische Verhältnisse geradezu paradiesische Konstellation vorherrscht: alle Menschen haben dort Arbeit, es gibt keine Armut mehr, der → *Staat* Utopias funktioniert als ein logisch durchdachter, geradezu perfekt anmutender Sozial- und Wohlfahrtsstaat. Privatbesitz ist in dieser Welt abgeschafft, alle tragen mit ihren Leistungen zum Gemeinschaftswohl bei. Morus formuliert in seinem Szenario das Kernprinzip einer an sich kommunistischen Gütergemeinschaft. Jedoch ist Utopia nur scheinbar mit einem kommunistischen System vergleichbar, denn neben der Wertschätzung der Arbeit für alle wird hier zugleich ein republikanisches Bürgermodell als politisches Prinzip statuiert. In einem gut austarierten Modell der → *Repräsentation* wird hier nach dem Vorbild der Römischen → *Republik* aus der Antike eine politische Ordnung begründet, die in dieser Form realgeschichtlich zeitgleich in Europa so nicht existiert hat. Daher auch die Konstruktion des Titels, der von Morus in seiner Symbolfunktion paradigmatisch angesetzt worden ist: Utopia leitet sich ab von *u-topos* und meint in dieser ursprünglich griechischen Form eigentlich einen Unort, einen Ort, den es nicht gibt. Eingebürgert hat sich hier das Verständnis von Nirgendwo. Doch dieser Ort, den es nicht gibt, könnte, weil man ihn rational erschließen kann, durchaus der Wahrheit, also der Realität entsprechen. Bewusst hat Morus sein Utopia als Inselstaat in die ferne neue Welt jenseits des Atlantiks gelegt. Vielleicht existiert dieser Ort ja doch, wie er in der Reisebeschreibung seiner Geschichte angezeigt wird? Insofern haftet seiner Utopie der Gedanke eines Wenn-Nicht-Doch? an. Wenn die Plausibilität der Beschreibungsformen möglich ist und rational nachvollziehbar, könnte es im Prinzip einen solchen Staat auch geben. Mit diesem analytischen Konzept begründet Morus nicht nur eine neue Literaturform, sondern zugleich auch ein politisches Programm. Die großen Utopien der Prämoderne folgen allesamt seiner logischen Vorgabe: Was denkbar ist, kann auch in der Realität existieren. Campanella mit seiner Version des *Sonnenstaates* (1623) wie auch Francis Bacon mit *Neu-Atlantis* (1638) imitieren das Morussche Leitbild einer an sich perfekten Gesellschaft auf einer fernen, bis dato unbekannten Insel. Stets landet in diesen Geschichten ein Schiffsbrüchiger aus Europa in der neuen Welt, um alsdann mit den Sitten und der guten Ordnung des perfekten Staates bekannt gemacht zu werden. Im Rückblick, nach der Rettung und der Rückkehr nach Europa, wird dann die Erzählung vorgenommen, wie diese neue Welt um so vieles besser ist als die Alte. Die Erzählungen wirken phantastisch und sind (besonders bei Campanella und Bacon) auch geradezu futuristisch, wenn es um eugenische Maßnahmen der Menschenzucht und die Beherrschung der Naturwissenschaften geht. Nicht umsonst kann man hierin die Geburtsstunde für die Science Fiction-Literatur sehen. In hermeneutischer Hinsicht gelten die klassischen Utopien der Prämoderne als sog. Raum-Utopien, d.h. sie operieren mit dem Raum als einem analogen Kriterium um die zeitgleiche Möglichkeit der besseren Welt auf Erden plausibel machen zu können. Dieses Konzept findet viele Nachahmungen in der Literatur und in der Kunst, verändert sich jedoch im Verlauf des 18. Jahrhunderts mit der Aufklärung. Je mehr durch die globale Seefahrt die Welt erforscht wird, desto unwahrscheinlicher ist es, im gleichen Raum irgendwo auf der Erde eine bessere politische Herrschaftsform für einen wirklich gerechten Staat zu finden. Doch die analytische Suche nach dem Optimum bleibt bestehen, die Kritik an der herrschenden Realität wird in der Aufklärung sogar noch härter geführt und damit wechselt auch die Utopie ihre Metapherfunktion: Aus der Raumutopie wird die Zeit-Utopie.

Insbesondere Rousseau steht hierfür Pate, der mit seiner *Abhandlung über den Ursprung der Ungleichheit unter den Menschen* (1755) die Suche nach den Grundlagen des wahren Menschen zeitlich zurückverlagert in ein Urbild der Natur. Nicht in der Gegenwart hat der Mensch seine richtige soziale Funktion, findet sich ein in einer gerechten Ordnung. Diese kann gar nicht mehr gelingen, weil die Abhängigkeiten durch die allgemeinen Formen der → *Herrschaft* schon derart zugenommen haben, dass nur durch ein vollständiges *Zurück zur Natur* an den Ursprungsgrund der Menschheit hier so etwas wie Gleichheit unter den Menschen entstehen kann. Am besten wäre es, man würde die ganze bestehende politische Ordnung einfach abschütteln. Damit wird Rousseau zum Protagonisten der → *Revolution*, wenn auch ungewollt. Die rückwärtsgewandte Utopie ist jedoch nur ein analytisches Gedankenspiel, was durchaus der ursprünglichen Intention bei Morus entspricht. Eine ganz andere Programmatik kommt dabei heraus, wenn man die Beste aller Welten von der Gegenwart im Raum in die Zukunft verlagert. Dieses Modell liefert erstmals Louis-Sébastien Mercier (1771) mit seiner Parabel über *Das Jahr 2440*, in der er das Paris der Zukunft beschreibt. Die analytische Wende, die dadurch vorgenommen wird, ist enorm. Wenn der Raum gegenüber der Echtzeit in der Gegenwart der gleiche ist (wie im Falle von Paris), in der Zukunft jedoch eine wohlmöglich bessere Ordnung existieren wird, die sich durch Gleichheit und Gerechtigkeit unter den Bürgern auszeichnet, warum soll man dann warten, bis es eines fernen Tages soweit ist? Wenn die Maximen für diese Gleichheit logisch nachvollziehbar sind, besteht eigentlich kein Grund mehr, hier bis überübermorgen zu warten. So scheinbar einfach beschreibend die Geschichte vom Paris der Zukunft bei Mercier daher kommt, so ist gleichsam die heuristische Funktion für die politische Programmatik enorm. Warum so lange noch warten, wenn die Sache an sich doch berechtigt ist? Das Stück von Mercier ist am Vorabend der Französischen Revolution geschrieben worden. Die Revolutionäre vollziehen mit Gewalt den Schritt der Umsetzung von der theoretischen Vorstellung in die Praxis. Das ist seitdem ein nicht unbedeutender Nebeneffekt der Zeitutopien der Moderne. Sie beschreiben Funktionen und Konstellationen, die eine gerechtere Sozialordnung für die Zukunft in der konkreten Praxis verheißen. Bezeichnend, dass z.B. Marx und Engels ihr *Kommunistisches Manifest* (1848) nicht mehr als Utopie verstanden wissen wollen, sondern als Aufruf zur Tat. In dem Moment allerdings, in dem aus der Utopie eine konkrete Wirklichkeitsgestaltung wird, erlischt die Utopie in ihrem utopischen Impetus. Aus dem Noch-Nicht im Nirgendwo ist dann eine Realität im politischen Alltag geworden. Theoretisches Programm und politische Praxis sind jedoch selten identisch, und so gibt es im Verlauf der Umsetzungsversuche utopischer Ideen auch ebenso grundsätzliche Kritik hieran. Schon den prämodernen Utopien von Morus bis Campanella ist vorgeworfen worden, dass sie ein System der Friedhofs- und Kasernenruhe beschreiben würden. Tatsächlich bilden Zucht und Ordnung, die massive Sozialdisziplinierung der Bewohner utopischer Welten, meist das Standardprogramm, um die angeblich beste Ordnung erreichen zu können. Hiergegen regt sich Widerstand auch innerhalb der utopischen Literatur, die sich im Verlauf der modernen Debatte seit dem 19. Jahrhundert in der Modellierung von sog. *Dystopien* niederschlägt. Die Dystopie formuliert eine negative Variante auf die Utopie. Nicht mehr die beste aller Welten wird hier dann beschrieben, sondern die Pervertierung dieses Ideals durch eine falsch verstandene Herrschaft. Zum Klassiker dieser Teilrichtung innerhalb der utopischen Literatur avancieren im 20. Jahrhundert *Brave New World* von Aldous Huxley (1932) und *1984* von George Orwell (1949). In beiden Erzählungen wird der ursprünglich gut gemeinte Ansatz einer Ordnung unter Gleichen ins Gegenteil gewendet durch die Übertreibung der Herrschaft. Damit sich alle der Gemeinschaft fügen, werden die Menschen narkotisiert, mit Drogen auf dem rechten Pfad gehalten oder aber, in der noch düsteren Variante bei Orwell, einer Umerziehungsdiktatur in einem totalitären Staat unterzogen. Der Emanzipationsgedanke, der eigentlich den prämodernen Utopien zugrunde lag, indem sie sich von den Herrschaftsformen des Ancien Régime zugunsten einer Ausrichtung auf mehr Rationalität absetzen wollten, wird nun konterkariert. Der gut gemeinte Gedanke auf soziale Teilhabe und Gerechtigkeit führt unmittelbar in die Anmaßungen einer totalen Herrschaft. Die Dystopien der Moderne schildern somit die Perversionen der Utopie. Damit ist aber auch der diagnostische Heilsanspruch, der ursprünglich von den prämodernen Utopien ausging, hinfällig geworden. Insbesondere die Perversionen des Kommunismus und des Nationalsozialismus, die beide ideologisch eine Überzeichnung utopischer Elemente aufweisen, indem sie entweder den Sieg der Arbeiterklasse oder der einzig wahren Rasse propagiert haben, führen zu einem Legitimationsverlust des utopischen Denkens in der Ära nach dem Zweiten Weltkrieg.

III. Aktuelle Dimension: Allerdings gibt es auch weiterhin Fortschreibungen in der Utopiethematik. Meist sind sie jedoch nicht mehr zentral politisch formuliert, sondern kommen eher von anderen Diskursen her auf Umwegen zu einer politischen Perspektive. Das gilt sowohl für die Emanzipation der Frauenfrage in der politischen Herrschaft als auch für die Dimension einer ökologisch ausgerichteten Ordnungspolitik. Doch grundsätzlich wirkt die Konstellation für die Utopien dieser Welt in der Gegenwart am Beginn des 21. Jahrhunderts wenig erbaulich. Nichts scheint so sehr out zu sein als ein utopisches Denken. Das hat zweifellos auch etwas mit dem Erfolg der Utopien zu tun. Das Prinzip der Gleichheit, das Morus verfochten hat, ist zumindest in den Demokratien des Westens formal umgesetzt. Zwar gibt es keine Arbeit für alle, aber der durchdeklinierte Sozialstaat ist hier in Bezug auf die Versorgung seiner Mitbürger unendlich erfolgreicher als seine prämodernen Vorgängersysteme. Das Dilemma der Utopien liegt heuristisch an der Blaupause, die sie angeblich für ein besseres Leben auf Erden vorgestellt haben. Alles scheint utopisch zu sein, zunächst einmal. Kommt eine neue Technik oder Organisationsstruktur auf, kann sich das schnell ändern. Von dem Plädoyer bei Morus, der Abschaffung der Folter, dauerte es noch über 200 Jahre, bis der erste Staat in Europa die Folter offiziell verbot. Republiken waren seinerzeit eine Ausnahmeerscheinung, heute sind sie die Regel. Obgleich nicht alles Republik ist, was sich so nennt. Das Programm der Eugenik, welches Campanella schonungslos ablaufen lässt, ist heutzutage fast schon die Regel. Bis zur Menschenzucht ist es nicht mehr weit. Und den Siegeszug der Naturwissenschaften, die Bacon beschreibend voraussetzt, kann man sich jeden Tag aufs Neue in der Realität des Alltags vergewissern. Wozu also dann noch eine Utopie? Weil die Realität immer noch defizitär ist und bleibt, weil allen Verbesserungen etwa im technologischen Bereich nicht gleichzeitig Optimierungen in der Normstruktur des Menschen zukommen. Das bleibt eigentlich das grundsätzliche Dauerproblem: was soll das für ein Mensch sein in einer besseren Zukunft als der heutigen Zeit? Wie soll eine Gesellschaft aussehen, in der die Individualität des Einzelnen sachgerecht austariert wird mit dem Anspruch auf → *Gemeinwohl* für alle? Und wie soll das Ganze gerecht gestaltet sein? Die alte platonische Frage, die Morus so kongenial erneuert hat, die mit der Utopiebezeichnung fortlebt, bleibt erst recht im 21. Jahrhundert mit den Effekten der → *Globalisierung* und den Innovationen der technischen Entwicklung hochgradig virulent. Jede Gesellschaft bedarf in ihrer Zeit einer speziellen Utopie.

IV. Weiterführende Literatur:

Amberger, Alexander / *Möbius*, Thomas (Hrsg. / 2017): Auf Utopias Spuren. Utopie und Utopieforschung. Festschrift für Richard Saage zum 75. Geburtstag. Wiesbaden.

Morus / Campanella / Bacon (1960): Der utopische Staat. Übersetzt u. hrsg. v. K. J. Heinisch. Reinbek b.H.

Nitschke, Peter (Hrsg. / 2017): Und immer wieder Utopia. Perspektiven utopischen Denkens von Morus bis zur Gegenwart. Frankfurt a. M. u.a.

Schölderle, Thomas (2012): Geschichte der Utopie. Eine Einführung. Wien/Köln.

Peter Nitschke

Verzeichnis der Klassiker

Adelung, Johann Christoph (2014): Grammatisch-kritisches Wörterbuch der hochdeutschen Mundarten. Nach d. Ausgabe letzter Hand. 6 Bde. Hrsg. v. M. Holzinger. Berlin.

Almond, Gabriel A. / *Verba*, Sidney (1963): The Civic Culture. Political Attitudes and Democracy in Five Nations. Princeton/NJ.

Arendt, Hannah (2010): Was ist Politik? Fragmente aus dem Nachlaß. Hrsg. v. U. Ludz. 4. Aufl. München.

Arendt, Hannah (2012): Freiheit und Politik. In: Dies., Zwischen Vergangenheit und Zukunft. Übungen im politischen Denken. Bd. 1. Hrsg. v. U. Ludz. München, S. 201-226.

Arendt, Hannah (2014): Macht und Gewalt. Aus d. Englischen v. G. Uellenberg. Mit einem Interview v. A. Reif. 24. Aufl. München.

Arendt, Hannah (2014): Über die Revolution. 4. Aufl. München.

Arendt, Hannah (2015): Elemente und Ursprünge totaler Herrschaft. Antisemitismus, Imperialismus, totale Herrschaft. 18. Aufl. München.

Aristoteles (1981): Politik. Übers. v. E. Rolfes u. eingel. v. G. Bien. Hamburg.

Aristoteles (2012): Nikomachische Ethik. Nach der Übers. v. E. Rolfes. Bearb. v. G. Bien. Hamburg.

Augustinus, Aurelius (2007): De Civitate Dei / Vom Gottesstaat. Aus d. Lat. übers. v. W. Thimme. München.

Bacon, Francis (2003): Neu-Atlantis. Übers. v. G. Bugge. Hrsg. v. J. Klein. Stuttgart.

Bagehot, Walter (2009): The English Constitution. Reissued. Oxford.

Barber, Benjamin (1994): Starke Demokratie. Über die Teilhabe am Politischen. Hamburg.

Barth, Hans (1961): Wahrheit und Ideologie. 2., erweiterte Aufl. Erlenbach/Zürich.

Berlin, Isaiah (1995): Zwei Freiheitsbegriffe. In: Freiheit / Four Essays on Liberty. Übers. u. hrsg. v. R. Kaiser. Frankfurt a. M., S. 197-256.

Bibel (2013): Altes und Neues Testament. Einheitsübersetzung. Hrsg. im Auftr. der Bischöfe Deutschlands, Österreichs und der Schweiz. Für die Psalmen und das Neue Testament auch im Auftr. des Rates der Evangelischen Kirche in Deutschland und des Evangelischen Bibelwerks in der Bundesrepublik Deutschland. Freiburg i.Br. u.a.

Bodin, Jean: Über den Staat. Auswahl, Übersetzung u. Nachwort v. G. Niedhart. Stuttgart 1987.

Bonn, Julius Moritz (1932): Economics and Politics. Boston.

Brockman, John (1996): The Third Culture. Beyond the Scientific Revolution. New York.

Burckhardt, Jacob (2014): Kultur der Renaissance in Italien. Hrsg. m. einem Vorwort v. W. Rehm. Stuttgart.

Burke, Edmund (2005): Betrachtungen über die Französische Revolution. Warendorf.

Bush, George W. (2001): War on Terror. Address to the Joint Session of the 107th Congress, 20.09.2001. In: Selected Speeches of President Georg W. Bush (2001-2008). Zitiert nach http://georgewbush-whitehouse.archives.gov/infocus/ bushrecord/documents/Selected_Speeches_George_W_Bush.pdf, S. 65-73, letzter Aufruf 04.08.2015.

Callot, Jacques (1982): Kleine und große Schrecken des Krieges. Hrsg. v. F. Winzinger. Dortmund.

Campanella, Tommaso (2007): Der Sonnenstaat. Idee eines philosophischen Gemeinwesens. Hrsg. v. I. E. Wessely. Paderborn.

Cäsar, Julius (2013): Der Gallische Krieg. Latein-Deutsch. Übers. u. hrsg. v. O. Schönberger. 4., überarb. Aufl. Berlin.

Cicero, M. T. (1986): De officiis / Vom pflichtgemäßen Handeln. Zweisprachige Ausgabe. Hrsg. v. H. Gunermann. Stuttgart.

Cicero, M. T. (2012): De re publica / Der Staat. Lateinisch-Deutsch. Hrsg. u. übers. v. R. Nickel. Berlin.

Clausewitz, Carl von (2013): Vom Kriege. 20. Aufl. Hamburg.

Constant, Benjamin (1946): Über die Freiheit der Alten im Vergleich zu der der Heutigen. Klosterberg.

Dahrendorf, Ralf (1957): Soziale Klassen und Klassenkonflikt. Stuttgart.

Deutsch, Karl W. (1972): Nationenbildung, Nationalstaat. Düsseldorf.

Deutscher Bundestag (Hrsg. / 2009): Grundgesetz für die Bundesrepublik Deutschland. Berlin.

Eilers, Wilhelm (2009): Codex Hammurabi. Die Gesetzesstele Hammurabis. Neu gesetzt, behutsam revid. und überarb. nach der 5. Aufl. der Ausg. Leipzig 1932. Wiesbaden.

Elias, Norbert (2010): Über den Prozess der Zivilisation. Soziogenetische und psychogenetische Untersuchungen. [Nachdruck der Ausg. 1997] Frankfurt a. M.

Fraenkel, Ernst (1991): Deutschland und die westlichen Demokratien. 9. Aufl. Baden-Baden.

Friedrich, Carl J. (1973): Pathologie der Politik. Die Funktion der Mißstände – Gewalt, Verrat, Korruption, Geheimhaltung, Propaganda. Aus d. Amerik. übers. v. H. J. Baron von Koskull. Frankfurt a. M.

Fukuyama, Francis (1992): Das Ende der Geschichte. München.

Galtung, Johan (1972): Modelle zum Frieden. Methoden und Ziele der Friedensforschung. Wuppertal.

Gobineau, Joseph Arthur de (2001): Essai sur l'inégalité des races humaines / The Inequality of Human Races. In: Nations and Identities. Classic Readings. Hrsg. v. V. Pecora. Malden/Mass., S. 131-141.

Grotius, Hugo (1950): De jure belli ac pacis libri tres / Drei Bücher vom Recht des Krieges und des Friedens. Nebst einer Vorr. von Christian Thomasius zur ersten dt. Ausg. des Grotius vom Jahre 1707. Neuer dt. Text u. Einl. v. W. Schätzel. Tübingen 1950.

Habermas, Jürgen (1962): Strukturwandel der Öffentlichkeit. Untersuchungen zu einer Kategorie der bürgerlichen Gesellschaft. Neuwied.

Habermas, Jürgen (2008): Erkenntnis und Interesse. Hamburg.

Habermas, Jürgen (2009): Faktizität und Geltung Beiträge zur Diskurstheorie des Rechts und des demokratischen Rechtsstaats. 4. Aufl. Text- u. seitenidentisch mit der 4., durchges. u. um ein Nachwort und Literaturverz. erweitere Aufl. Frankfurt a. M.

Habermas, Jürgen (2011): Theorie des kommunikativen Handelns. 2 Bde. Nachdruck. Frankfurt a. M.

Hamilton, Alexander / *Jay*, John / *Madison*, James (2007): Die Federalist Papers. Übers., eingel. u. mit Anm. vers. v. B. Zehnpfennig. München.

Harrington, James (1991): Oceana. Leipzig.

Hegel, Georg Wilhelm Friedrich (2006): Phänomenologie des Geistes. Hrsg. v. H.-F. Wessels. Hamburg.

Herder, Johann Gottfried (2007): Ideen zur philosophischen Geschichte der Menschheit. (Herders sämtliche Werke, Bd. 13) Berlin.

Hobbes, Thomas (1994): Vom Menschen / Vom Bürger. Auf d. Grundl. d. Übers. v. M. Frischeisen-Köhler u. G. Gawlik. Berlin.

Hobbes, Thomas (2011): Leviathan oder Stoff, Form und Gewalt eines kirchlichen und bürgerlichen Staates. 2 Teile. Übers. v. W. Euchner. Hrsg. v. L. W. Waas. Berlin.

Höffe, Otfried (2015): Gerechtigkeit. Eine philosophische Einführung. 5., durchges. Aufl. München.

Humboldt, Wilhelm von (1986): Ideen zu einem Versuch, die Grenzen der Wirksamkeit eines Staates zu bestimmen. Hrsg. v. R. Haerdter. Stuttgart.

Huntington, Samuel P. (1991): The Third Wave. Democratization in the Late Twentieth Century. (The Julian J. Rothbaum Distinguished Lecture Series, Bd. 4) Norman.

Huntington, Samuel P. (2007): Kampf der Kulturen. Die Neugestaltung der Weltpolitik im 21. Jahrhundert. (Spiegel-Edition, Bd. 11) Hamburg.

Huntington, Samuel P. / Harrison, Lawrence E. (Hrsg. / 2004): Culture matters / Streit um Werte. München.

Huxley, Aldous (2015): Schöne neue Welt / Brave New World. Übers. v. U. Strätling. 3. Aufl. Frankfurt a. M.

Jaspers, Karl (1958): Wahrheit, Freiheit und Friede. Rede zur Verleihung des Friedenspreises des Deutschen Buchhandels in der Paulskirche zu Frankfurt a. M./Munchen.

Jellinek, Georg (1976): Allgemeine Staatslehre. 3. Aufl. [unveränd. Nachdr. d. 5. Neudrucks der 3. Aufl.] Kronberg/Ts.

Josephus, Flavius (2005): Geschichte des jüdischen Krieges. Neu gesetzte u. überarb. Ausg. Wiesbaden.

Kant, Immanuel (2008): Zum ewigen Frieden – ein philosophischer Entwurf. Hrsg. v. R. Malter. Stuttgart.

Kant, Immanuel (2012): Grundlegungen zur Metaphysik der Sitten. Hrsg. v. T. Valentiner. Stuttgart.

Kant, Immanuel (2013): Kritik der reinen Vernunft. [Überarb. Aufl. d. Ausg. 1911] Wiesbaden.

Leo XIII. (2007): Über die Arbeiterfrage / Rerum novarum. In: Texte zur katholischen Soziallehre. Die sozialen Rundschreiben der Päpste und andere kirchlichen Dokumente. Hrsg. v. O. von Nell-Breuning u. J. Schasching. 9., erweiterte Aufl. Köln, S. 1-40.

Lincoln, Abraham (1953): The Gettysburg Address (Bliss-/Hay-/Nicolay-/Everett- and Bancroft-Copy). In: Collected Works of Abraham Lincoln. 11 Bde. (1953–90). Bd. 7 – 1863 – 1864. Hrsg. v. R. P. Basler. New Brunswick/NJ.

Locke, John (1986): Two Treatises of Government / Zwei Abhandlungen über die Regierung. Übers. v. H. J. Hoffmann. Hrsg. v. W. Euchner. Frankfurt a. M.

Luhmann, Niclas (1971): Die Weltgesellschaft. Wiesbaden.

Machiavelli, Niccolò (2007): Discorsi. Gedanken über Politik und Staatsführung. Übers., eingel. u. erl. v. R. Zorn. 3., verb. Aufl. Stuttgart.

Machiavelli, Niccolò (2014): Der Fürst / Il principe. Italienisch-Deutsch. Übers. u. hrsg. v. P. Rippel. Stuttgart.

Mannheim, Karl (2015): Ideologie und Utopie. Hrsg. v. J. Kaube. 9., erweiterte Aufl. Frankfurt a. M.

Marx, Karl (2004): Die deutsche Ideologie. In: Die Frühschriften. Von 1837 bis zum Manifest der Kommunistischen Partei 1848. Hrsg. v. S. Landshut. 7. Aufl. Stuttgart.

Marx, Karl / *Engels*, Friedrich (2012): Das Kommunistische Manifest. Einführung, Text, Kommentar. München.

Mercier, Louis-Sébastian (1989): Das Jahr 2044. Ein Traum aller Träume. Übers. v. C. F. Weisse. Hrsg. v. H. Jaumann. Frankfurt a. M.

Merton, Robert K. (1995): Social Structure and Anomie / Soziologische Theorie und soziale Struktur. Aus d. Am. v. H. Beister. Hrsg. v. V. Meja u. N. Stehr. Berlin.

Mill, John Stuart (2017): On Liberty – Über die Freiheit. Stuttgart.

Milton, John (2008): Paradise Lost / Das verlorene Paradies. Aus d. Engl. übertr. u. hrsg. v. H. H. Meier. Stuttgart.

Mirabeau, Victor de Riqueti Marquis de (1970): L' ami des hommes ou Traité de la population. 2 Vol. [Réimpr. de l'éd. Avignon 1756 (P. 1-3) et 1760 (P. 4-6)] Aalen.

Mitrany, David (1966): A Working System for Peace. Chicago.

Montesquieu, Charles de (2011): Vom Geist der Gesetze. Übers. u. Einl. v. K. Wigand. Stuttgart.

Morgenthau, Hans J. (1950): Politics among Nations. The Struggle for Power and Peace. 4. Aufl. New York.

Morus, Thomas (2014): Utopia. Übers. v. G. Ritter. Stuttgart.

Müller, Adam (1968): Die Elemente der Staatskunst – 36 Vorlesungen. [Ungekürzte Ausg., Neuausg. d. Neudr. Meersburg, Hendel, 1936 d. Orig.-Ausg. 1808–1809]. Berlin.

Olson, Mancur (2004): Die Logik des kollektiven Handelns. 5. Aufl. Tübingen.

Orwell, George (2002): Politics and the English Language. In: Precursors and Inspirations. Hrsg. v. M. Toolan. London, S. 29-39.

Orwell, George (2013): 1984. Übers. v. M. Walter. 36. Aufl. Berlin.

Parsons, Talcott (1937): The Structure of Social Action. New York.

Platon (1991): Politeia. Griechisch u. Deutsch. (Sämtliche Werke, Bd. V) Hrsg. v. K. Hülser. Frankfurt a. M./Leipzig.

Platon (2005): Das Höhlengleichnis. Das 7. Buch der Politeia. Griechisch-Deutsch. Übers. u. hrsg. v. R. Rehn. Mainz.

Polybios (2012): Historien. Bd. VI – Die Verfassung der römischen Republik. Griechisch-Deutsch. Übers. v. K. F. Eisen. Hrsg. v. K. Brodersen. Stuttgart.

Pufendorf, Samuel von (2014): De jure naturae et gentium. (Gesammelte Werke, Bd. 4) Hrsg. v. W. Schmidt-Biggemann. Berlin.

Rawls, John (2014): Eine Theorie der Gerechtigkeit. 19. Aufl. Frankfurt a. M

Renan, Ernest: Was ist eine Nation? In: Was ist eine Nation? Und andere politische Schriften. Hrsg. v. dems. Wien/Bozen 1995, S. 41-58.

Rousseau, Jean-Jacques (2010): Abhandlung über den Ursprung und die Grundlagen der Ungleichheit unter den Menschen. Hrsg. v. P. Rippel. Stuttgart.

Rousseau, Jean-Jacques (2011): Vom Gesellschaftsvertrag oder Grundsätze des Staatsrechts. Übers. u. hrsg. v. H. Brockard u. E. Pietzcker. Stuttgart.

Salisbury, Johannes von (2008): Policraticus. Latein-Deutsch. Hrsg. v. S. Seit. Freiburg i.Br. u.a.

Schmitt, Carl (2010): Theorie des Partisanen. Zwischenbemerkung zum Begriff des Politischen. 7. Aufl. Berlin.

Schmitt, Carl (2015): Begriff des Politischen. [Nachdruck d. Ausg. v. 1932] Berlin.

Schumpeter, Joseph A. (2005): Kapitalismus, Sozialismus und Demokratie. 8. Aufl. Stuttgart.

Seneca, Annaeus L. (1999): Philosophische Schriften. Latein-Deutsch. Hrsg. v. M. Rosenbach. Darmstadt.

Senghaas, Dieter (1995): Den Frieden denken. Frankfurt a. M.

Smith, Adam (2009): The Wealth of Nations / Der Wohlstand der Nationen. Eine Untersuchung seiner Natur und seiner Ursachen. Hrsg. v. H. C. Recktenwald. 12. Aufl. München.

Smith, Adam (2010): The Theory of Moral Sentiments / Theorie der ethischen Gefühle. Hrsg. v. H. D. Brandt. Hamburg.

Sorokin, Pitirim (1953): Kulturkrise und Gesellschaftsphilosophie. Moderne Theorien über das Werden und Vergehen von Kulturen und das Wesen ihrer Krisen. Stuttgart.

Sternberger, Dolf (1978): Drei Wurzeln der Politik. Frankfurt a. M.

Sternberger, Dolf (1980): Der alte Streit um den Ursprung der Herrschaft. In: Schriften. Bd. 3 – Herrschaft und Vereinbarung. Frankfurt a. M., S. 9-28.

Thukydides (2000): Geschichte des Peloponnesischen Krieges. Hrsg. v. H. Vretska u. W. Rinner. Stuttgart.

Tocqueville, Alexis de (2007): Der alte Staat und die Revolution. Übers. v. T. Oelckers. Münster.

Tocqueville, Alexis de (2014): Über die Demokratie in Amerika. Hrsg. v. J. P. Mayer. Stuttgart.

Tzu, Sun (2011): Die Kunst des Krieges. Hrsg. v. V. Klöpsch. Berlin.

Waltz, Kenneth N. (1979): Theory of International Relations. Reading/Mass.

Weber, Alfred (1912): Religion und Kultur. Jena.

Weber, Max (1985): Wirtschaft und Gesellschaft. Grundriss der verstehenden Soziologie. 5., revid. Ausg. Hrsg. v. J. Winckelmann. Tübingen.

Weber, Max (1988): Politik als Beruf. In: Gesammelte Politische Schriften. Hrsg. v. J. Winckelmann. 5. Aufl. Tübingen, S. 505-560.

Weber, Max (2011): Die protestantische Ethik und der Geist des Kapitalismus. Paderborn.

Welcker, Carl Theodor (2001): Die letzten Gründe von Recht, Staat und Strafe. (Nachdruck d. Ausg. v. 1813) Goldbach.

Wolff, Christian von (2002): De origine et permissione mali, praecipue moralis, commentatio philosophia. Hrsg. v. J. École (Nachdruck d. Ausg. v. 1724) Hildesheim.

Wyclif, Johannis (1966): Tractatus De Simonia. [Reprint d. Ausg. v. 1898] New York.

Zola, Emile (1998): The Dreyfus affair – 'J'accuse' and other writings. Hrsg. v. A. Pagès. New Haven.

Autoren

Karl-Heinz Breier, (Jg. 1957) Universitätsprofessor für Didaktik der Sozialwissenschaften, Schwerpunkt Politische Bildung an der Universität Vechta mit den Forschungsschwerpunkten in der Politischen Theorie und einer republikorientierten Politischen Bildung. Neuere Publikationen: *Politische Bildung als Frage nach der Wohlgeordnetheit – Zur sokratischen Einsicht in die „innere Republik“*, in: von Laer, H. (Hrsg.): Schlagwort Gerechtigkeit: Kampfbegriff oder ethische Maxime? (2015), S. 37-56; *„Gute politische Bildung macht Geschmack auf eine Lebensweise der Freiheit.“*, in: Positionen der politischen Bildung 2 – Interviews zur Politikdidaktik, hrsg. v. Pohl, K. (2016), S. 282-299; Hrsg. mit A. Gantschow: *Vom Ethos der Freiheit zur Ordnung der Freiheit. Staatlichkeit bei Karl Jaspers* (2017); Verfasser der Grundbegriffe *Bürger, Demokratie, Freiheit, Gesellschaftsvertrag, Herrschaft, Ideologie, Macht, Politik, Reform, Repräsentation und Republik.*

Peter Nitschke, (Jg. 1961) Universitätsprofessor für Wissenschaft von der Politik an der Universität Vechta, Geschäftsführer der Deutschen Gesellschaft zur Erforschung des Politischen Denkens (DGEPD), Mithrsg. für das Jahrbuch Politisches Denken. Forschungsschwerpunkte in der Politischen Theorie und Ideengeschichte, der Europapolitik und der Globalisierung. Neuere Publikationen: *Formate der Globalisierung. Über die Gleichzeitigkeit des Ungleichen* (2. aktualisierte u. erweiterte Ausgabe 2014); Hrsg., *Der Prozess der Zivilisation: 20 Jahre nach Huntington. Analysen für das 21. Jahrhundert* (2014); Hrsg. mit M. Gehler u. P. Müller, Europa-Räume. Von der Antike bis zur Gegenwart (2016); Verfasser der Grundbegriffe *Gerechtigkeit, Globalisierung, Imperium, Krieg, Nation, Regierung, Revolution, Sicherheit, Staat, Terror* und *Utopie.*

Martin Schwarz, (Jg. 1973) Wissenschaftlicher Mitarbeiter im Fach Politikwissenschaft an der Universität Vechta. Forschungsschwerpunkte in der Vergleichenden Politikwissenschaft (Politisches System / Politische Kultur Deutschlands und der USA), der Europapolitik und der Frage der (trans-)regionalen Kooperationsformen im Rahmen des europäischen Integrationsprozesses. Neuere Publikation: *Ökosponsoring als Kommunikationsinstrument an der Schnittstelle ethischer und politischer Problemstellungen*, in: Architektur- und Planungsethik. Zugänge, Perspektiven, Standpunkte. Hrsg. v. K. Berr (2017), S. 71-83. Verfasser der Grundbegriffe *Frieden, Gemeinwohl, Integration, Interesse, Korruption, Kultur, Menschenrechte, Öffentlichkeit, Political Correctness, Rechtsstaat* und *Souveränität.*

Personenregister

Stichwortregister

Zeitfracht Medien GmbH
Ferdinand-Jühlke-Straße 7
99095 Erfurt, Deutschland
produktsicherheit@kolibri360.de